Carl von Siemens
DER TEMPEL DER MAGISCHEN TIERE

Carl von Siemens

DER TEMPEL DER MAGISCHEN TIERE

Drei Reisen

MALIK

Mehr über unsere Autoren und Bücher:
www.malik.de

Abdruck des Zitats von Claude Lévi-Strauss aus »Traurige Tropen«,
aus dem Französischen von Eva Moldenhauer,
© Suhrkamp Verlag, Frankfurt am Main 1978.
Alle Rechte bei und vorbehalten durch Suhrkamp Verlag, Berlin.

Über einige Passagen der Australien-Reise hat der Autor
bereits in *Lettre International*, Nr. 97 geschrieben.

ISBN 978-3-89029-491-9
März 2018
© Piper Verlag GmbH, München 2018
Redaktion: Matthias Teiting, Leipzig
Satz: Satz für Satz, Wangen im Allgäu
Litho: Lorenz & Zeller, Inning a.A.
Druck und Bindung: GGP Media GmbH, Pößneck
Printed in Germany

Meinen Eltern

»*Il resta là tout en larmes; priant et gémissant. Et cependant,*
il n'entendit aucun bruit mystérieux, pas davantage
ne fut-il endormi pour être transporté
dans son sommeil au temple des animaux magiques.
Il ne pouvait pas subsister pour lui le moindre doute:
aucun pouvoir, de personne, ne lui était échu …«

Claude Lévi-Strauss

»Dort blieb er stehen, in Tränen aufgelöst; er betete und stöhnte.
Und dennoch hörte er keine geheimnisvollen Geräusche,
und keiner schläferte ihn ein, um ihn im Schlaf
zum Tempel der magischen Tiere zu tragen.
Es konnte für ihn nicht den geringsten Zweifel geben:
keine Macht war ihm zugefallen, von niemand ...«

Claude Lévi-Strauss

ERSTER TEIL

in dem der Autor vom
Ursprünglichen erfährt und zu den Aborigines
nach Australien aufbricht

*We live in a single constricted space
resonant with tribal drums.*
Marshall McLuhan

1

Auf einem Festival in Ungarn begegnete ich einem Anthropologen, der Techno-Hippies mit der Akribie eines Schmetterlingssammlers verfolgte. Sein Name war Graham St. John, er hatte sich das Feiern sozusagen zum Beruf gemacht, und jeder beneidete ihn um seinen Job.

Das Festival hieß O.Z.O.R.A. und dauerte eine geschlagene Woche. Ich hatte mich einer Gruppe angeschlossen, die sich einmal im Jahr zusammentat, um in den Büschen über die Stränge zu schlagen. Seitdem wir unter einem Schild mit der Aufschrift »Welcome to Paradise« das Gelände betreten hatten, liefen die Dinge schrecklich schief.

Sechsunddreißig Stunden später war das Camp noch immer nicht aufgebaut worden, der erste Kreislaufkollaps schien nur eine Frage der Zeit, und ein Schreihals hatte mich die ganze Nacht lang durch ein Megafon angebrüllt. Bei Sonnenaufgang stand ein Unternehmensberater in Lederhosen zwischen davondriftenden Plastiktüten und spielte ein Lied auf einem Akkordeon, während ihm die Tränen unter den geweiteten Pupillen über die Wangen strömten.

Ich packte meine Siebensachen und ging stiften.

Zwischen Obststand und Bar stach ein Hohlweg durch einen bewaldeten Hügel. Jenseits des Hügels gab es weitere Wälder und Wiesen und bemalte Kleinbusse und noch mehr Zelte, doch keine Musik wummerte herüber, und das Grün der Pflanzen war rein und frisch.

Es begann zu regnen. Am nächsten Morgen zogen Wolken über die Zeltstadt. Vor den Fressbuden und Kleiderständen des Hippiemarkts flappten Plastikplanen im Wind. Dahinter stand der Main Floor unter Wasser. Ein Traktor kippte Strohballen auf die Erde, die wie ein Dunghaufen stank.

Mit Blaulicht schaukelte ein Krankenwagen heran. Einige Versprengte kurvten um die Müllsäcke auf der Tanzfläche. Sie hatten ihre Dreadlocks zu fantastischen Aufbauten gesteckt, und die Trugbilder der Nacht hatten sich wie Holzschnitte in ihre Gesichter eingegraben.

Ich breitete meine tibetische Wolldecke aus und wärmte mich an einem Becher Tee. Seit Jahren hatte ich jede Gelegenheit genutzt, um unter Sonne und Mond bis zur Erschöpfung zu tanzen; nun fragte ich mich, was ich in dieser Welt verloren hatte. Ich beneidete die Vagabunden, die von Festival zu Festival zogen wie früher die Fans der Grateful Dead. Sie hatten sich von der Zivilisation verabschiedet, für einen Sommer oder auf länger; ich selbst hatte niemals meine Leinen gekappt.

An Nachmittagen wurde die Haut der Mädchen golden, und ihre pastellfarbigen Lumpen leuchteten in einem besonderen Licht. Sie waren wild und schön wie ein Nomadenstamm, der sich in den heulenden Böen der Steppe verlor. Doch sie waren naiv, und ihre Sprachlosigkeit machte mich hilflos.

Seit drei Tagen hatte ich keine zusammenhängende Unterhaltung geführt.

Ich sehnte mich nach einem Gespräch.

Einen Wimpernschlag später setzte sich ein blonder Mann in einem grünen T-Shirt an meine Seite. Er frühstückte mit einer Dose Bier und kam aus Australien.

Ich setzte zu einem längeren Vortrag über einen Holzschnitt von Hans Baldung Grien an, auf dem vier nackte Frauen unter einem Baum in ihrem Kessel rührten, aus dem eine Dampfwolke unmissverständlich in den Himmel zischte.

Der Holzschnitt war in einem Buch aufgetaucht, das mir vor Jahren zwischen die Finger geraten war, »Traumzeit« des

Ethnologen Hans Peter Duerr. Im Mittelalter, schrieb er, hätten die Hexen am Dorfrand gelebt, wo nur eine Hecke oder ein Zaun noch Zivilisation von Wildnis getrennt habe. Wildnis sei das, was unter den Regeln der Ordnung nicht erfahrbar sei. Man müsse Wildnis erlebt haben, denn nur, wer mit den Wölfen geheult habe, werde lernen, woher er komme. Nachtfahrende Weiber seien die Mittler zwischen den Welten gewesen; dabei hätten sie mit einer Salbe nachgeholfen, die aus Fliegenpilz und Stechapfel bestanden habe.

»Die Paste muss so stark gewesen sein, dass selbst eine Wildsau davongeflogen wäre …«

Der Australier nippte an seiner Dose. »Ganz wie wir.«

Hand in Hand patschten zwei Mädchen in zerlöcherten Tanktops vorbei. Sie hatten ihre Gesichter bemalt, trugen Federn im Haar, schwere Nasenringe aus Gujarat und selbst gebastelten Körperschmuck aus Leder und Hanf. »*With the help of two concepts, which are traditionally opposed, science and spirituality*«, bellte es aus den Lautsprechern herüber, »*we humbly reintroduce: psychedelics!*«

»Wir betreiben einen Riesenaufwand, um uns als Indianer und Steinzeitmenschen zu verkleiden«, grollte ich, während es wieder zu nieseln begann. »Was für ein Schwindel! Und wozu überhaupt? Warum?«

Ich hatte wirklich einen sehr schlechten Tag erwischt.

»Du musst Graham kennenlernen.«

»Wer ist Graham?«

»Ein Landsmann von mir. Er schreibt über solche Sachen«, sagte der Australier, zerquetschte seine Bierdose und verschwand in der Menge.

Es dauerte vier Tage, bis ich Graham fand. Das Festival war gelaufen, die Musik am Main Floor verstummt, und ein Bienenschwarm gebräunter Körper drängelte sich um die Essenstände beim Chill-out-Zelt. Neben dem Australier wiegte sich ein untersetzter Mann in Weihrauchschwaden hin und her, der sich am Ende seiner Feldforschungen mit einem tropfenden Stück Pizza belohnte. Er trug olivgrüne Shorts mit Seitentaschen, Trekkingsandalen und hatte sich ein violettes Tuch zum Schutz vor der Sonne um den Kopf gewickelt.

»Du musst Graham sein.«

»Das bin ich in der Tat«, sagte er langsam und sah mich über den Rand seiner Lesebrille hinweg an, als wäre ich das letzte Hindernis, das zwischen ihm und dem Schlafsack stand.

Ich war voller Fragen. Er seufzte auf; dann setzten wir uns auf einen Strohballen und begannen zu reden.

Er erzählte von England am Ende der Achtzigerjahre, als sich Kleinkollektive um Soundsysteme gebildet hatten, die auf Lastwagen über die ländlichen Idyllen hereingebrochen waren. Er erzählte von Netzwerken kostenloser Partys, deren »temporäre autonome Zonen« die Freiheit von Leben und Kunst zelebrierten. Alle teilten ein dystopisches Verständnis der Gegenwart, nach jedermanns Ansicht kontrolliert, kommerzialisiert, militarisiert und ruiniert durch Kapitalismus, Industrie, das System und die Regierung Margaret Thatchers.

Das einflussreichste Musikkollektiv nannte sich »Spiral Tribe«; ähnlich wie Le Corbusier betrachtete es das Schneckenhaus als Sinnbild für die fraktale Geometrie des Universums. Seine kahl geschorenen Mitglieder ließen Zuckerwürfel mit kalifornischem LSD in ihren Mündern zergehen und starrten auf das Gewinde eines versteinerten Ammoniten, bis es vor ihren Augen zu rotieren begann. Wie in einer Zeitmaschine sogen sie seine konzentrischen Kreise zurück zu Sommern, in denen das Land noch nicht von der Krone beschlagnahmt worden war, zu mittelalterlichen Jahrmärkten und fahrendem Volk; zurück und zurück, zu Druiden, Kreidezeichnungen auf den Flanken weicher Hügel und den Tempeln von Stonehenge, wo sich eine ganze Zivilisation an Sonne und Mond ausgerichtet hatte. Im Zentrum der Spirale, vor ihrer Nasenspitze und gleichzeitig unendlich weit entfernt, stand das Natürliche, das Unverfälschte und das Ursprüngliche, der Garten Eden und in ihm die besondere Wahrnehmung der lebendigen Welt.

Von dem Natürlichen, dem Unverfälschten und dem Ursprünglichen war auf der O.Z.O.R.A. nur eine Simulation geblieben. Es erstaunte mich, dass ausgerechnet durch Chemie und elektronische Musik zum Angriff auf die Moderne geblasen werden sollte. Doch ich wurde belehrt, dass es sich dabei nur um Methoden handele, mit deren Hilfe von einer Realität in eine andere gewechselt werde. Wie sibirische Schamanen oder die Zaunhexen des Mittelalters verstanden sich auch die Discjockeys als Reiseführer zu einer Erfahrung an besonderen Orten in der Natur; eine Erfahrung, die aus Licht, Schmuck und trommelnden Rhythmen bestand. Dieses Versprechen reiche aus, um Leute aus der ganzen Welt für eine Woche nach Ungarn zu locken. Dabei produzierten sie mehr Abfall und CO_2, als wenn sie daheim in Melbourne oder Tokio geblieben wären.

»Habt ihr solche Festivals nicht auch in Australien?«, wollte ich wissen.

»Es gibt eins im Januar: Rainbow Serpent.«

»Rainbow Serpent?«

»Die Regenbogenschlange. Eine Gestalt aus der Mythologie unserer Ureinwohner.«

Ich war elektrisiert. »Werden da Aborigines sein?«

»Vielleicht«, sagte er müde. »Ich würde es als einen Ort bezeichnen, an dem das Alte und das Neue einander überlappen.«

Lange nach Mitternacht machte ich mich auf den Rückweg zu meinem Zelt. Der Lichtkegel meiner Taschenlampe leitete mich in den Hohlweg, wo ein Künstler die Gesichter irgendwelcher Mayagötter aus der Flanke des Hügels geschabt hatte.

Ich war glücklich wie ein Erdferkel, und unter der Wolldecke war mir angenehm warm. Um mich herum schlief ein Paralleluniversum seinen Rausch aus. Kein Geräusch war zu hören außer dem Tapsen meiner Füße auf dem glatten Lehm und dem Nachklang der Musik in meinen Ohren.

Dann gab meine Lampe ihren Geist auf. In der einsetzenden Nachtsicht gewann der Wald an Tiefe und füllte sich, wie eine aufatmende Lunge, mit dem Gesang unzähliger Grillen und Insekten. Vor mir, auf dem Kamm des Hügels, rahmten schwarze Zweige den Himmel ein, und über meinem Kopf begannen Millionen von Sterne zu leuchten.

So musste sich der erste Mensch auf diesem Planeten gefühlt haben, als er allein die Wälder der Vorzeit durchstreifte. Von den Aborigines wusste ich wenig, doch ich hatte gehört, dass ihre Kultur die älteste überlebende Kultur außerhalb Afrikas sei. Vielleicht würde sich die Möglichkeit ergeben, ihr im Busch zu begegnen. Ich würde erfahren, was an dem Natürlichen, dem Unverfälschten und dem Ursprünglichen das wirklich Besondere war. Das Rainbow Serpent Festival könnte der Spalt in der Tür sein, durch den ich schlüpfen würde, um die Welt mit anderen Augen zu sehen.

2

Sechs Monate später lichtete sich der Regen über den Southern Highlands vor Sydney. Ein kobaltblauer Rolls Royce Silver Cloud III glitt durch die Himalajazedern einer Auffahrt im Golden Vale, und eine alte Dame saß an seinem Steuer.

Astrid Baum war vor dem Krieg als Kind einer Diplomatentochter und des Vertreters der IG Farben in Teheran geboren worden. Zwei Neuseeländer betrieben damals einen Busdienst von Bagdad nach Damaskus. Der Wagen hatte einen großen Tank, Ballonreifen, um es durch die Wüste zu schaffen, und fuhr wegen der Hitze nur in der Nacht. Da es keine Straße gab, orientierte sich der Fahrer an den Sternen. Astrids Familie folgte im Auto dahinter.

Als ihr Vater hinter vorgehaltener Hand erfuhr, dass die Alliierten sich anschickten, das neutrale Persien zu besetzen, setzte er Frau und Kinder in den Zug und schickte sie über den Balkan nach Bayern. Dann versteckte er seine Teppiche, kehrte zu seinen Pflichten zurück, ergab sich den Engländern, als diese kamen, und wurde in Australien interniert.

Am anderen Ende der Welt, erzählte er später, habe es hinter dem Stacheldraht immer genügend zu essen gegeben. Die Wachen hätten die Insassen gut behandelt, da für sie selbst ein Leben in Gefangenschaft nicht vorstellbar gewesen sei.

Astrid trug eine Streifenbluse mit einer dicken Kette über dem Kragen und Hosen, die sie über den Bauchnabel hochgezogen hatte. An diesem Tag feierte sie ihren zweiundsiebzigsten Geburtstag und befand sich auf dem Weg zu einem Picknick im Busch.

Als der Krieg vorbei war, wanderte ihre Mutter mit den Kindern zum Vater nach Australien aus.

Astrid behielt den Pass, als die Familie, wenig später, nach Teheran zurückkehrte. Der Emu und das Känguru auf dem Einband erinnerten sie noch heute an die Jahre, als die Familie in Sydney vereint gewesen war.

Aus Persien schickten ihre Eltern sie nach Deutschland auf ein Internat, Schloss Salem. Die Ferien verbrachte sie bei ihren Eltern im Orient. Sie tanzte den Charleston im Golestanpalast, sah Frauen im Schutz von Gartenmauern ihre Schleier ablegen und ritt ein Pferd durch die Wüste.

Der Traum von Australien blieb ihr erhalten.

Danach ließ sie sich zur Fremdsprachensekretärin ausbilden. In Genf lernte sie meine Mutter kennen, die auf der Dolmetscherschule war. Sie besuchten den Autosalon und wiesen auf Sportwagen; obwohl sie kaum Geld in den Taschen hatten, wurden sie von den Verkäufern hofiert, da sie Pelzmäntel trugen, die ihnen ihre Mütter geschenkt hatten.

Auf der Winterolympiade in Garmisch-Partenkirchen traf ihre Tante die australische Flugpionierin Nancy Bird. In ihrem zweisitzigen Doppeldecker, einer de Havilland Gipsy Moth, hatte sie in den Dreißigerjahren einen Notfalldienst für Kinder im Outback eingerichtet.

Die Farmen waren so abgelegen, dass sie von den Flying Doctors nicht versorgt wurden.

»Meine Nichte ist zurück nach Sydney gezogen«, gestand Astrids Tante, während einige Biathleten knirschend über die Loipe schossen.

»Oh, das ist ganz wunderbar. Mögen Sie mir ihre Telefonnummer geben?«

Mit der Großherzigkeit der Neuen Welt wurde Astrid Baum in die feine Gesellschaft Sydneys eingeführt. Am 15. Dezember 1973 brachte sie ein Sportflugzeug zu einer Hochzeit in die Southern Highlands. Das Gras stand kniehoch im Golden

Vale, und ihr braunes Kleid mit den orangenen Blumen wehte im Wind, als sie mit dem Piloten aus der Maschine stieg.

Jonathan Bradley stammte aus einer Familie von Textilfabrikanten, die aus dem englischen Yorkshire nach Australien gezogen war, das Land der Merinoschafe. Während Nancy Bird ihre ersten Flugstunden nahm, kauften die Bradleys Farmen und gründeten eine Firma, die alle sehr reich machte.

Jonathan war in Eton und Oxford erzogen worden, am Trinity College, genauso wie eine Generation später auch ich. Nach dem Krieg hatte er die Wolken über einer Anwaltskanzlei in London gegen die Sonne und die Freiheit des Farmers getauscht. Seine Wangen waren glatt wie poliertes Holz, und die Augenbrauen erinnerten an die Porzellanfiguren der Commedia dell'Arte. Er war Mitglied des Parlaments, ritt, spielte Kricket, fuhr Ski, hatte sich von seiner Frau getrennt und lud Astrid am nächsten Mittwoch zum Abendessen ein.

Vor ihrer Hochzeit kaufte er ein neues Flugzeug, eine Beechcraft Duke, die er vom Hersteller in Kansas nach Australien überführte. Irgendwo über Grönland lernte er von dem Piloten, die komplizierte Maschine zu bedienen.

In Zürich stieg der Pilot aus und Astrid zu. Für die einhundert Flugstunden nach Sydney nahm sich das Paar drei Wochen lang Zeit.

Über Anatolien sahen sie den Berg Ararat, dessen Gipfel über die Wolken ragte. Sie landeten in Teheran, besuchten die Orte ihrer Kindheit und machten Spaziergänge in Isfahan.

Eine Weile lang folgte ihr Flugzeug dem Verlauf der alten Opium-Seidenstraße nach Osten. Jenseits von Karatschi, im Anflug auf Delhi, wurde der Himmel grau. Wie jedes Jahr hatte sich das tibetische Hochplateau erhitzt und saugte den Dampf der Meere in den asiatischen Kontinent. Wolken stiegen über dem indischen Subkontinent auf. Es war der Monsun, und er brachte Gewitter und Sturm.

Unversehrt landeten sie in Burma und sahen das Gold auf den Dächern der Pagoden von Rangun. Der Treibstoffmangel nach der Ölkrise verschlug sie bis nach Borneo. Auf der Rollbahn von Kuching kauften sie Benzin von dem Mitarbeiter einer Helikopterfirma; er hatte sich als ein alter Bekannter erwiesen, der Jonathans Flugzeug gewartet hatte.

Die zweimotorige Maschine hatte sechs Sitze und eine Druckkabine. Jonathan war ein waghalsiger Pilot, doch Astrid hatte sich niemals so sicher gefühlt wie nun an seiner Seite. Wenn es ernst wurde, fluchte er zwischen den Zähnen, während sie die Worte der Fluglotsen dechiffrierte, die aus der Funksprechanlage durch das Cockpit knackten.

Sie hatten einen Picknickkorb, den sie bei jeder Zwischenlandung auffüllten, und waren sehr verliebt.

Das Paar bezog ein historisches Anwesen im Golden Vale mit Land für Herefordrinder und einige Schafe. Das Grundstück hatte einem ehemaligen Pferdedieb gehört, der während des Wiener Kongresses außer Sichtweite nach Australien verschifft worden war und nach seiner Entlassung prosperierte.

Ein wohlhabender Bürger kaufte das Grundstück und baute 1867 das Haus; wie die Bradleys waren seine Vorfahren als freie Siedler gekommen, allerdings ein Jahrhundert früher. Die Fassade war aus demselben Sandstein wie die Klippen über Sydney, unter denen sich der Pazifik in einem weißen Band brach.

Nach meiner Landung hatte ich einen Tag lang auf die Wellen gestarrt und versucht, mit der Zeitverschiebung klarzukommen. Danach hatte es wie aus Kübeln geschüttet.

Astrid holte mich in einem Buchladen in der Nachbarschaft ab. Die Scheune war bis unter das Dach mit Büchern über das »Australian and New Zealand Army Corps« gefüllt, ANZAC, das bei Gallipoli gekämpft hatte.

Eric Hobsbawms »Banditen« lag neben der Kasse.

Ihr Haus umgab eine breite Veranda; ebenso wie das Dach war sie mit Wellblech gedeckt. Petrolblaue Fensterläden reichten bis zum Boden. In den Salons lagen Perserteppiche, Jonathans Aquarelle des Okawangodeltas hingen an den Wänden, es gab die Memorabilia unzähliger Reisen, signierte Fotos der Flugpionierinnen Nancy Bird und Elly Beinhorn und Spitzendeckchen auf den Wasserkrügen zum Schutz vor Kakerlaken.

In der Bullenhitze schlichen zwei Riesenschnauzer durch den Garten und ignorierten die Schreie der Pfaue, die gelangweilt ihre Räder schlugen. Papageien mit scharlachroter Brust fraßen von den Rosen.

Dahinter stand Jonathans Asche in einer Urne über dem Pool.

»*A gentleman explorer of another age, riding through these less mannerly, less attractive times*«, lautete der Epitaph auf einer der Bronzeplaketten, mit denen Jonathan Bradleys Gedenkstele behängt war wie die Brust eines Generals. »*He was a quite outstanding and most attractive cricketer at the very top level*«, war auf einer anderen Plakette zu lesen, oder: »*Erected in memory of Jonathan Bradley 1925 to 2005 and his horse Hannibal 1979 to 2001 who both loved this spot.*«

Die Stele stand auf einem Feld mit gemähtem Roggen, Süßgras und Klee. Von den Bäumen aus Übersee, die Astrid gepflanzt hatte, um sich an die europäischen Jahreszeiten zu erinnern, hatten nur die Birken überlebt. Die Ahorne waren eingegangen. Die Eichen auch, als Wombats ihre Wurzeln fraßen.

Die einheimischen Eukalyptusarten benötigten kein Wasser. Sie waren immergrün und verloren Blätter und Rinde in einem steten Schauer, der wie der Inhalt einer Sanduhr auf den Boden rieselte.

In dem silbergrauen, zu dieser Stunde leicht gespenstischen Licht, das die Blätter reflektierten, wurden Tische aneinandergestellt und mit deutschen Schnittchen, Häppchen und Aufschnitt gedeckt.

3

In der sinkenden Sonne war es noch immer sehr heiß. Ein stämmiger Professor in Bootsschuhen, der Wolltechnologie unterrichtet hatte, lud Tablett um Tablett aus dem Wagen. Sein anthrazitfarbiges Hemd war schwarz unter den Achseln. Die Gäste küssten einander auf die Wangen, während Buschfliegen in Schwärmen von ihren Rücken aufstiegen. Da war seine Frau, eine Künstlerin, die patriotische Aufträge erhielt. Sie erzählte vom 19. Jahrhundert, in dem die Kinder europäischer Einwanderer sich einiges darauf einbildeten, nicht mehr das Pfund Sterling in den Taschen zu haben, sondern Papiergeld, das vor Ort gedruckt worden war.

In der ehemaligen Strafkolonie schien Emanzipation eine komplexe Sache zu sein.

Da waren der ehemalige Investmentbanker und seine Frau; sie hatten zweitausendvierhundert tasmanische Eichen gepflanzt und ihre Wurzeln mit Trüffelsporen geimpft.

»Die Erde hier ist so fett«, riefen sie, »dass man sogar Babys darin wachsen lassen könnte!«

Da war das Paar mit den roten Wangen, das einen Reitstall besaß. Es sei der Traum jedes Siedlers gewesen, klagten sie, vom Land zu leben; nun werde es überall an die Chinesen verkauft. Der Doppelname der Frau neben ihnen hätte perfekt an den Londoner Sloane Square gepasst. Und da war der junge Mann, von dem die Schnauzer sich nicht streicheln ließen und auf den die Fliegen sich nicht setzten. Er spielte in einem Orchester für Barockmusik.

»Ein großes Talent«, flüsterte mir die Frau des Professors über den Rand ihrer Lesebrille zu. »Astrid hat ihm sein Cello finanziert. Seine Mutter war Köchin auf einer Farm. Den Vater hat er nicht gekannt.«

Ich versuchte, ein Gespräch über das Ursprüngliche vom Zaun zu brechen. Der Cellist sah mich feindselig an, als ob ich ihn für einen Dörfler, einen zurückgebliebenen Hinterwäldler hielte. »Ich liebe Europa!«, zischte er. »Vor allem Venedig. Und Florenz vor der Degeneration der Medici.«

Er schüttelte einen großen Kopf auf schmalen Schultern. Dann wurde er bleich. »Ich hasse Wien.«

Die Farben wurden golden, die Schatten länger. Die Fliegen attackierten Augen, Ohren und Nasen. Der Ruf der Frösche erinnerte an ein Maschinengewehr. Das Jazzorchester der Grillen fiel ein. In den Bäumen lachte ein Eisvogel.

Der Professor beschrieb sein Land als eine geologische Arche Noah, die sich vor ich weiß nicht wie vielen Millionen Jahren vom Superkontinent Gondwana gelöst hätte. Die Schnittstellen der Kontinentalplatten hätten den pazifischen Feuerring aufgeworfen, ein Band aus Vulkanen irgendwo zwischen Australien und Südamerika. Hier jedoch sei man von weiteren tektonischen Aktivitäten verschont geblieben.

Eigentlich habe sich seit damals nicht viel getan. Die Gebirge im Landesinneren hätten ihre Masse lediglich an die Erosion verloren; übrig geblieben seien abgeschliffene Felsen wie Ayers Rock, der Berg Uluru, der den Aborigines heilig sei. Überhaupt, der Kontinent sei flach wie ein Teller, öde, eben, brach, weshalb der Regen nicht ablaufe, sondern zu Überschwemmungen führe. Wenn die Überschwemmungen kamen, verließen Termiten ihren Bau und Skorpione den Boden, um sich, kirre vor Angst, auf Wanderschaft zu begeben.

»In diesen Tagen sehen wir Wasserfälle an Ayers Rock«, sagte seine Frau.

»Und gleichzeitig ist die Straße nach Melbourne wegen Buschfeuern gesperrt.«

Das Land war so groß, dass mich schon der Anblick des tausendseitigen Reiseführers deprimierte.

Der Professor, der mich offensichtlich ins Herz geschlossen hatte, überschüttete mich mit einem Schwall von Todesszenarien.

Australien war das Land mit den meisten Gifttieren der Welt. Eigentlich sollten Menschen sich hier gar nicht aufhalten. Das Innere des Landes war so karg, dass man wegen einer Reifenpanne verdursten konnte.

Kängurus hoben sich auf ihrem Schwanz in die Luft, um die Läufe zum Kickboxen frei zu haben; die Hinterbeine waren kräftig genug, um die Windschutzscheibe eines Autos zu durchschlagen.

Krokodile fraßen Menschen beim Baden auf.

In einem tragischen Prozess war eine Frau des Mordes an ihrem Baby beschuldigt worden, das in Wahrheit ein Dingo genommen hatte, unweit von Ayers Rock, einer jener Hunde, die von den Aborigines zusammen mit der Brandrodung nach Australien gebracht worden waren.

Ivan Milat, der Rucksackmörder, hatte sieben junge Menschen in sein Nest gelockt, mit allen erdenklichen Waffen getötet und anschließend die Leichen im Wald verscharrt. Seine Opfer waren ahnungslose Touristen gewesen. Anscheinend hatte er sie wegen ihres Gepäcks ausgesucht.

Leider stimmte die Geschichte.

Und dann waren da noch die Plumpskoalas.

»Was, bitte schön«, fragte ich, »sind Plumpskoalas?«

»Koalabären, die sich aus Eukalyptusbäumen auf Menschen fallen lassen, um ihnen mit ihren Klauen die Kehle durchzuschneiden.«

Er sah mich mit der Miene eines Fernsehmoderators an, der jemandem einen Streich mit der versteckten Kamera spielte.

»Vor allem auf Deutsche.«

Ich erzählte von dem australischen Anthropologen, der mich auf ein Festival eingeladen hatte.

»Wo findet das Festival statt?«, wollte man wissen.

»Auf dem Land, nördlich von Melbourne.«

»Ist es ein Literaturfestival? Oder ein Jahrmarkt?«

»Ähem ... es geht um elektronische Musik.«

»Oh.«

»Man fährt auf eine Wiese und zeltet.«

Die Techno-Hippies unterschlug ich.

Astrid lächelte fein. »Du gehst auf das, was wir eine ›Buschparty‹ nennen.«

Ich sagte, ich sei nach Australien gekommen, um mehr über die Ureinwohner zu erfahren. Das Festival sei nach der Regenbogenschlange benannt; ich hoffte, ihnen dort zu begegnen.

»In Afrika hatten wir die San, die Buschmänner. Sie verständigen sich mit Klicklauten.«

Außerhalb Afrikas, sagte ich, sei die Kultur der Aborigines die älteste überlebende Kultur auf der Welt. Das Natürliche, das Unverfälschte und das Ursprüngliche übe doch immer eine eigentümliche Anziehungskraft auf uns aus; ich wolle erfahren, wie es sich in der Begegnung anfühle.

»Dann musst du nach Norden fahren, in den Kakadu-Nationalpark«, sagte Astrid. »Dort gibt es noch Aborigines, die traditionell leben. Der Sohn einer Freundin macht dort gerade eine Ausbildung zum Ranger –«

»Nach dem Festival möchte ich ins Zentrum des Landes, nach Alice Springs.«

»Alice ist eine gewalttätige Stadt«, sagte die Frau des Professors. »Kürzlich habe ich in der Zeitung gelesen, dass betrunkene Australier in einem Garten Striptease gemacht haben. Sie wurden von Aborigines mit Känguruschwänzen durch die Gegend gepeitscht.«

»Gibt es hier Aborigines?«, wollte ich wissen.

»Angeblich«, sagte Astrid, »befindet sich da oben, hinter

dem Hügel, ein Massengrab. Es hat ein Massaker gegeben.«

»Was genau ist geschehen?«

»Darüber sprechen die Leute nicht.«

Die Geschichte der Aborigines nach Landung der Briten begann mit einer Mischung aus gescheiterten Kontaktversuchen, Unverständnis, eingeschleppten Krankheiten, Patronatsversuchen und schneller gegenseitiger Verachtung. Während die kriminelle Klasse Großbritanniens Bekanntschaft mit der neunschwänzigen Katze, Einzelhaft, Zwangsarbeit und anderen Methoden der staatlich verordneten Besserung machte, standen die nackten Schwarzen offiziell unter dem Schutz der Krone. Zudem musste jeder Ausbrecher damit rechnen, von den Speeren der Ureinwohner aufgespießt zu werden, sobald er ihre Schweifgebiete betrat.

Die ersten Siedler in Sydney fühlten sich kaum besser als die Gefangenen. Sie starrten auf einen sechsundzwanzig Pfund schweren Kohlkopf, welche die Erde am anderen Ende der Welt hervorbrachte, sonst aber vor allem auf Missernten und schwindende Rationen. Die Aborigines, die Übung darin hatten, sich von dem schönen, aber rätselhaft spröden Land zu ernähren, litten keine Not.

Mit der Einführung von Vieh wendete sich das Blatt. In der seltsamen Symbiose von Mensch und Tier schwappten Welle um Welle versklavter Rinder, Schafe und Schweine mit den Siedlern in das Landesinnere hinein. Importierte Kamele folgten. Die freigelassenen Sträflinge, Schäfer und Robbenfänger setzten alles daran, einander zu beweisen, dass sie nicht mehr das letzte Glied in der Nahrungskette waren.

An der unkontrollierbaren Grenze, im Wilden Westen Australiens, hieß es bald, man könne einen Aborigine erschießen wie einen Hund. In Tasmanien wurden die Ureinwohner bis auf den letzten Mann ausgerottet. Auf dem Festland verhinderten nur die Wüsten des Outback einen Völkermord von ähnlicher Dimension.

Für die Weißen war das Outback das »tote Herz« des Kontinents.

Erst 1984 kontaktierte die letzte Gruppe der Aborigines die westliche Zivilisation. Sie gehörten zum Stamm der Pintupi. Er war durch Raketentests aus seinem angestammten Territorium vertrieben worden.

»Natürlich, es ist ihr Land«, sagte der Professor zu mir, »aber ...«

Das »Aber« des weißen Australiens kannte kein Ende.

Man habe den Aborigines ihr Land weggenommen, aber sie hätten einiges davon zurückbekommen.

Ihre Kultur sei famos, sie malten Bilder mit bunten Punkten, weigerten sich ansonsten aber, nach modernen Regeln zu spielen.

Es sei unmenschlich gewesen, bis in die Siebzigerjahre ihre Kinder den Eltern wegzunehmen, um sie an westlichen Schulen zu erziehen, aber auch alle anderen Angebote, sich in die Gesellschaft zu integrieren, hätten sie abgelehnt.

Der Staat habe Unsummen in Sozialprogramme investiert, aber noch immer gebe es keine schwarze Mittelklasse, praktisch keine Ärzte, Anwälte oder Geschäftsleute indigenen Ursprungs.

Man habe alles versucht, aber es habe nichts genutzt.

Das Leben der Aborigines bleibe gekennzeichnet von Alkohol, Drogenmissbrauch, Sozialhilfe, verwahrlosten Kindern, häuslicher Gewalt und einer fast unterirdischen Behandlung der Frau.

»Wenn du das Outback sehen möchtest«, sagte Astrid, »dann musst du nach Broken Hill.«

»Broken Hill?«

»Eine Bergbaustadt.«

»Eine Bergbaustadt?«

»Ein faszinierender Ort. Ich bin sicher, dass er dich interessieren wird.«

Der Cellist wurde nervös.

»Er wird für Astrid ein Geburtstagsständchen im Haus geben«, raunte die Frau des Professors in mein Ohr.

»Was wird er spielen?«

»Die erste Suite von Bach.«

4

In Broken Hill beschloss ich, meinen Rucksack durch ein unauffälligeres Gepäckstück zu ersetzen.

Ich hatte Gepäck nie gemocht.

Das Beste, was man über einen Rucksack sagen konnte, war, dass er einem das beruhigende Gefühl verlieh, wieder unterwegs zu sein.

Als Teenager hatte mich der Traum begleitet, einen Sommer lang durch die Wärme Südeuropas zu schweifen. Wie ein indischer Brahmane würde ich wenig mehr mit mir führen als ein härenes Beinkleid, ein Leibchen und einen Beutel mit einem Buch, einer Zahnbürste und einer Decke für die Nacht.

Später, als ich auf Festivals ging, packte ich meinen Beutel und zog los.

Diese Form der Freiheit war der Luxus meiner Zivilisation.

Kabel lieferten Strom, DJs die Musik. In den Cafés brodelten vegane Woks, die öffentlichen Verkehrsmittel funktionierten, das Klima war mild, und im Notfall gab es immer einen Arzt an der nächsten Ecke.

In Australien musste ich umdenken.

Bereits in einer der ersten Nächte hatte mich irgendein Insekt, vielleicht eine Spinne, in die Armbeuge gebissen. Die beiden Einstiche waren zu nässenden Kratern angeschwollen. Die Entzündung klang erst ab, als man mir in einer Notaufnahme in den Blue Mountains ein Antibiotikum verschrieb.

»Outback Whips and Leather« klang wie ein Fetischklub, war jedoch ein weitläufiger Laden, der einen halben Kontinent mit Ausrüstung für die Knochenarbeit der Cowboys versorgte. Es gab Hüte, Sattel, Messertaschen, Feldflaschen, Bullenpeitschen, Stahlkappenschuhe und »Chaps« zum Schutz der Reithosen vor dem Unterholz.

Ich trug Flipflops, ein kaputtes Hemd und ein sehr sichtbares Pflaster auf dem Arm.

Der Verkäufer trug Hosenträger und nannte alle Männer »Sir«.

Anderthalb Stunden später schulterte ich meine neue Ripstop-Tasche, die wahrscheinlich auch eine Mondlandung überlebt hätte, und trat hinaus auf die Straße.

Die Temperatur war auf einundvierzig Grad gestiegen. Mit geöffnetem Schnabel und ausgebreiteten Flügeln hechelten Vögel auf der Straße im Luftzug der Klimaanlagen.

Während des Blei- und Silberrauschs hatten Desperados unter dieser Sonne Löcher in den Boden geschaufelt. Sie schliefen darin im Sitzen, eine Opiumpfeife im Mund. Einmal im Monat krabbelten sie heraus und rannten Kilometer um Kilometer zum nächsten Saloon, um eine Lady reden zu hören.

Die Lady hatte sich mit Tollkirschen angehübscht, da aufgequollene Lippen und Augen als Zeichen von Schönheit galten.

Heute schlossen die wenigen Restaurants schon um acht Uhr. Im Waschsalon erzählten die Leute von drei Sandstürmen im vergangenen Jahr.

Wie aus einem Ofenrohr fuhr die Hitze durch das Gitternetz der Straßen, die nach Mineralien, Metallen und chemischen Elementen benannt worden waren. Tiefergelegte Autos bretterten über die Kreuzung von Sulphide und Argent Street und setzten auf den Bodenwellen auf.

Das einzige Restaurant, das zu einer zivilisierten Zeit noch geöffnet hatte, stand am Stadtrand auf einem Hügel aus Schotter.

Die untergehende Sonne senkte sich über das Panoramafenster, schwefelgelb wie in einem Science-Fiction-Film.

Draußen spien Geröllbrocken die gespeicherte Hitze wie Bunsenbrenner in die Luft. Im Inneren des klimatisierten Kubus war es eisig kalt. Zwei Tische weiter traf sich eine Gruppe runder Farmer und ebenso runder Farmerinnen am Vorabend einer Beerdigung. Ein Schulfreund war gestorben und wurde mit einem Halleluja unter die Erde gebracht.

Sie erzählten von einsam gelegenen Häusern mit schmiedeeisernen Balkonen, dem Pianoforte aus Kanada im Wohnzimmer, von Stehuhren, Puppen und verstaubten Sherrygläsern neben Großmutters Tellern im Regal.

Im Dezember, wenn südlich des Äquators der Sommer begann, schützten die Spitzengardinen nicht mehr vor der Sonne. Der Weihnachtsmann kam über die rote Wüste und schwitzte in seinem Kostüm, während ein Schwein mit einem Apfel im Mund zwei Tage im Ofen schmorte.

So weit das Auge reichte, gab es keine andere Farm, geschweige denn ein Dorf. Bis sie auf Internate geschickt werden konnten, wurden die Kinder über das Radio unterrichtet. Früher hatte der Arzt auch Krankheiten über das Funkgerät behandelt. Waren die Unfälle schwer, hatte es manchmal zu lange gedauert, bis eine kleine de Havilland Gipsy Moth am Himmel erschien.

Manche Gegenden waren so trocken, dass siebenjährige Kinder in ihrem Leben noch keinen Regen gesehen hatten und beim ersten Gewitter vor Schreck in Ohnmacht fielen.

Sie hatten sich daran gewöhnt, dass ihre Väter jedes Jahr den Ruhestand und die Europareise verschoben, da die Ernten schlecht waren und die Preise auf dem Weltmarkt im Keller. Von ihnen hatten sie gelernt, mit einem Brandeisen umzugehen. Sie hatten gelernt, dass Salz gegen Blutegel half und dass man zumindest die Kaninchen nicht schießen sollte, die sich mit der Staupe infiziert hatten.

Dem verseuchten Bau gab ein Bulldozer den Rest.

An den Abenden musizierten sie auf selbst gebauten Instrumenten, während Kängurus das Gras fraßen und Vögel über Nacht das Obst von den Bäumen. Wenn die Papageien die Stromleitung durchbissen, was öfters geschah, saß die Familie im Dunkeln. Es war ein Wunder, dass die Aborigines in einer solchen Umgebung hatten überleben können.

Sie waren in der Steinzeit über das Wasser von Neuguinea gekommen, als der Meeresspiegel tiefer stand als heute. Danach wurde es wärmer, das Eis schmolz an den Polen, und die Aborigines hatten ein Problem.

Abgeschnitten vom Rest der Welt, fanden sie sich auf einem Kontinent wieder, wo es wenig gab, was es ihnen ermöglicht hätte, sesshaft zu werden. Es gab nichts, worin sie sich hätten kleiden können, kein Leder, kein Leinen, keine Wolle, keine Seide. Es gab keine Kamele, keine Pferde, Esel, Ochsen, Lamas oder Yaks, die ihnen hätten helfen können, Zelte oder einen Hausstand zu tragen.

Sie verbrachten die nächsten fünfzigtausend Jahre damit, nackt im Busch herumzulaufen und nach Essen zu suchen. Die Aborigines reisten leicht. Irgendwie brachten sie das Kunststück fertig, auf einem Land, das für weiße Australier später eine Todeszone darstellen würde, ohne materiellen Besitz zu bestehen.

Ihre matte Haut schluckte das Licht. Manchmal war sie mit Ocker bemalt. Außerhalb der Küsten mieden sie das Wasser und wuschen sich mit der Sonne und dem Sand.

Sie kannten wenig Gemachtes, mit dem sie die Natur hätten beherrschen können. Sie kannten keine Metalle, kein Rad, nicht einmal die Töpferei, obwohl genügend Ton in der Erde war. Was die Frauen sammelten, legten sie in eine Schale aus Rinde. Die Männer trugen Speere, die länger als ihre Körper waren, Holzwaffen und Federn auf ihren Festen.

Trotz dieser Reduktion stand ihre Kultur für mehr als nur das nackte Leben.

Wie Zugvögel hatten sie gelernt, sich im Lauf der Zeit auf bewährten Pfaden zu bewegen, von Wasserloch zu Wasserloch. Um sich an diese Pfade zu erinnern und die Erinnerung weitergeben zu können, bedienten sie sich keiner Schrift. Stattdessen beseelten sie Merkmale in der Landschaft mit Geschichten über die Wanderungen mythischer Vorfahren und machten Lieder daraus.

Die Pfade, die ihre Lieder beschrieben, wurden »Songlines« genannt.

Mit den Songlines überzogen sie einen Kontinent.

Die Lieder spiegelten das Land. Zusammen mit den Geschichten vermittelten sie Anleitungen zum Überleben, einen moralischen Kodex und eine Mythologie von verblüffender Komplexität. Das System erwies sich als so erfolgreich, dass die Aborigines keinen Grund sahen, es zu verändern.

Bei Ankunft des weißen Mannes war ihr poetischer Minimalismus eine der radikalsten Lebensformen der Welt.

»Wenn du das Ursprüngliche kennenlernen möchtest«, sagte eine Farmerin mit Rotweinflecken auf der Bluse, »dann musst du auf einer Schaffarm arbeiten.«

Ich schreckte aus meiner Tagträumerei auf. Tatsächlich hatte ich die Beerdigungsgesellschaft in Broken Hill ein wenig aus dem Fokus verloren.

»Auf meiner Schaffarm.«

»Erwarte keinen großen Komfort, aber die Erfahrung ist es wert«, sprang ihr der Ehemann zur Seite. »Wir haben immer wieder Touristen, die ein paar Tage oder Wochen bei uns bleiben.«

Ich steckte ihre E-Mail-Adresse ein, während Gläser und Stühle zu Boden gingen. Die Gäste des Restaurants verschmolzen zu einer dröhnenden Party. Die Farmerin entdeckte einen

Bekannten, der mit einem Mann und einer brünetten jungen Frau die Köpfe zusammengesteckt hatte. An den Schläfen stand sein weißes Haar wie bei einem Kobold in die Luft. Wir teilten uns ein Taxi zurück in die Stadt.

»Und du bist also am Backpacken.« Der Kobold sah durch die Windschutzscheibe auf die Straße. Der Taxifahrer fuhr zu schnell. Mit rotierendem Blaulicht stand ein Polizeiauto vor einem Pub an der Ampel.

»Ich bin auf dem Weg zu einem Festival.«

»Wie heißt es?«

»Rainbow Serpent.«

»Ich glaube, ich habe davon gehört«, sagte Stephanie, die Frau.

»Das ist eine Gestalt aus der Mythologie der Aborigines«, sagte der andere Mann. Er musste Mitte fünfzig sein und war fast kahl auf dem Kopf. Der runde Bart um den Mund erinnerte an einen Deutschlehrer, doch sein Körper war hart wie der eines Fallschirmjägers. Ich spürte, dass er mich vom Scheitel bis zur Sohle einer Prüfung unterzog.

»Ich hoffe, auch welche dort zu treffen«, sagte ich, hatte meinen Optimismus jedoch verloren. Von allen Optionen schien die Schaffarm die beste zu sein.

»Ist es ein Aborigines-Festival?«

»Nein. Elektronische Musik.«

»Vielleicht werden einige von ihnen vorbeischauen, um sich die Sache anzusehen«, sagte der kahle Mann mit dem Bart. »Aber sie gehen dann auch wieder. Sie haben ihre eigenen Lieder und Tänze.«

»Ich arbeite mit Aborigines«, sagte der Kobold und machte ein Gesicht, als ob ich den Sechser im Lotto gezogen hätte. Wie alle war auch er sternhagelvoll.

»Hier, in Broken Hill?«

»Nein, in Alice Springs.«

»Alice ist meine nächste Station.«

»Ruf mich an. Ich zeige dir eine Woche lang ihre Siedlungen.«

Es war ein langer, heißer Tag gewesen. Für Jägerlatein und falsche Versprechungen hatte ich keinen Platz.

Ich glaubte dem Kobold kein Wort.

5

»Wie hast du uns gefunden?«, fragte Stephanie im Türrahmen. Mit ihrer Eskimobluse und dem Delfin-Tattoo sah sie wie eine Folksängerin aus.

»Eine der Farmerinnen in Broken Hill hat mir ihre E-Mail-Adresse aufgedrückt. Sie wollte, dass ich bei ihr arbeite.«

»Hat sie?«

»Ich habe sie kontaktiert. Irgendwie hat sie Eds Telefonnummer herausgefunden. Und ich habe ihn angerufen.«

»Der Plan ist«, hatte Ed per E-Mail seine Einladung bestätigt, »dass eine kleine Gruppe aus dem Volk der Pitjantjatjara, meist weibliche Stammesälteste, Stephanie und mich in der nächsten Woche besuchen kommt. Sie stammen aus einer kleinen Gemeinde im äußersten Nordwesten von Südaustralien, leben nun aber aus den verschiedensten Gründen in Adelaide. Sie sprechen vor allem ihre eigene Sprache und etwas Englisch. Sie werden andere Aborigines aus der Region treffen und mit einigen Leuten sprechen, da sie später im Jahr eine größere Gruppe für einen Kulturaustausch zu uns bringen wollen. Alle werden bei uns wohnen, ein geräumiges Haus am Stadtrand von Mildura. Bring deinen Schlafsack mit. Wir kümmern uns um den Rest.«

Stephanie schien meinen Besuch nicht ansatzweise auf dem Schirm zu haben.

»Ich dachte, dass ihr in Alice Springs wohnt«, sagte ich. Das Ganze kam mir inzwischen recht fragwürdig vor.

»Ed arbeitet manchmal da.«

Meine Ripstop-Tasche stand bei der Tür neben einem Berg aus Trekkingschuhen. »Wo soll ich schlafen?«

»Gute Frage. Die Zimmer sind für die Pitjantjatjara.« Sie
sprach das Wort wie »Pidschandschára« aus. »Hast du ein
Zelt?«

»Nein, leider nicht.« Bevor ich in ihrer Achtung noch weiter sank, versuchte ich es mit Humor. »Ich reise leicht.«

»Unser großes Zelt ist in meinem Büro. Aber ich glaube,
wir haben irgendwo noch ein altes.«

Wir traten auf die von Weintrauben behangene Veranda
und stiegen unter einer Wäscheleine in den Garten hinter
dem Haus. Vor einem Schuppen stand ein Tank für Frisch-
wasser mit einem Stauraum im Sockel. Fett wie Tollkirschen
hingen zwei Schwarze Witwen daneben am Wasserhahn.
Stephanie kramte in dem dunklen Loch herum. Ein Beutel
plumpste ins Gras.

Neben dem Komposthaufen spendete ein Bäumchen Schatten.

Ich baute das Zelt auf. Dann fuhren wir zum Laden am
anderen Ende des Blocks.

Mildura war eine mittelgroße Stadt im Süden Australiens,
landeinwärts zwischen Melbourne und Adelaide. Italiener
aus Kalabrien waren in die Gegend gezogen, um Obst und
Gemüse anzubauen. Am Stadtrand gab es ausreichend Platz
für Bungalows, und auf den Grundstücken standen die Pflanzen dicht an dicht.

Der Laden war gleichzeitig Post, Kiosk, Anschlagbrett und
Lebensmittelgeschäft. Eine Kühlbox summte in der Mitte des
Raums.

»Wir brauchen Fleisch«, sagte Stephanie. »Was meinst du?«

»Känguru? Emu?«

»Sie haben nur Kaninchen.«

»Besser als nichts.«

»Ich glaube, sie wollen auch Sandwiches.«

»Gibt es hier Brötchen?«

Sie hob eine Packung mit vorgeschnittenem Weißbrot in die Luft.

»Du bist für die Sandwiches zuständig«, sagte ich schnell.

»Wir brauchen Salat. Käse. Schinken. Butter. Und Tee.«

»Für das Gulasch Zwiebeln. Karotten. Und Tomaten.«

Viel gesundes, knackiges Gemüse, dachte ich, am besten aus der Region. Schließlich sollten die Aborigines uns nicht für Barbaren halten.

Im Bungalow räumten wir die Zimmer leer und schleppten ein Sofa und Stühle auf die Veranda. Der hellblaue Klebeteppich und die Möbel waren einfach und robust. Es sah so aus, als könnte die Einrichtung dem Ansturm der Pitjantjatjara standhalten.

»Wie machen wir's?« Stephanie stemmte die Hände in die Hüften und starrte auf die Lebensmittel wie auf den Motor eines Autos mit Maschinenschaden.

»Ich kümmere mich darum.«

Wenig später brutzelten Zwiebeln in einer Kasserolle auf dem Herd. Ich hatte sogar etwas Thymian gefunden. Die Initiative entschied die Situation endgültig zu meinen Gunsten.

»Wie war dein Festival?«, fragte sie, deutlich entspannter.

»Kann mich nicht erinnern.«

»Das ist genau das, was ich hören will!«

Auf der Auffahrt hörten wir das Schleifen platter Reifen. Hereinspaziert kam nicht der Kobold, sondern der kahle Mann mit dem Bart. Ich hatte keine Gelegenheit mehr, meiner Überraschung Luft zu machen, denn er wies einer Furcht einflößenden Matrone den Weg.

Ihre Hüften waren breit wie ein Kühlschrank. An einem auffällig schönen Gehstock humpelte sie in das Wohnzimmer, als ob das ganze Schicksal der ältesten Kultur der Menschheit auf ihren Schultern lastete. Auf dem Kopf trug sie einen »Beanie«, die Wollmütze der Aborigines. Zwischen ihren Lippen wies ein Pfriemen Kautabak wie ein Kanonenrohr in meine Richtung. Ein Auge war blind. Über Kimme und Korn grollte das andere Auge mich an.

»Polly, das ist Carl«, sagte Ed. »Er ist gekommen, um zu helfen.«

»*Palya, palya*«, krächzte Polly, »alles gut, alles gut.«

Sie fächelte sich mit der Hand Luft zu und wackelte grußlos an mir vorbei.

Von Broken Hill war ich nach Alice Springs gereist. Wie eine verlorene Nadel steckte die Stadt im Zentrum eines Kontinents.

Von den MacDonnell Ranges, eine Bergkette, ging es nach Osten in die Simpson Desert. Nach Westen ging es in die Gibson Desert. Selbst im Süden ging es in die Wüste, zu Uluru, Ayers Rock.

Mit zweiunddreißig Grad im Schatten waren die Temperaturen fast angenehm. Es hatte geregnet. Der Todd River führte Wasser, und es roch nach Eukalyptusbäumen.

Eine Handvoll Galerien in Todd Mall, der Fußgängerzone, hatte sich auf die Kunst der Aborigines spezialisiert. Auf den Bildern formten sich Punkte zu Mustern, es gab Kreise, Linien und Felder. Dass ein Kreis gleichzeitig ein Wasserloch, die Brust einer Frau, ein Lagerfeuer oder einen Treffpunkt darstellen konnte, machte die Sache nicht einfacher. Mal stellte ein Bild ein »Känguru-Dreaming« dar, mal ein »Emu-Dreaming«, mal ein »Dreaming von der Regenbogenschlange«. Fast jede Kreatur schien ihr eigenes Dreaming zu haben. Ein Dreaming, las ich in dem Informationsblatt, das die Galerie an einer Wand angebracht hatte, bezog sich auf die Taten der mythischen Vorfahren. Auf ihren Wanderungen hatten sie Wasserlöcher gegraben, Pflanzen gesät und sich in Tiere verwandelt, um ihre Nachkommen zu ernähren.

Was ein Dreaming genau sein sollte, erfuhr ich jedoch nicht.

In den Grünanlagen saßen die Aborigines, als wären sie wie ein Film aus lang vergangener Zeit in die Fußgängerzone geworfen worden. Ihre Hüften waren so offen, dass man glaubte, sie würden in die Erde einsinken. Gleichzeitig schien es so, als wären sie über Nacht wie Pilze aus dem Boden geschossen.

Je mehr ich mich in ihren Anblick vertiefte, desto mehr wurde ich mir eines anderen Films bewusst, den eine zweite Kamera über das Bild des ersten projizierte. Er bestand aus Todd Mall, dem Straßenpflaster über dem Land, den Cafés, einem Buchladen, den Bungalows in alle vier Himmelsrichtungen und den Geländewagen, die kamen und gingen.

Beide Filme hatten nichts miteinander zu tun.

Die Frauen zankten sich. Ihre Kinder brüllten. Die Frauen schimpften die Kinder. Zwei barbrüstige Männer mit steifen Haaren und tief sitzenden Jeans gerieten in einen Streit. Eine Polizeistreife erschien. Die Aborigines rollten Bilder aus, die sie gemalt hatten, um zu zeigen, dass sie einer sinnvollen Beschäftigung nachgingen. Die Streife verschwand. Die Aborigines rollten ihre Bilder ein und zankten sich weiter.

Sie sahen dem weißen Mann nicht einmal in die Augen.

Mit Polly zählte ich sieben Erwachsene, darunter zwei Männer, und vier Kinder. Die Frauen trugen Wollmützen und Blümchenkleider, ihre Haut roch nach Lagerfeuer, und als Gastgeschenk legten sie einen gehäuteten Hasen auf den Küchentisch.

»Niemals zuvor sind elf von ihnen in das Haus eines weißen Mannes eingeladen worden«, erklärte mir Ed, während die Invasion ihren Fortgang nahm. »Sie sollen sich hier genauso verhalten, wie sie es in ihren Siedlungen gewohnt sind. Ich möchte eine Situation wie in einem Dampfdrucktopf erzeugen und sehen, was wir von ihnen lernen können.«

»Was könnte das sein?«

»Die westliche Zivilisation verbraucht mehr Ressourcen, als auf der Erde nachwachsen können. Die Aborigines aber haben es geschafft, fünfzigtausend Jahre lang in einem Äquilibrium zu leben, ohne sich verändern zu müssen. Wir können von ihnen lernen, wie man nachhaltig vom Land lebt.«

»Aber diese Gruppe lebt doch gar nicht mehr auf dem Land, sondern in Adelaide.«

»Ja, aber sie haben die alte Verbindung behalten und reisen hin und her. Sie sind so nah an ihrer traditionellen Lebensweise wie nur irgendwie möglich geblieben.«

Aus den Tiefen des Korridors kam ein dumpfes Geräusch. Es folgte das Trommeln von Kinderfüßen auf dem Teppich.

»Das ist das Experiment: Lassen wir sie das Haus übernehmen. Tun wir so, als ob sie es wären, die ihre Lebensweise auf diesem Kontinent nicht aufgeben müssen. Tun wir so, als ob sie es wären, die gewonnen haben.«

Nachdem die Pitjantjatjara die Betten zerlegt hatten, saßen alle in einem Kreis auf dem Sofa und den Campingstühlen der Veranda. Die Kinder hatten eine Ukulele von der Wand gerissen. Alle waren genauso nervös wie ich.

Polly schien die Person zu sein, mit der man sich gutstellen musste, um zu erfahren, was ein Dreaming war.

Ich machte der Lady einen Tee, zog einen Stuhl in den Kreis, nahm Platz und machte es mir bequem.

»In Alice Springs –«, setzte ich an.

»Carl«, rief Ed mit der Miene eines Stadionsprechers, »vielleicht möchte auch jemand von den anderen einen Tee!«

»Einen Tee, Zucker, keine Milch«, kam prompt aus der Runde die Antwort.

»Einen Tee, zwei Zucker, Milch.«

»Einen Tee, Zucker, Milch, bitte.«

»Und vielleicht«, rief der Stadionsprecher, »ist es an der Zeit für Sandwiches!«

Das Gemüse meines Stews hatten sie nicht angerührt. Fleisch und Sandwiches, lernte ich an diesem Abend, waren in Australien der Standard beim Barbecue, in Suburbia genauso wie im Busch. Und es würde meine Aufgabe sein, den Essensfluss niemals abbrechen zu lassen.

Während ich in der Küche stand, begannen die Pitjantjatjara auf der Veranda zu singen, klatschten in die Hände und trommelten mit ihren Messern und Gabeln auf den Bechern herum.

»Carl!«, rief später der Stadionsprecher. »Zeit für *inma*!«

»Zeit für wen?«

»Zeit für *inma*. Zeit zu feiern.«

Ich wischte meine Hände an der Schürze ab und folgte dem Ruf ins Freie. Es war dunkel geworden. Die Wäscheleine rauschte im Garten. Aller Hunger war gestillt, jede Lady hatte frischen Tee. In ihren Campingstühlen sahen die vor sich hin glimmenden Matronen ausgesprochen zufrieden aus.

»Die Ladys finden, dass du wie ein Emu aussiehst.«

»Vielen Dank.«

»Auf Pitjantjatjara heißt Emu *kalaya*.«

»*Kalaya!*«, jubelten die Ladys im Chor.

»Und es gibt dafür sogar einen Tanz …«

Ed legte seine aufgedrehten Handflächen auf dem Rücken übereinander und stakste mit federnden Knien davon, wobei er bei jedem Schritt seinen Kopf wie ein gackerndes Huhn mal in die eine, mal in die andere Richtung stieß und über seine Schulter nach hinten schielte.

Eine der Ladys ließ einen tragenden Laut vernehmen. Die anderen fielen ein und trommelten weiter.

»Emu, Emu, *kalaya*!«, sangen die Pitjantjatjara und bogen sich vor Lachen. Da mir nichts anderes übrig blieb, stapfte ich im Takt ihrer Messer und Gabeln meinem Lehrer hinterher.

»Kalaya! Kalaya!«

»Kalaya! Kalaya!«

Irgendwann war die Party aus und der letzte Tee serviert.
»*Palya, palya*«, murmelten die Pitjantjatjara.
Alles gut.
»Wann erwartet ihr mich morgen?«, fragte ich.
»Sie stehen früh auf«, sagte Ed. »Vielleicht um sieben?«

Die Lichter im Haus erloschen. Im Garten suchte ich den Wasserhahn mit der Taschenlampe nach Schwarzen Witwen ab und putzte unter dem Strahl meine Zähne. Dann krabbelte ich in das Zelt neben dem Komposthaufen, das mein neues Zuhause war, und stellte den Wecker auf sechs.

6

»*Good morning,* Kalaya!«, krähten die Ladys am kommenden Morgen im Chor. »*Can we have a nice cup of tea!*«

Da war Kathleen, eine finstere, schwer zugängliche Frau, die ich kaum wiedererkannte, wenn sie ihre Haare, die auf dem Scheitel grau geworden waren, hochgesteckt trug. Sie kam mit ihrem Sohn, Darren, der nach einem Autounfall an Krücken ging. Es dauerte eine Weile, bis ich begriff, dass diese milchbärtige, geisterhafte Erscheinung, die wie eine leere Hülle durch das Haus humpelte, der Vater von drei Kindern war. Tom mochte ungefähr zehn Jahre alt sein, ein kräftiger Junge mit einem Fassbauch, dessen Selbstbewusstsein den künftigen Rädelsführer auf dem Pausenhof verriet. Tonia, seine Schwester, eine atemlose kleine Hexe mit stechendem Blick und einem Flaum auf der Oberlippe, stand kurz vor der Pubertät. Tim, der Jüngste, blieb still und schien sich ein wenig vor mir zu fürchten.

Gloria mit ihrem dicken Bauch und den schlohweißen Krisselhaaren vervollständigte das Trio der Großmütter; wegen ihrer theatralischen Art taufte ich sie »Madame Pompadour«. Natasha, ihrer Tochter, mochte um die zwanzig Jahre alt sein, offensichtlich im heiratsfähigsten Alter.

Im Gegensatz zu Darren stand der andere Mann in der Blüte seiner Kraft. Man hieß mir, ihn Robert zu nennen.

»Er ist *kumnanara*«, raunte Ed in mein Ohr.

»Hallo *kum* –«, setzte ich an.

Roberts erhobene Hand ließ mich schweigen.

»*Kumnanara* ist eine Person, deren Name nicht genannt werden darf«, raunte Ed. »Es ist ein wenig kompliziert. Jeder

der Aborigines hat einen englischen Namen – und einen Namen in Pitjantjatjara. Nun ist jemand, der denselben Pitjantjatjara-Namen trägt wie Robert, kürzlich verstorben. Bei den Pitjantjatjara aber ist der Name eines Toten tabu, bis für seine Angehörigen der Zeitpunkt gekommen ist, die Phase der Trauer zu beenden. Also dürfen wir Robert nur bei seinem englischen Namen nennen. Denn ein Robert«, schloss er trocken, »befindet sich derzeit nicht auf der Totenliste.«

»Warum ist das so?«, fragte ich etwas bedröppelt.

»Keine Ahnung«, sagte Ed und machte wieder sein Stadionsprechergesicht. »Vielleicht, um sicherzustellen, dass die Geister nur eine Person mit sich ins Jenseits nehmen!«

»Und das da drüben ist seine Frau?« Ich wies mit den Augen auf die vierte Lady. Sie war etwas jünger als die drei Matronen, aber in ihrer Präsenz keinesfalls weniger beeindruckend. Auf ihrem Schoß saß ihr Sohn, der kleine Bill, das jüngste der vier Kinder im Haus. Er war ein mageres Kerlchen mit einem hervortretenden Unterkiefer, steifen, sonnengebleichten Haaren, trug selten mehr als ein Paar Jeans und starrte mich aus lemurengroßen Augen an.

»Ja. Emily.«

»Sieht für mich nach einer starken Frau aus.«

»Das kann man so sagen. Ich kannte ihren Vater. Ich dachte mal, er wolle mich töten.«

Im Herbst 1979 hatte Ed über einen Vetter das Angebot erhalten, Verwalter einer winzigen Siedlung der Aborigines zu werden, einige Hundert Kilometer südwestlich von Alice Springs. Dort, in der Nähe des Uluru, trafen Südaustralien, Westaustralien und das Northern Territory zusammen. Selbst für einheimische Verhältnisse lag der Ort ein wenig abseits vom Schuss.

Ungefähr hundertfünfzig Menschen lebten in Schattenspendern, »*wiltjas*« genannt. Sie boten Schutz vor der Sonne, dem Regen und dem Wind. Früher waren sie aus den Zweigen von Mulga-Bäumen und Spinifex-Gräsern gebastelt worden. Nun mussten dafür Maschendraht, Pfähle, Zeltplanen, Wellblech und andere Zivilisationsreste herhalten.

Auf dem Rückweg zu ihrem angestammten Land waren viele von Ernabella gekommen, wo Presbyterianer in den Dreißigerjahren eine Mission errichtet hatten, die sich als Refugium für die Kultur der Ureinwohner erweisen sollte. Als nie versiegendes Wasserloch übte auch der Brunnen der neuen Siedlung eine magnetische Anziehungskraft aus. Die Ankunft des ersten Gewehrs beendete das jahrtausendealte Gleichgewicht zwischen Mensch und Tier; ein von der Regierung betriebener Laden machte das Jagen und Sammeln als Lebensgrundlage zudem ineffizient.

Verpackungen warfen die Pitjantjatjara auf den Boden wie früher die Knochen erlegter Tiere. Sie waren *whitefella-rubbish*, mit dem sie nichts zu schaffen haben wollten.

Tagsüber lag das Flimmern von zerbrochenem Glas wie eine Hitzespiegelung über der Ebene. Nachts glommen Feuerstellen vor den *wiltjas* in der Dunkelheit. Die meisten Pitjantjatjara schliefen im Freien auf Matratzen.

»Ihre gesellschaftlichen Beziehungen sind von Familienstrukturen bestimmt«, sagte Ed. »Sie hängen davon ab, ob du ein Bruder, ein Vater oder ein potenzieller Ehepartner bist. Ich bin als Teil der Familie akzeptiert worden, weil ich einfach aufgetaucht bin und angefangen habe zu arbeiten.«

Er reparierte die Wasserleitung. Er bestellte neue Reifen für das Auto. Schritt für Schritt sanierte er die Finanzen. Er wurde zu einer Ressource, die Dinge besaß. Jemand, der lesen und schreiben gelernt hatte und dessen man sich bediente, um an Gebrauchsgegenstände oder Geld von der Regierung zu gelangen.

Man benutzte das Geld, um weitere Autos zu kaufen und nach heiligen Stätten zu sehen.

Es würde sich als die aufregendste Zeit seines Lebens erweisen. Die Tage im Busch waren groß und voller Bedeutung. Er spürte, wie er an Statur gewann. Man konnte nichts planen, da immer etwas Unvorhergesehenes dazwischenkam: Maschinenbruch, menschliche Schwächen, Unwetter. Doch es gab immer einen Hasen zu schießen, außerdem Feuerholz zur Genüge. Er konnte überall sein Zelt aufschlagen und in der Nacht die Sterne anblinzeln.

Freiheit wurde für ihn zu der Kunst, loszulassen und Gottvertrauen zu entwickeln.

Als Verwalter schlief er in einem lecken Wohnmobil, das auf Betonklötzen stand, da die Reifen gestohlen worden waren. Eines Nachts saß er auf dem Felsen daneben, einen Becher Tee in der Hand, und lauschte mit einem Ohr dem Gemurmel der jungen Männer, die im Kreis auf dem Boden saßen, als aus den *wiltjas* ein Brüllen kam.

»Es ist der Alte«, kicherte einer der Pitjantjatjara. »Anscheinend geht es wieder um seine Tochter.«

Der Alte war der Vater von Emily, der Frau des *kumnanara*, und damit der Großvater des kleinen Bill. Emilys Vater war wütend.

Er war ein großer, kräftiger, wortkarger Mann, ungefähr fünfundfünfzig Jahre alt. Alle hatten einen Heidenrespekt vor ihm, denn er war ein *law man*, ein Hüter der Sitten und Bräuche. Vor einigen Tagen hatte er einem *youngfella* mit einer Eisenstange den Schädel eingeschlagen, da sich dieser, angeblich auf die falsche Weise, seiner Tochter genähert hatte.

Vor den dumpf glosenden Feuerstellen der *wiltjas* nahm die Silhouette von Emilys Vater Kurs auf Eds Wohnmobil. Er hielt einen Speer in der Hand.

Die Pitjantjatjara blieben stumm.

Ohne Ed zu bemerken, hielt Emilys Vater vor dem Wohnmobil. Er stieß seinen Speer in Richtung der Tür.

»*Eddie nyinanyi?*«, keuchte er. »Ist Eddie da drinnen?«
»Nein!«, flüsterte einer der jungen Männer und wies mit
dem Finger in die Luft. »Er sitzt da oben auf dem Stein.«
»Hallo, Sir!«

»Eddie?« murmelte Emilys Vater, ungläubig darüber, dass
der *whitefella* auf der falschen Stelle saß und sein Klopfen
nicht beantwortet hatte. »*Nya, nya … wiya palya wanti.*
Ahem, ahem … kein Problem.«
Dann machte er auf dem Absatz kehrt und marschierte
in sein Lager zurück. Ed sollte niemals herausfinden, warum
Emilys Vater gekommen – und warum er wieder gegangen
war.

Im Zentrum der Aufmerksamkeit stand der Geländewagen.
Wenn Geld für einen Kanister Benzin da war, konnte man da-
vonbrausen, um Hasen und Kängurus zu schießen oder im
Busch nach Mineralien zu suchen.
Das zweite Auto war verschwunden.
»Wo ist das zweite Auto?«, fragte Ed.
»Es ist unser Bergbauwagen. Und der ist weg.«
»Unser Bergbauwagen?«
Es war der Tag der Übergabe. Eds Vorgänger als Verwalter
wies auf einen Hügel. Irgendwo hatte man ein Loch in den
Boden gegraben. Klein wie ein Spielzeug hing ein kaputter
Bulldozer daneben am Hang.
»Dort oben ist jemand auf Chrysopras gestoßen. Die Leute
sind ganz verrückt danach. Sie nennen es den ›australischen
Jade‹. Wir haben von der Regierung Geld für einen Toyota
und einen Bulldozer bekommen, damit sich die Community
etwas hinzuverdienen kann. Aber der Typ, den wir angestellt
haben, ist mit dem Auto getürmt. Wir haben es erst sechs Monate später wiedergefunden. In den Kimberleys. Nun habe ich
den Wagen verliehen. Jemand hat es sich in den Kopf gesetzt,
Rubine zu finden.«

Der Jemand war der Vater von Kathleen, der finsteren Frau mit dem grauen Scheitel. Ihren bulligen Körperbau musste sie von ihm geerbt haben. Kathleens Vater hatte viel Zeit mit Schürfern und Bergbauingenieuren verbracht; Steine hatten es ihm angetan. Sein Verhältnis zu Automobilen war so rustikal, dass es ihm den Spitznamen »Reifenplattenkönig« eingehandelt hatte. Doch er war auch ein *ngankari*, ein Medizinmann und Geisterheiler, eine Person von besonderer Kraft, die Krankheiten aus den Körpern ihrer Patienten saugte.

»Willst du erfahren, was es bedeutet, *ngankari* zu sein?«, fragte er eines Tages Ed.

»Klar.«

»Ich habe diesen Verbündeten, einen hilfreichen Geist. Er ist wie eine kleine Eidechse. Ich behalte ihn meistens bei mir, aber in der Nacht wandert er herum. Manchmal sende ich ihn los, wenn ich ihn brauche. Wenn jemand krank ist, schicke ich ihn in diese Person hinein. Er schlüpft durch ihr Blut, durch ihre Augen, die Organe. Er sagt mir, woran es fehlt. Ich schicke ihn zurück, um die Krankheit aufzufressen oder um das zu reparieren, was kaputt ist. Manchmal verwende ich Buschmedizin. Wenn die Nebenhöhlen blockiert sind oder wenn den Menschen etwas auf der Brust sitzt, dann machen wir ein Feuer. Auf die Glut legen wir Lehm und dann, du weißt schon, Blätter vom Eukalyptusbaum. Dann legen wir die Menschen auf die Blätter, und darüber legen wir noch mehr Lehm. Wie ein Grab.«

Sein Lachen kam aus den Tiefen seines Bauchs.

»Wir legen sie in ein Grab, um sie gesund werden zu lassen!«

»Hey, du auch kommen!«, rief einer der jungen Männer in gebrochenem Englisch vor Eds Wohnmobil.

Es war der letzte Tag seines Vorgängers. Die Community wollte ihm etwas mitgeben, das er von seiner Reise mit nach Hause nehmen könnte.

Ed wusste, dass sie sich auf dem Weg zu irgendeiner »heiligen Sache« befanden.

Er quetschte sich zwischen die Männer auf die Ladefläche des Toyota. Alle waren traditionell lebende Aborigines aus der Wüste. Trotz der Hitze hatten die meisten lange Hosen am Leib und einige ein T-Shirt. Bei anderen blieb der Oberkörper nackt. Die wenigsten trugen Schuhe. Er sah ihre großzügigen Gesichter, Locken voller Erde oder von einer Wollmütze bedeckt, die funkelnden, alten Augen. Im Busch war ihre Haut ein Sinnesorgan, empfindlich wie die Membran einer Trommel. Er spürte ihre Zartfühligkeit, den Zustand einer permanenten Osmose mit der Welt um sie herum. Als Weißer fühlte er sich unwohl, fehl am Platz, ein Fremder auf einem anderen Planeten.

Nach einer kurzen Fahrt hielt der Wagen auf der Kuppe eines Hügels. Wie im Traum reihte sich Ed in die Schlange der Männer ein. Ihre Hände griffen in die seinen.

Es fiel auf, wie weich sie waren.

Ed wurde angewiesen, nicht zu sprechen und den Blick auf den Boden zu heften. Eine Weile liefen sie so. Er sah nichts als die Gräser und die Spreizfüße, die vor ihm gingen. Dann wurde die Landschaft still. Die Textur der Luft veränderte sich.

Sie hatten eine Schwelle überschritten, hinter der die Dinge sich anders anfühlten.

Ein Klopfen an seinem Arm ließ ihn aufschrecken. Eine Hand bedeutete ihm, den Blick nach Osten zu heben. Ein Brausen war in seinen Ohren, als eine schemenhafte Figur durch die Luft flirrte.

Vor ihnen stand ein Mann auf einer bestimmten Stelle im Busch. Tupfen weißer Federn überzogen sein Kleid aus rotem Ocker. Seine staksigen Füße begannen, im Staub zu tanzen. Einer der Ältesten stimmte ein Lied an. Zum Takt von zwei gegeneinandergeschlagenen Bumerangs fielen die anderen Männer ein.

Die Hand bedeutete Ed, seinen Blick zu senken. Das Lied verklang. Aus den Augenwinkeln bemerkte er, wie Gegenstände herbeigeschafft und auf den Boden gelegt wurden. Wieder klopfte die Hand an seinen Arm. Ed hob den Blick und sah zwei hölzerne Tafeln, mit Schnitzereien verziert. Einer nach dem anderen berührten die Männer das Holz. Als seine Finger dem Lauf der Rillen folgten, durchfuhr es ihn wie ein elektrischer Schock.

»Känguru-Dreaming!«, flüsterte sein Nachbar. »Das Känguru-Dreaming!«

7

Eds Zeit im Busch dauerte vier Jahre. Nach und nach erlernte er die Sprache der Aborigines. Am Ende war er wie einer von ihnen geworden. Sie behandelten ihn mit demselben Respekt, den sie den Ältesten entgegenbrachten. Viele begleitete er in einen vorzeitigen Tod. Die Zahl der Opfer war verheerend. Die meisten waren Männer. Sie starben an Krebs, Schlägereien, Herzversagen und, vor allem, bei Autounfällen.

Einer davon war Kathleens Mann.

»Hast du von *wanampi* gehört?«, fragte er Ed. Auf dem Weg zu einem Wasserloch liefen sie mehreren Felsen entgegen, die stumm über einem Tal standen.

»Nein. Was ist das?«

»Das ist die Regenbogenschlange. Die Schlange im Wasser«, flüsterte er. »Gefährliche Sache, die da. Du musst vorsichtig sein mit ihr, sonst frisst sie dich auf.

Hey!«, rief Kathleens Mann zur Begrüßung der Schlange, als das Wasserloch in Sicht kam. »Wir sind deine Freunde. Deine Freunde sind da!«

Er kniete nieder und schlug mit der flachen Hand auf den Tümpel. Dann bedeutete er Ed, dasselbe zu tun.

Ein Wind kam durch das Tal und fuhr die Gesteinsformationen empor.

»Das ist gut«, sagte Kathleens Mann. »*Wanampi* freut sich, dass wir hier sind. Es ist okay, dass wir Wasser holen.«

Als sie anschließend am Lagerfeuer saßen und Buschbrot aßen, stieg eine Spirale aus schwarzem Rauch aus den Flammen auf. Kathleens Mann schleuderte eine Handvoll Erde hinein. Die Wolke zerstob.

»*Mamu*, der da. Böser Geist«, murmelte er und nippte seelenruhig weiter an seinem Tee.

»In der alten Zeit«, sagte er, nachdem er die Rauchwolke zerteilt hatte, »fürchteten sich alle vor *mamu*. Alte Leute hier, sie sind im Busch groß geworden, bevor *whitefella* kam. Wir jungen Leute sind in Missionen groß geworden, Ranges oder Ernabella. Wir sprechen Englisch und kennen Fußball, Autos und Rock 'n' Roll. Aber die Alten denken nur an Kängurus und heilige Sachen, du weißt schon, Zeremonien. Wir tun das auch, aber wir müssen uns außerdem um die Geldangelegenheiten kümmern. Wir wollen Häuser und gute Autos. Die Alten reden von der Jagd mit Speeren. Den guten alten Zeiten, als sie Viehtreiber waren.«

Aus seiner Bewunderung für die Alten machte Ed keinen Hehl. Die Väter von Emily und Kathleen waren Kinder gewesen, als sie das erste Mal den weißen Mann zu Gesicht bekamen. Als Jäger waren sie Krieger gewesen und mit eigenen Händen zu töten gewöhnt. Innerhalb von zwei Generationen mussten sie nun Distanzen überbrücken, die, auf ihre Weise, größer waren als die Distanz zwischen der sichtbaren und der unsichtbaren Welt.

Es gab »Männersachen«, die Männern vorbehalten waren, es gab »Frauensachen«, und es gab »heilige Sachen«. Von den heiligen Sachen durfte man nicht sprechen. Sie waren denen vorbehalten, die in sie initiiert worden waren.

Irgendwann wurde Ed von den Alten beiseitegenommen. Vor der Ankunft des weißen Mannes, sagten sie, hätten ihre Vorfahren Rat gehalten. Sie hätten die Katastrophe vorhergesehen und ihr Geheimnis an einen sicheren Ort gebracht, in das Zentrum des Landes. Ihr Geheimnis, spürte er, bestand in einer ungebrochenen Tradition, den um sie herum waltenden Kräften zu begegnen. Die Tradition war noch immer intakt, und ihre Methoden wurden streng behütet.

Nun war es an der Zeit, den Geist wieder zum Leben zu erwecken, der im Land schlief, und die Lieder und Tänze zurückzubringen, bevor sie für immer verschwanden. Er schloss seine Augen, und ein Netzwerk bunter Pfade breitete sich von der Siedlung über den Kontinent aus.

»Unsere Aufgabe ist es, dafür zu sorgen, dass unsere Gäste als Gruppe funktionieren«, sagte Ed, während die Pitjantjatjara in seinem Haus herumstöberten. »Jeden Tag werden sie die ersten zwei oder drei Stunden damit verbringen, so viel Essen wie möglich zu jagen und zu sammeln. Danach fragen sie sich: Und nun? Was machen wir jetzt? Gibt es noch mehr zu essen? Butter? Tomatensauce?«

Sie seien Mangel gewohnt, erklärte er mir, könnten mit Überfluss nicht umgehen. Gloria, die Frau mit den Krisselhaaren, habe ihm gesagt, wenn sie in Adelaide eine Veranda mit Trauben hätten wie er, wäre sie innerhalb eines Tages leer gegessen. Auch hätten sie keinen Sinn für das Teilen. Jeder sei sich selbst der Nächste.

»Die Männer«, er zuckte mit den Achseln, »sind wie üblich die schlimmsten.«

»Hast du sie nur eingeladen, damit sie sich satt essen können?«

»Es soll wie Ferien für sie sein. Ich möchte, dass sie hier dieselbe Energie mit ihren Tänzen und Liedern erzeugen können wie im Busch. Dafür müssen wir ihnen den Rücken freihalten.«

»Was hast du vor?«

»Wir bringen sie zu strategisch wichtigen Punkten in der Region und sehen, was passiert. In der Nähe von Mildura treffen sich der Murray und der Darling. Das sind die beiden größten Flüsse Australiens, die beiden großen Dreamings von der Regenbogenschlange.«

»Die Regenbogenschlange –«, setzte ich an.

»Deine erste Begegnung mit der Regenbogenschlage wird sein«, rief der Stadionsprecher, »dass du mit den Kindern baden gehst!«

Ed hatte einen Kleinbus gemietet, in dem ich die Kinder zum Murray bugsierte. Der Fluss war nicht sonderlich breit, doch er hatte seinen eigenen Willen. Keines der Kinder konnte schwimmen. Darren, der Milchbart auf Krücken, wurde mir zur Seite gestellt. Am Ufer sprang ich auf dem heißen Sand von einem Fuß auf den anderen; den Kindern machte er anscheinend nichts aus.

»Gibt es hier Schlangen? Krokodile?«, japste Tonia. Sie trug neonfarbige Hotpants und war, wie immer, außer Atem. »Oh, wie traurig«, piepste sie mit der Fistelstimme eines Kindes, das zu viel Teletubbies gesehen hatte. Ihr Blick ging mir durch Mark und Bein. »Da drüben ist jemand gestorben ...«

Ich beschattete meine Augen mit der Hand. Auf der anderen Seite glaubte ich, ein Kreuz im Gestrüpp auf der sanften Böschung zu sehen.

Vielleicht spielte mir die flirrende Luft einen Streich.

Darren war uns nicht an den Strand gefolgt, sondern blieb im Schatten neben dem Auto auf einer Bank. Doch selbst aus der Entfernung wirkte seine Siesta, in dem sanft pulsierenden Konzert der Grillen, ausgesprochen beruhigend auf uns. Die Kinder waren kreuzbrav.

»Schau mal!« Tonia wies auf eines der vorbeigleitenden Ausflugsboote. »Drinnen sind alte Leute. Sie essen und trinken.«

Irgendwann hatte Tom genug von dem Burgfrieden. Prustend tauchte er aus dem Fluss auf, schüttelte seinen Kopf wie ein nasser Hund und verlangte, ohne mir in die Augen zu sehen: »Wirf mich.«

»Wie bitte?«

»*Wirf mich!*«

Ich schloss meine Hände zu einer Räuberleiter. Der Junge zog sich an mir empor und ließ sich dann wie von einer Speerschleuder werfen.

Ich verbrachte die Stunden damit, die Kinder in den Murray zu werfen. Mit Bodychecks und Faustschlägen kämpften sie um ihren Platz in der Schlange und trampelten über mich hinweg. An erster Stelle kam Tom. Tonia bot uns akrobatische Hingucker. Der kleine Bill stand mit seinen aufgerissenen Augen und abgespreizten Armen bei jedem Flug für einen Moment in der Luft. Nur Tim wollte sich nicht berühren lassen, sondern drehte sich mit wasserscheu zurückgeworfenem Kopf in einer Kuhle um sich selbst.

Als sich die Sonne neigte, war ich mehrmals untergetaucht worden und hatte einen guten Teil des Flusses getrunken. Das überdüngte Wasser brannte in meinen Augen. Vielleicht war das der Grund, warum ich mich auf der Rückfahrt verfuhr. Doch die Kinder, die das erste Mal in Mildura waren, führten mich mit traumwandlerischer Sicherheit zurück in den Stall.

»Man hat Tests gemacht und herausgefunden, dass ihr Sehvermögen fünf Mal besser ist als das eines Durchschnittsweißen«, behauptete Ed, als ich ihm von unserem Ausflug erzählte.

»In Alice haben sie die Weißen nicht angeblickt. Sie wirkten niedergeschlagen, irgendwie.«

»Ach, das ist bloß ihre Guerillataktik. Sie haben einfach gelernt, dass es Ärger gibt, wenn sie die Weißen ansehen. In Wirklichkeit sind sie gar nicht so niedergeschlagen. Sie halten nicht allzu viel von uns. Wir mögen Dinge besitzen, aber wir haben wenig Spaß, keine Lieder, keine Geschichten, kein Dreaming.«

Ich dachte an die Aborigines-Kunst, die ich in den Galerien gesehen hatte, an das Känguru-Dreaming, das Emu-Dreaming und das Dreaming von der Regenbogenschlange. Die Dreamings hatten etwas mit den Songlines zu tun.

»Ein Dreaming ist ein Stück tradierten Wissens, das mit einem bestimmten Stück Land verbunden ist, und einer bestimmten Person«, gab ich meine Hypothese preis. »Die Person ist ein mythischer Vorfahre: Känguruvorfahre, Emuvorfahre, die Regenbogenschlange. Ein Dreaming beschreibt seine Wanderungen über das Land. Man hat die Geschichten erfunden, um sich an den Weg zu erinnern. Etwa so wie Eselsbrücken.«

»Ein Dreaming ist viel mehr als das. Es ist eher eine Art Energiefeld. Und es braucht mehr als nur die elf Leute, die bei uns zu Besuch sind, eher zwanzig bis dreißig, um dieselbe Energie beim Singen und Tanzen und Geschichtenerzählen zu erzeugen wie bei ihnen im Busch. Ich möchte diese Energie nach Mildura bringen.«

»Aber dafür sind wir nicht genug.«

»Das ist nur die Vorhut. Wenn es ihnen gefällt, kommen mehr.«

Mit Stephanie warf ich in der Küche die Fertigungsstraße für Sandwiches an. Der Rest des Tages verging mit Brote-Schmieren, Salat-Schneiden, Trauben-Aufklauben, Abwasch und dem Hinaustragen des Mülls.

Ed brach auf, um Acrylfarben, Leinwand und Pinsel zu holen. Die Kinder klimperten überdreht auf der Ukulele herum.

»Danke, Kalaya«, rief er mir im Türrahmen zu. »Du bist wirklich ein Lebensretter!«

Ich war hundemüde. Nachdem es dunkel geworden war, begann es auch noch zu regnen.

»Vor allem die Körper der Frauen können den vielen Zucker in der westlichen Ernährung nicht abbauen«, notierte ich später in meinem Zelt. »Viele haben Diabetes. Wegen der Temperaturen im Outback dosieren sie ihre Bewegungen effizient und tun so wenig wie möglich. Die Alten treiben keinen Sport. Heute haben wir Polly auf Eds Ergometer gesetzt. ›Es geht mir besser‹, hat sie, ohne Überzeugung, gesagt. ›Weil ich auf dem Fahrrad gewesen bin.‹ Ed sagt, sie esse Schmerztabletten wie Butterkekse.«

Ich schloss das Notizbuch und schaltete die Taschenlampe aus.

Dann verschränkte ich meine Hände hinter dem Kopf und studierte die Zeltplane, hinter der es donnerte und blitzte.

8

»Einen Tee, Zucker, keine Milch«, empfing mich das weiße Rauschen der Pitjantjatjara am nächsten Morgen.

»Einen Tee, zwei Zucker, Milch.«

»Einen Tee, Zucker, Milch, bitte.«

Leise, aber bestimmt, schlafwandelten unsere Gäste durch das Haus. Die Ladys suchten Steckdosen, um ihre Mobiltelefone aufzuladen, benutzten für ihre Anrufe allerdings Eds Gerät. Alle lernten schnell, mich wie die Nutzeroberfläche eines Smartphones zu bedienen.

»Kalaya!«, Tom baute sich vor mir auf. »Kaltes Wasser, bitte.« Mit geschwellter Brust marschierte er davon, als ich wie ein Automat nach Münzeinwurf das Getränk produziert hatte.

»Sirup«, sagte Bill mit weiten Augen. »Und Wasser.«

»Tee«, sagte Tonia. »Nicht zu heiß.«

Emily und Kathleen stellten sich an den Gasherd, drehten an den Knöpfen und brieten Spiegeleier und Steaks. Dann verfrachtete Ed alle in den Kleinbus und kutschierte uns über den Stuart Highway nach Robinvale. Ziel war ein Renaturierungsprojekt in einer Lagune an den Ufern des Murray.

Die UNESCO hatte den zweiten Februar zum »World Wetlands Day« erklärt. Auf fünf Kontinenten trafen sich Umweltschützer, um sich der Bedeutung von Feuchtgebieten zu vergewissern.

Für die Pitjantjatjara bedeutete der Tag ein kostenloses Picknick im Busch.

In dem silbergrauen Licht der Eukalyptusbäume, vor dem Hintergrund nasser Büsche, hatte man Plastikstühle und ein Rednerpult auf den Boden gestellt. Ein Reisebus mit Logo stand neben einigen Geländewagen auf dem Parkplatz. Farmer mit Anglerhüten und käsigen Waden legten Gurkensandwiches neben Plastikbecher auf den Mittagstisch.

Quietschvergnügt bekamen die Pitjantjatjara ihr Picknick serviert, nur Natasha machte ein zerschlagenes Gesicht. Die anderen klatschten in die Hände, wühlten gestenreich in der Luft herum und sangen ein Lied vom Futtersuchen. Es sollte den Bilby darstellen, der nach Witchetty-Maden gräbt. Im Deutschen hatte man ihm den etwas ungelenken Namen »Kaninchennasenbeutler« verpasst.

»Worum geht es in ihren Liedern?«, fragte ich Ed.

»Jedes Lied ist Teil einer größeren Geschichte. Oder, andersherum gesagt, zu jedem Vers dieser größeren Geschichte gibt es ein eigenes Lied. Es beschreibt, wie sie sich an bestimmten Stellen zu verhalten haben, und gibt diesen Stellen eine heilige Bedeutung.«

Der Text, den Ed in Bruchstücken übersetzte, ergab für mich wenig Sinn. Er war wie eine Fabel ohne Moral. Als die Pitjantjatjara verstummten, mischte sich erleichtertes Gelächter in den Applaus.

Schlauer war niemand geworden.

Danach war es nicht schwer, im Internet zumindest an eine Geschichte von den Witchetty-Maden zu kommen. »In der Traumzeit«, hieß es, »kam die Witchetty-Made von Yarlunkarri und reiste durch die Erde. Dabei hinterließ sie Löcher, aus denen sie auftauchte. In der Traumzeit krochen die Maden hervor und bewegten sich unter der Erdoberfläche. Die Frauen aus der Traumzeit sahen die Löcher unter den Akazienbäumen, aus denen die Witchetty-Made auftauchte. Die Frauen öffneten die Wurzeln, zogen die Maden heraus und begruben sie in der Erde. Das ist die Art und Weise, in der die Maden zubereitet werden. Das Dreaming reiste weiter nach Norden, genauso, wie es die Frauen aus der Traumzeit getan haben, wenn sie sich auf die Jagd begaben.« Die Geschichte war glasklar. Sie stellte eine Gebrauchsanweisung dar, im Busch an Nährstoffe zu gelangen. Die daumengroßen Witchetty-Maden waren reich an Feuchtigkeit, Fett und Protein.

Es war wie ein Rezept aus einem Kochbuch.

Das Dumme war nur, dass ich niemals von den Pitjantjatjara eine Geschichte zu Ohren bekommen würde, die so glasklar war.

Und ihre Frauen gingen nicht jagen, sondern sammeln.

Dem Lied vom Kaninchennasenbeutler folgten einige Ansprachen. Ich stahl mich davon, für einen Spaziergang im Busch.

Zwischen 1932 und 1960 unternahm ein deutschstämmiger Missionar mehrere Forschungsreisen in das Innere Australiens. Dabei sammelte er über viertausendzweihundert Verse der Ureinwohner, meistens vom Stamm der Aranda.

Die meisten seiner Informanten sprachen nur Pidgin-Englisch. Jeder verband sich mit einem Tier, in das sich ein mythischer Vorfahre verwandelt hatte. Die Lieder, Rituale und Mythologien, von denen sie berichteten, beruhten auf Erfahrungen, die kein Weißer jemals gemacht hatte. Übersetzungsfehler waren vorprogrammiert, wollte man ihre Praxis in die Konzepte der gedeuteten Welt übertragen.

Zehn weitere Jahre sollten verstreichen, bis T. G. H. Strehlow seine »Songs of Central Australia« herausbrachte. Der Wälzer umfasst über siebenhundert Seiten. Er ist eine Mischung aus Musiktheorie, Linguistik und penibler Feldarbeit, spengleresk in seinen Ambitionen. Und er ist auch eine Arche Noah, denn mit dem Untergang vieler Sprachen würden auch die Lieder verschwinden, in denen sie gesungen worden waren.

Ich stieß auf einen bemerkenswerten Absatz.

»Wir sind nun in einer besseren Position, zu verstehen«, heißt es, »warum die Lieder Zentralaustraliens so schwer festzuhalten und zu übersetzen sind. Die Struktur des Rhythmus ändert nicht nur die Betonung der einzelnen Worte – sie ändert die Worte an sich ... dem Leser wird es kaum schwerfallen, zu verstehen, warum frühere Autoren, in heller Verzweiflung bei der Niederschrift von Liedern der Aranda, sich schließlich mit der Beobachtung getröstet haben, ›die Lieder dieses Stammes ... sind nur eine Ansammlung von Tönen und können nicht übersetzt werden. Sie haben keine wirkliche Bedeutung, sondern sind nur ein Mittel, die Musik in der Vorstellung des Indigenen zum Ausdruck zu bringen.‹«

Während ich spazieren ging, hörte ich das Knacken der Rinde unter meinen Schuhen und das sanft pulsierende Konzert der Grillen. Das Holz der Bäume war warm. Manche Bäume waren tot und standen wie Skelette im Wald. Sollte die im Buch erwähnte These stimmen, dann waren es nicht Begriffe, sondern Gefühle, Klänge, Vibrationen in der Erde und der Luft, die dafür gesorgt hatten, dass auf den Zeremonien der Aborigines bestimmte Dinge geschahen.

Mit der Ankunft des weißen Mannes änderte sich die Umgebung. Damit mussten sich auch die Lieder ändern. Die Versionen, die man, wie die Geschichte von den Witchetty-Maden, aus dem Internet herunterladen konnte, mochten das Ergebnis eines Prozesses sein, die Lieder an ein neues Publikum anzupassen.

Der Missionar starb 1978 an seinem Schreibtisch an Herzversagen. Er hinterließ eine Sammlung heiliger Objekte, von der manche sagen, er hätte sie niemals besitzen dürfen. Dazu gehörten *tjurungas*, heilige Objekte wie die Tafeln, die Ed bei seiner ersten Begegnung mit dem Känguru-Dreaming gesehen hatte.

»Kalaya!«, rief Stephanie über den Parkplatz, »du hast den Emutanz verpasst!«

»Die Älteren kennen die Lieder, aber sie sterben weg. Und die Jungen werden nicht alles behalten.« Vor den geplünderten Rebstöcken an der Veranda packten Ed und ich die Acrylfarben, Pinsel und Leinwände aus.

»Es ist ein Weißer gewesen, der in den Siebzigerjahren auf die Idee mit den Punktebildern gekommen ist«, sagte Ed. »Er hatte beobachtet, wie die Alten mit einem Stock im Sand Zeichnungen machten, wenn sie ihre Geschichten den Jungen erzählten. Vielleicht hat auch die Tradition der Körperbemalung eine Rolle gespielt. Punktebilder sind zu einem Mittel geworden, sich an die Lieder zu erinnern, wenn ihre Träger gestorben sind. Und wenn man nicht mehr frei über das Land laufen kann.«

Wir hatten Verstärkung von Liz bekommen, einer Arbeitskollegin von Stephanie. Die beiden Frauen hockten auf der Treppe, zupften an einer Klampfe herum und sangen dazu Lieder von Bruce Springsteen.

Vom Garten wehte Rauch auf die Veranda. Polly, Kathleen und Gloria hatten ein Feuerchen entfacht und vermischten die Asche mit *mingulpa*, Buschtabak, und ihrem Speichel, um sie zu grünlichen Pfriemen zu kneten.

Ich bekam eine Vorstellung von Eds Experiment. Er transportierte eine Gruppe traditioneller Pitjantjatjara zu besonderen Orten, um eine Art Abdruck, eine Blaupause für eine alternative Zukunft des Landes, zu schaffen.

Nun waren es *sie*, die ihre Kultur bewahren konnten. Nun waren es *sie*, die überleben würden. Die Lieder und Tänze in Robinvale und das *mingulpa* im Vorort von Mildura, diese Vorkommnisse waren Punkte in einem großen Bild, in dem

Australien seinen ersten Bewohnern zurückgegeben wurde. Ihre fast besitzlose Lebensweise, ihr spiritueller Bezug zu dem Land waren Beispiele, wie sich die Katastrophe eines vom Menschen verzehrten Planeten verhindern ließe.

»Aber ihre Kultur stirbt«, sagte ich. Das, was man unter »Fortschritt« verstand, war nicht mehr aufzuhalten.

»Ich bin mir da nicht so sicher«, sagte Ed. »Sie behalten das, was ihnen nützt, und versuchen, herauszufinden, wie sie sich anpassen können.«

»Ich dachte, sie wollten sich nicht anpassen? Ich habe von der ›verlorenen Generation‹ gehört. Kinder, die man entführt und auf westliche Schulen geschickt hat. Es hat nicht funktioniert.«

»Was sind schon zwei Generationen, wenn du seit fünfzig Generationen auf dem Kontinent bist? Sie schicken ihre Kinder los, um den blöden *whitefella*-Papierkram zu lernen. Das sind für sie nur Techniken, um ihr Land zurückzubekommen. Viele, die von den Missionsschulen zurückgekehrt sind, sind später wichtige Personen in ihren Gemeinden geworden. Und sie haben noch immer einen Sinn für ihre Identität als Aborigines behalten, und einen Sinn dafür, das Land zu bewahren.«

»Was ihnen nichts nützt, wenn ihnen das Land nicht gehört.«

»Vor fünfunddreißig Jahren hat ihnen fast nichts mehr gehört. Nun besitzen sie beinahe ein Fünftel der Fläche Australiens. Schau dir Robinvale an. Früher war keiner der Park-Ranger ein Aborigine. Nun sind es sechzehn von fünfundzwanzig.«

Er machte wieder sein Stadionsprechergesicht.

»In Wahrheit sind es die Aborigines, die den Laden hier schmeißen! Sie sind die zukünftigen Herren des Landes! Wir sollten uns besser mit ihnen gut stellen!«

Mit frischen Pfriemen aus Kautabak im Mund wackelten Polly, Kathleen und Gloria zurück zu den Malutensilien auf die Veranda. Unter dem Kopfhörer ihres iPod hatte sich Natasha von ihrer Stimmungsschwankung erholt. Alle folgten einem antrainierten System. Die Leinwände wurden schwarz grundiert. Dann wanderten die Symbole über sie wie die Fußspuren von Tieren, Ahnen und Tänzern im Sand. In einem letzten Schritt wurden die Zwischenräume mit einem Meer bunter Punkte gefüllt. Auf der Veranda wurde ich Zeuge, wie sich Töne in Muster verwandelten. Das, was man am Ende zu sehen bekam, sah wie Landschaftsaufnahmen aus, die von einem Flugzeug geschossen worden waren. Für die Aborigines mussten die Punktebilder ein Schritt gewesen sein, der in seiner Dimension mit dem Buchdruck in Europa vergleichbar war: Das alte Wissen wurde nicht nur an Eingeweihte weitergegeben, sondern öffentlich gemacht und allen gezeigt.

Um die Ladys bei Laune zu halten, begaben Ed und ich uns an die Fertigungsstraße in die Küche.

»*Hi guys!*« Stephanie und Liz strahlten von einem Ohr bis zum anderen.

»Emily hat sich vorhin im Namen aller für den schönen Tag bedankt«, sagte Stephanie. »Sie haben den Ausflug sehr genossen. Auch das Schwimmen war ein Riesenerfolg, Kalaya. Anscheinend spielen sie mit ihren Kindern nicht so wie wir.«

»Robinvale hat etwas mit dem Dreaming von der Regenbogenschlange zu tun, nicht wahr?«, fragte ich.

»Ganz genau«, sagte Ed und klappte einen weiteren Sandwich zu.

»Was sind die anderen Orte, zu denen du sie bringst?«

»Morgen geht es in den Mungo-Nationalpark. Dort gibt es die ältesten erhaltenen Fußabdrücke Australiens. Sie sind über zwanzigtausend Jahre alt. Es ist wichtig, dass sie das sehen. Es wird sie stolz auf ihre Vorfahren machen. Und danach gibt es eine Verkaufsausstellung für die Bilder in Alessandros Galerie. Alessandro ist so großzügig gewesen, ihnen den Raum zur Verfügung zu stellen.«

»Wer ist Alessandro?«

»Ein Fernsehkoch«, sagte Stephanie. »Er ist eine nationale Berühmtheit.«

»Und das heimliche Machtzentrum von Mildura.«

9

Vorneweg brauste Ed mit den Pitjantjatjara in dem Kleinbus nach Mungo. Stephanie, Liz, Tonia und ich folgten in dem anderen Auto, so gut wir konnten.

Einhundert Kilometer lang ruckelte es über Stock und Stein. Mal entfernte sich die Staubwolke, die der Bus aufwirbelte, mal kamen wir näher heran.

Irgendwann sahen wir Dünen.

Wir fuhren über das Bett eines ausgetrockneten Sees. Der verhangene Himmel machte die Landschaft schwer. Mallees, vielstämmige Eukalyptussträucher, waren über das Brachfeld verteilt. Büschel haariger Spinifex-Gräser saßen dazwischen wie Ameisenigel auf der Erde.

Den Rest hatten die Schafe gefressen.

Wie ein Raumschiff schimmerte die Wellblechfassade eines langen Hauses über dem Gestrüpp. Die ehemalige Schurstation wurde als Gästehaus genutzt. Im Hauptraum am Kopfende stand noch ein elfenbeinweißer AGA-Herd; die Farm musste früher ein Vermögen abgeworfen haben.

Die Zimmer waren einfach und klar. Nach den Tagen im Zelt freute ich mich auf ein Bett. Das Poltern hinter der Wand verriet, dass die Pitjantjatjara die Einrichtung zu Matratzenlagern zerlegten. Während ich in dem Anblick von Rasierseife und Dachshaarpinsel schwelgte, klopfte es an die Tür.

Es war Tom.

»Komm, Kalaya!«, rief er, drückte seinen Bauch nach vorn und schlackerte mit den Armen. »Ich muss dir etwas zeigen. Aber sei vorsichtig. Es ist *sehr* gefährlich.«

In seiner Turnhose trabte der Junge los, griff sich aber schon nach einigen Metern an die Beine. Bei den messerscharfen Dornen hatte ich keine Wahl, als ihn huckepack zu nehmen. Auf meinem Rücken trug ich den Knaben die Anhöhe empor. Dort prügelten die Pitjantjatjara in scheinbar sinnlosem Furor mit Stöcken auf einen Strauch ein, um nach jedem Schlag in Deckung zu gehen. Robert, der *kumnanara*, hatte das Kommando. Mit einem alten Skistock (keine Ahnung, wo er den aufgetrieben hatte) pulte er im Gebüsch herum und schleuderte ein Reptil ins Freie.

Es war eine fette, stummelschwänzige Echse. Ihr Schuppenkleid ließ sie wie einen flaschengroßen Tannenzapfen aussehen. Der Wüstenskink, der sonst mit der Geschwindigkeit einer Schildkröte die Landstraße entlanggestapft war, blinzelte, öffnete sein Maul und zeigte seine blaue Zunge.

Aufkreischend stoben die Pitjantjatjara mit ihren übergewichtigen Körpern, Hotpants, Turnhosen, Flipflops und Blümchenkleidern davon. Doch ich sah keinen Grund, mich vor diesem prächtigen Tier zu fürchten. Und ich sah noch weniger Grund darin, es aus reiner Mordlust zu töten. Robert pirschte sich heran und schlug der Eidechse auf den Kopf. Es war ein wohldosierter Schlag, geführt wie ein Schlag mit dem Löffel auf ein Frühstücksei.

Die Kreatur blinzelte erneut.

Robert klopfte wieder auf den Kopf. Dann klopfte er immer weiter, bis ein Flecken Blut auf dem Schädel des erlöschenden Reptils erschien. Sein Körper wurde wie ein Pfannkuchen hin- und hergewendet. Als er sichergehen konnte, dass der Wüstenskink tot war, packte ihn der *kumnanara* in seine Wollmütze und trug seine Beute zur Schurstation.

Vor dem schimmernden Raumschiff wartete Ed mit dem Bus. Ein Jeep mit GPS und Park-Rangern schwankte über das Land auf uns zu.

Die Park-Ranger waren Aborigines vom Stamm der Barkindji, die traditionellen Hüter des Landes. »Wir bringen euch zu den zwanzigtausend Jahre alten Fußspuren«, verkündete Greg, ihr Wortführer, seinen Auftrag. Er trug eine Uniform, hatte ein Silberkettchen am Handgelenk und sah aus wie jemand, der einen Rasenmäher besaß. »Mir wäre es lieber, wenn ihr uns ein paar Emuspuren zeigt!«, zeterte Polly unter allgemeinem Gelächter. »An diesem Abend möchte ich Emu essen!«

Wir fuhren in einen Teil des Nationalparks, den die Schafe nicht leer gefressen hatten. Über den knorrigen Eukalyptus und einem Meer aus wogenden Salzbüschen zog eine Schlechtwetterfront auf. Regentropfen schlugen in den Sand. Der Wind pustete Staub über die tote Erde. Überall lagen Faustkeile und Feuersteine herum. Einer der Ranger hob eine Ecke der Juteplane an, mit der die Fußspuren wie ein Tomatenbeet abgedeckt worden waren.

Robert spürte, dass ich die Szene mit dem Wüstenskink nicht ganz verdaut hatte. »Ich sehe, dass diese Stätte heilig ist, für die Leute, die hier leben«, richtete er zum ersten Mal das Wort an mich. Sein Englisch war überraschend gut. »Sie ist heilig, weil ihre Ahnen hier gelaufen sind. Auch wir haben solche Stätten auf unserem Land. Unsere Ältesten haben sie uns gezeigt und gesagt, dass sie Teil unseres Erbes sind.«

Ich bekam Kulleraugen. Nichts wollte ich mehr, als mit den Pitjantjatjara ihr Land und ihre heiligen Stätten zu besuchen.

»Das nächste Mal«, sagte Robert, als hätte er meine Gedanken gelesen, »besuchst du uns auf unserem Land.«

»Ich würde das sehr gern tun. Wie kann ich das einrichten?«

»Frag Eddie«, zog er sich aus der Affäre. Dann bat er mich um eine Zigarette, doch meine Packung war leer.

»Es ist mir eine große Ehre, eine große Ehre, eure Gruppe auf unserem Land willkommen zu heißen«, stammelte eine ungesund aussehende Frau im Trainingsanzug. Sie schien irgendeine Sprecherin der Barkindji zu sein, arbeitete im Kulturzentrum und gehörte nicht zu den Rangern im Park. Für eine Gruppe von Aborigines verwendete sie, wie jeder in Australien, das englische Wort *mob*.

Wir saßen mit den Rangern vor der Schurstation auf weißen Monoblocs, dem erfolgreichsten Sitzmöbel der Welt. Angeblich gab es über eine Milliarde dieser Plastikstühle; natürlich hatten sie längst auch den Outback erobert.

Das Unwetter wollte nun doch nicht kommen, doch alle duckten sich unter den anschwellenden Wolken. Polly schielte nach oben.

»Es wird die nächsten fünf Tage regnen«, sagte sie.

Der Wind heulte über das Brachfeld heran, rüttelte an dem Wellblech des Langhauses und drückte das Feuer auf den Boden. Überall lagen Äste herum. Die Reste eines Apfels schmolzen in einem Gewimmel von Ameisen.

Der tote Wüstenskink lag in Roberts Beanie auf dem Auto.

Die Frau im Trainingsanzug setzte zu einer umständlichen Erklärung über die Gremien an, denen der Park unterstand. Sie verhaspelte sich und gestand, wie nervös sie war. Offenbar hatte sie einen Heidenrespekt vor den Ladys.

Stephanie meinte, sie halte sie für Hexen.

Nach dem Austausch von Nettigkeiten gab sich die Frau einen Ruck.

»Wie setzt ihr eure Punkte?«

»Wenn wir die Augen schließen«, sagte Polly, »dann sehen wir so die Welt: voller Farben und Magie.«

»Sie sehen das Land wie Seurat und die Pointilisten«, flüsterte Ed. »Wie Pointilisten, die DMT genommen haben.«

»Was ist DMT?«, flüsterte ich zurück.

»Eines der stärksten Halluzinogene der Welt.«

»Vor zwanzig Jahren hat hier niemand Punkte gemalt, höchstens auf Körper«, sagte die Frau. »Es war gegen unser Gesetz.«

»Wir haben Punkte gesetzt, um uns an die alten Geschichten zu erinnern«, sagte Polly. »Jede dieser Geschichten in der Landschaft hat ihr Abbild in den Sternen. Wir möchten, dass alle davon erfahren.« Es wurde eine Weile hin und her diskutiert, wie man voneinander lernen könnte. Am Ende schlug die Frau ein Festival vor.

»Das habe ich der blöden Ziege schon vor Ewigkeiten gesagt«, zischte Ed in mein Ohr. »Aber sie hat nicht auf mich gehört, weil ich ein *whitefella* bin. Nun tut sie, als ob es ihre Idee gewesen wäre.«

»Aber sie respektieren dich doch als einen von ihnen.«

»Nur die Pitjantjatjara. Die Barkindji nicht.«

»Eddie ist ein Anführer«, raunte Robert auf der anderen Seite. »Wenn er sagt ›komm‹, dann werden viele Leute kommen.«

»Ich sehe überall Festivals!« Polly lehnte sich auf dem Monobloc nach vorn, stützte sich auf ihren Gehstock und stach voller Eifer mit ihrem Zeigefinger auf eine Karte in der Luft. »Hier! Und hier! Und hier!«

Mit schwankender GPS-Antenne schaukelte Gregs Jeep über die Landschaft heran. Er brachte die Jagdbeute, einen Emu und zwei Kängurus, ein großes und ein kleines, Mutter und Kind. Die Frau im Trainingsanzug war nicht amüsiert.

»Eigentlich hatte ich ein Barbecue organisiert«, stammelte sie mit puterrotem Kopf. »Wir haben auch ein Känguru. Und Musik!«

Während besprochen wurde, auf welche Weise unser Mob der Einladung des anderen Mobs Folge leisten könne, hoben Ed und ich zwei Gruben aus, schleiften Äste heran und schichteten sie in den Löchern zu Scheiterhaufen auf. Das dorre Holz fing explosionsartig Feuer. Unter der Hochspannungsleitung, die zu dem Langhaus führte, waren der Emu und die Kängurus auf Wellbleche gelegt worden. Polly und Kathleen krempelten die Ärmel hoch und entfernten Innereien, die nicht gegessen werden durften.

»Polly kocht vor Wut«, sagte Stephanie. »Sie hat vorhin gesehen, wie die Barkindji das Känguru für das Barbecue zugerichtet haben. Sie haben ihm anscheinend den Kopf abgeschlagen, und die ganze Brust fehlt. Das gehört sich nicht. Es ist gegen das Gesetz.«

Robert zeigte Tom, wie man es richtig machte. Zunächst wurden dem intakten Känguru die Beine gebrochen. Dann wurde es an den lose schlackernden Gliedmaßen, an einem Vorder- und einem Hinterlauf, gepackt, auf das Feuer geschleudert und einmal gewendet.

Als das Fell versengt war, hievten Robert, Tom und Ed die Kängurus aus dem Feuer und legten sie an den Rand des Erdofens. Mit einer Rohrzange trennte der *kumnanara* die untere Hälfte der Hinterläufe ab und legte sie über Kreuz auf den Boden. Der abgetrennte Schwanz wurde auf den Bauch des Beuteltiers gelegt.

Schweigend warteten die Pitjantjatjara auf ihren Monoblocs, bis der Scheiterhaufen heruntergebrannt war. Dann schaufelten wir Erde auf die Glut, legten die Tiere darauf und bedeckten sie, da keine Eukalyptuszweige aufzutreiben waren, mit Asche und Sand.

Obwohl zwei Kängurus in dem Erdofen schmorten und eine Emuklaue aus der anderen Grube winkte, schien die Höflichkeit es zu gebieten, auf zwei Hochzeiten zu tanzen. Angeführt von der heiratsfähigen Natasha, kletterten alle, Liz inklusive, mit Greg in den Jeep und brausten auf die Party.

Ed, Stephanie und ich, drei Weiße, blieben mit Polly zurück, um über die toten Tiere zu wachen. Es war dunkel geworden. Die Glut schimmerte durch die Asche zu unseren Füßen.

»Alle Frauen sind ausgeflogen«, klagte uns Polly ihr Leid. »Sie singen jetzt ihre Liebeslieder und lassen mich allein.« Sie erzählte von ihrem Leben in Adelaide, das eine triste Angelegenheit zu sein schien. So weit ich Eds Übersetzung folgen konnte, lebte sie mit ihrer nahezu taubstummen Tochter und ihren Kindern in einem Haus, das ihr vom Amt zugewiesen worden war.

Manchmal gelang es ihr, die Sozialhilfe zu verstecken, da die Männer sonst schnurstracks in den Pub oder zu den Pokermaschinen spazierten. Kehrten sie mit leeren Händen zurück, wurde nicht Geld, sondern Essen versteckt.

»Hast du etwas zu essen?«, würden die Männer fragen. »Nein«, würde Polly dann lügen, »habe ich nicht. Eigentlich solltet ihr euch verantwortlich fühlen. Ihr solltet an eure Kinder denken.«

Das war der Punkt, an dem die Männer wütend wurden.

Mit einem zischenden Geräusch platzte im Erdofen der Augapfel eines Kängurus. Die Emuklaue klappte ein; es war das Zeichen, dass der Vogel gar war. Pitjantjatjara und Barkindji kehrten von ihrem Barbecue zurück.

Greg ließ den Motor laufen und schaltete das Fernlicht an. Ameisen wanderten in Schlieren über den Boden. Der Emu und die Kängurus wurden aus den Erdöfen gezerrt.

Robert hob den Spaten und prügelte mit der Kante auf die aufgeblähten Tierkadaver ein. Bei dem dumpfen Geräusch wurde mir speiübel. Dann zückte er das Jagdmesser und verteilte Stücke nach einer festgelegten Ordnung.

Als Außenseiter kannte ich nicht meinen Platz in der Nahrungskette, doch die Kinder steckten mir immer wieder Fleischfetzen zu. Das Schwanzstück vom Känguru war so knorpelig, dass ich es heimlich vom Mund in die Hand und von dort in die Ameisenschlieren wandern ließ. Mit dem Emu hatte ich mehr Glück. Er schmeckte wie eine Mischung aus Truthahn und Kalb.

Ich kaute auf dem faserigen Fleisch herum, als der *kumnanara* die Halsschlagader eines der Kängurus traf. Was folgte, war absolute Anarchie.

Wie ein Schwarm von Vampirfledermäusen fielen die Kinder über den Tierkadaver her, um das aus der klaffenden Wunde nach oben kochende Blut zu trinken. Alle torkelten wild durcheinander. Kathleen wischte sich mit dem Handrücken über den Mund, Tom und Tonia bewarfen sich mit abgehackten Beinen, und der kleine Bill sprang mich an wie im Murray, mit seinen lemurengroß leuchtenden Augen, von Kopf bis Fuß mit Blut verschmiert, und schrie:

»Kalaya! Kalaya! Komm und trink von dem Kängurusaft!«

10

Am Morgen wurde ich von Singen und Klatschen geweckt. Die Pitjantjatjara hatten die verkohlten Reste des Festmahls in ihren Zimmern verteilt und besangen die toten Tiere. Ich ignorierte die Emuklaue auf dem Kaminsims und flüchtete ins Freie.

In der Nacht hatte es wie aus Kübeln geschüttet. Bevor die Straßen überschwemmt werden würden, hetzten wir auf die Abschiedszeremonie bei den Barkindji. Sie lebten in schmucken Wellblechbaracken, die wie die Schurstation auf Stelzen über dem Boden standen.

In einer Tonne qualmte ein Feuer aus Reisig und Eukalyptuszweigen. Über uns schrien Apostelvögel. Im Gänsemarsch trabten wir durch den Rauch, damit die Geister der heiligen Stätten nicht an uns haften blieben. Robert, Ed und ich probten den Emutanz. Polly hielt eine Rede.

»Ich habe die ganze Nacht lang Emu gegessen«, sagte sie und stützte sich auf ihren Stock. Sie würdigte die Kängurus. Sie würdigte den Emu. Sie würdigte, wie die Barkindji sie begrüßt und ihnen das Land gezeigt hätten.

»Ich habe den Regen gesehen. Ich habe mich vom Land willkommen geheißen gefühlt. Ich würdige auch diese Abschiedszeremonie. Es gibt viele indigene Völker auf der Welt, die Rauch zur Reinigung verwenden.«

»Diese Frau«, rief Ed und machte, einmal mehr, sein Stadionsprechergesicht, »ist in Indien und Kanada gewesen! Sie ist eine Weltreisende!«

»Wir würdigen euren Besuch, eure Geschichten und eure Lieder«, sagte die Frau im Trainingsanzug. »Wir haben das

Gefühl, dass wir nun auch euer Land besuchen möchten und einen Emu und ein Känguru bekommen.«

»Dann nehmt besser Greg mit!«, produzierte Ed einen weiteren Lacher und zwinkerte dem Gewehrträger mit dem Silberkettchen zu.

»So sind wir alle miteinander verbunden«, schloss Polly unter beifälligem Gemurmel, »denn wir befolgen dieselben Rituale.«

Der Wüstenskink war, wie sich herausstellte, nicht aus Mordlust getötet worden. Die Pitjantjatjara hatten ihn über Nacht verspeist.

Der Donnerstag kam, der Zahltag für die Sozialhilfe. Bis auf Polly, die allein auf der Veranda ihr Dreaming vom Ameisenigel malte, waren alle in Mildura, um mit dem Geld auf den Putz zu hauen. Ein Teil verschwand in den Spielautomaten.

»Es ist so wie mit den Chrysoprasen, der australischen Jade, die sie im Busch sammeln«, sagte Ed achselzuckend. »Sie hoffen, auf das große Los zu stoßen.«

Emily und Robert hatten in Alessandros Galerie ein Bild verkauft und feierten den Erfolg im nächsten Pub. Als sie zurückkamen, hatte Robert eine Fahne. Einmal mehr fragte er mich nach Zigaretten. Als er sah, dass ich keine hatte, schenkte er mir gleich drei.

»Sie mögen von uns nehmen, weil wir so viele Sachen haben«, sagte Ed, als ich ihm von der Geste erzählte, »aber wenn sie sehen, dass man nichts hat, dann teilen sie sofort. Für sie sind Dinge da, um Notwendigkeiten zu erfüllen und um benutzt zu werden. Einmal bin ich mit leeren Händen in einer ihrer Gemeinden aufgetaucht, und am Ende des Tages hatte ich zwanzig Dollar in der Tasche. Ich hatte Wasser, Essen und ein Dach über dem Kopf.«

Ganz zusammenpassen wollte das nicht, Roberts Großzügigkeit und das Hauen und Stechen in der Küche zu Anfang der Woche. Aber nach den paar Tagen konnte ich nicht erwarten, dass ich die Pitjantjatjara verstand. So packte ich Handtücher und Wasserflaschen in meine Ripstop-Tasche und fuhr mit den Kindern wieder zum Murray.

Diesmal war ich als Bademeister ein Reinfall. Zwar hatte ich die Kinder gefragt, ob sie ihre Schwimmsachen mitgenommen hätten, doch nur Tom und Tonia hatten sich daran gehalten. Mit loderndem Blick baute sich das Mädchen vor mir auf.

»Tom hat böse Worte zu mir gesagt.«

Ihr Bruder war beleidigt und stapfte davon. Tim blieb wasserscheu. Der kleine Bill hatte sich halb im Sand vergraben und starrte in einer Absence vor sich hin.

Am Ende waren alle in Tränen. So ausgelassen ihre Freude beim letzten Mal gewesen war, so unendlich war nun ihre Trauer. Kein Kind tröstete das andere, jedes war für sich allein. Mit grauen, rotzverschmierten Gesichtern, blinden Augen und aufgerissenen Mündern schwanden sie förmlich aus dieser Welt. Es war unmöglich geworden, sie zu erreichen. Bevor etwas Schlimmeres geschah, verfrachtete ich sie in den Bus und brachte den wimmernden Haufen durch Weinfelder zurück in die Vorstadt.

Die Pitjantjatjara schienen mir unser kleines Waterloo nicht einmal ansatzweise übel zu nehmen. Während sie ihre Kinder lausten, machte ich mich an den Abwasch. In wenigen Minuten hatte sich Tom wieder erholt und sprang auf dem Dach der Schrottmühle, in der seine Familie angekommen war, wie auf einem Trampolin auf und ab. Darren, seinem Vater, fiel nichts Besseres ein, als ihn gelangweilt mit Trauben zu bombardieren.

Wir hatten ein einziges Bad für vierzehn Leute. Es war makellos geblieben, dafür hatte eines der Kinder in der Nacht vor den Schuppen geschissen.

Ed spürte meine Müdigkeit.

»Ich muss tanken gehen«, sagte er. »Wenn du möchtest, können wir auf dem Rückweg einen Kaffee bei Alessandro trinken.«

Im Schaufenster warb ein Schild für »den besten Kaffee in der Stadt«. Ich hatte mich auf eine gemütliche Zeit im Kaffeehaus gefreut. Stattdessen bekamen wir zwei Pappbecher und fuhren mit ihnen zurück zum Haus.

»Hast du das Schild gesehen?«, versuchte ich es mit einer Prise Humor. »Wir trinken den ›besten Kaffee in der Stadt‹.«

»Wenn du das glaubst. Mein Rat ist: Glaube niemals, was du hörst, und glaube erst recht nicht, was du liest.«

»Woran glaubst du denn dann?«

»Ich glaube, alles ist Maya, das Spiel der Illusionen.«

»Ach, das alte Klagelied der Vedanta: Die Welt ist nicht wirklich. – Alles ist Leid. – Das Einzige, was uns bleibt, ist, sich aus der Welt zurückzuziehen. Ich glaube eher an die Grundsätze des Tantra: Erstens, die Welt ist real. Zweitens, sie ist die Manifestation einer höheren Energie. Und drittens: Es gibt Techniken, diese Energie zu unterwerfen. Daran glauben doch auch die Aborigines in ihren Zeremonien …«

»Sie unterwerfen diese Energie nicht, dafür ist sie zu mächtig.«

»Stimmt.« Ich erkannte meinen Fehler. »Ich hätte eher sagen sollen: Es gibt Techniken, sich mit dieser Energie zu verbinden.«

»Die Aborigines schaffen das durch Autosuggestion, Telepathie, übersinnliche Wahrnehmung und Ähnliches. In unserer Gruppe ist Polly die Stärkste. Ihr Vater hat die Träume von Menschen betreten können, die tausend Kilometer weit entfernt waren.«

»Du hast gesagt, sie sei eine bedeutende Persönlichkeit.«

»Sie ist eine der drei wichtigsten zeremoniellen Führer im Land. Und sitzt im Aufsichtsrat des Uluru-Nationalparks.«

»Trotzdem handeln die Aborigines so, als ob die Welt wirklich wäre.« Ich wollte meinen Tantra-Vergleich nicht so schnell ziehen lassen.

»Für sie ist die Welt lediglich eine Manifestation von etwas viel Größerem. Es gibt Phänomene, die in Beziehung zueinander stehen. Es gibt den Emutanz und eine wachsende Zahl von Emus. Und natürlich den Regentanz ...«

Das eine war also nur ein Modell des anderen, dachte ich mir, am Ende vielleicht von allem. »Glaubst du an so was?«

Ähnlich wie Broken Hill war der Stadtkern von Mildura in einem Gitternetz angelegt. Es gab Gebäude im Stil des Art déco, die wie Hollywoodkinos aussahen. Entlang der Ausfallstraßen sahen wir Geschäfte für Bagger, Traktoren und anderes schweres Gerät. Die Kinder hätten den Anblick der Maschinen geliebt.

»Ich habe einmal eine Gruppe Weißer in die Wüste geführt, damit sie den Tanz der Regenbogenschlange erleben. Das, was wir zu sehen bekamen, war schlampig gemacht. Das Ergebnis war, dass der Ort in der folgenden Woche gleich dreimal überschwemmt wurde. Und total zerstört.«

»Das hätte ein Zufall sein können.«

»Einmal bin ich mit einer Gruppe durch die Wüste gefahren, und eine innere Stimme sagte mir, ich solle anhalten. Dann sagte die innere Stimme, ich solle mit allen in einem Wasserloch schwimmen gehen. Dort hat mich irgendein Kerl in den Hals gebissen. Der ganze Vorfall war so eigenartig, dass ich niemandem davon erzählt habe. Ein halbes Jahr später saß ich mit einigen der Alten am Lagerfeuer. Da haben sie gelacht und gesagt: ›Schau, die Regenbogenschlange hat dich in den Hals gebissen!‹«

»Ich möchte nichts lieber, als sie auf ihrem Land besuchen«, seufzte ich. »Es gibt so viel von ihnen zu lernen, so viel von ihnen zu erfahren. Sie wissen von dem, was uns verloren gegangen ist ...«

»Frag dich nicht, was sie für dich tun können. Frag dich
eher, was du für *sie* tun kannst.«
Er fuhr die Auffahrt hinauf, bremste und zog den Zündschlüssel ab. »Eines darfst du niemals vergessen, Kalaya: *Sie*
sind es, die den Laden hier schmeißen.«

Es war der letzte Tag des Besuchs. Mit der Lautstärke einer
Kreissäge erzählte Polly in Alessandros Galerie die Dream-
ing-Geschichte der »Zwei Schwestern«. Niemand der Weißen
verstand, worum es ging. Zunächst war Polly die Einzige, die
lachte; dann fielen die anderen Ladys ein. Es wurden nur zwei
Bilder verkauft.

»Eine Frau war da«, sagte Ed, »die hat mal eine zwanzig-
köpfige Gruppe zu den Pitjantjatjara in die Wüste gebracht,
für irgendwelche ›Frauensachen‹. Sie haben ihr das volle Programm geboten. Aber nun, wo *sie* zu Besuch sind, kommt sie
nur kurz reingeschneit, um Hallo zu sagen. Eigentlich hätten
sie und ihre Freundinnen den Laden stürmen und leer kaufen
sollen.«
Er machte kein Hehl aus seiner Enttäuschung.
»Wenn der Dalai Lama gekommen wäre«, sagte er, »dann
hätten sie ihm die Bude eingerannt. In ihrer Kultur ist Polly
nicht weniger wichtig. Aber keinen kümmert's.«
Trotzdem begingen wir den Tag mit einem Barbecue in
einem Park am Ufer des Murray. Ich legte meine Handflächen
hinter dem Rücken zusammen, spielte den Emu und scheuchte
die Kinder gackernd über die Wiese. Die Ladys bogen sich vor
Lachen. Sie hielten mich bis zehn Uhr abends auf Trab.
»Kalaya!«, scherzte Kathleen, »komm mit uns nach Adelaide! Wir könnten dich gut gebrauchen!«

Ich war todmüde, als ich in meinen Schlafsack kroch. Doch
ich fand keine Ruhe. Die Bäume rauschten um die Wette.
In den Gemüsebeeten knatterten die Plastikstreifen, die zum

Schutz vor den Vögeln aufgespannt worden waren. Und sobald ich die Augen schloss, war Polly überall.

Polly ...

Mit ihrer Pudelmütze und dem einen Auge erschien sie in meinen Träumen. Sie starrte mich an – oder vielmehr starrte ihr Mund, mit seinen Zähnen und dem Kanonenrohr aus Kautabak. In der Dunkelheit hob und senkte sich das Zelt. Die Plane knisterte, als würde es regnen. Im Haus und im Schuppen schienen alle Fensterläden gleichzeitig zu schlagen. Lichter gingen an, große Schatten wanderten vorbei, ich wusste nicht, woher sie kamen und ob sie nah waren oder fern. Mit mörderischem Geschrei stritten sich zwei Katzen. Wie eine Dampflokomotive schnaubte und prustete irgendein kleines Beuteltier vorbei. Mir war, als befände ich mich in einem Zoo. Irgendwann hatte ich von dem Hexensabbat genug, zog den Reißverschluss nach unten und krabbelte ins Freie.

Ich stand unter dem Halbmond in einer windstillen, sternklaren Nacht.

Keine Tiere waren zu sehen.

Es gab nichts, wovor ich mich fürchten konnte.

Am nächsten Morgen erfuhr ich, dass Liz, die Freundin von Stephanie, bereits am Vorabend Reißaus genommen hatte. Eine Beklemmung, die über sie gekommen war, sei so stark gewesen, dass sie beinahe in Tränen ausgebrochen wäre.

Von Farbklecksern, zertretenen Trauben, Teebeuteln, Knochen und Fleischfetzen übersät, glich die Veranda einem Schlachtfeld. Wie ein siegreicher General saß Ed in einem neuen Hawaiihemd auf einem Campingstuhl. Es war ihm anzusehen, dass auch er kein Auge zugetan hatte.

Ich faselte etwas von Totemtieren.

Ed machte eine vage Handbewegung. »Betrachte es als eine Einführung ...«

»Meine Zeit mit den Pitjantjatjara«, rief ich mit Pathos, »ist noch lange nicht vorbei! Was könnte der nächste Schritt für mich sein?«

»Ich hätte Verwendung für dich als Teil eines Teams von Freiwilligen, das einen größeren Mob aus der Wüste für ein Festival nach Mildura bringt.«

Ich hatte längst angebissen. Ohne einen Besuch bei den Pitjantjatjara auf ihrem Land würde mein Australien-Abenteuer unvollendet bleiben.

Der erste Wagen mit Gloria, Natasha, Emily, Robert und dem kleinen Bill war schon abgefahren, ohne dass sich seine Insassen von mir verabschiedet hätten. Der zweite stand mit laufendem Motor auf der Auffahrt. Ich wollte mich schon abwenden, als alle Fenster nach unten wanderten.

»Kalaya, ich gehe!«, verkündete Tom mit Grabesstimme. Tonia klatschte mich ab. Tim blickte nach vorn. Dann rief die ganze Wagenladung im Chor: »*Thank you*, Kalaya! *Thank you!*«, und sie riefen es auf Englisch, weil es in ihrer Sprache kein Wort für »danke« gibt.

In meinen Händen hielt ich das kleine Punktebild, das Polly für mich gemalt hatte. Es bestand aus vierzehn hufeisenförmigen Zeichen um einen Kreis: »Menschen, die sich über den Emutanz beratschlagen«.

Es war ihr Geschenk für meine Zeit mit den Kindern am Fluss.

11

Als ich anderthalb Jahre später für das Festival zurückkehrte, hatte Tonia Asthma, Robert war im Knast, und Natasha hatte sich das Leben genommen.

»Es ist eine Tragödie«, sagte Ed. »In den letzten Jahren sind so viele junge Leute durch Selbstmord gestorben.«

Ich dachte an die junge Frau mit dem iPod im Schneidersitz vor ihrem Bild auf der Veranda, an ihr heiratsfähiges Alter, das Barbecue in Mungo mit den Barkindji. Und ich dachte an Gloria, ihre Mutter mit den schlohweißen Krisselhaaren, die ich »Madame Pompadour« getauft hatte.

»Es gibt viele Drogen da draußen«, sagte Ed, »nicht nur Benzin und Klebstoff, sondern auch Gras. Die jungen Leute sind so durchlässig, wenn sie etwas nehmen, dann sehen sie überall Geister. Manchmal ziehen die Geister sie hinüber auf die andere Seite.«

Nach anderthalb Tagen im Flugzeug war in mir alles durcheinander. Ich schlafwandelte durch Mildura.

»Das Begräbnis ist ausgerechnet für das Wochenende angesetzt worden, an dem das Festival stattfinden soll«, sagte Ed. »Allen tut es irrsinnig leid. Sie haben sich monatelang darauf vorbereitet. Nun ist nicht sicher, ob überhaupt jemand kommen kann.«

»Ach, Kalaya!«, sagte Stephanie und schloss mich auf der Veranda in die Arme. »Jetzt hast du die ganze lange Reise gemacht ...«

»Was habe ich zu tun?«

»Wir hatten gedacht, du könntest die Frauen mit dem Kleinbus abholen«, sagte Ed. »Aber es würde Ärger geben, selbst wenn alle kommen wollten. Die Familie von Natashas Vater wird das Begräbnis ausrichten. Sie würden euch mit Steinwürfen an der Abfahrt hindern. Oder mit schlimmeren Methoden.«

Am nächsten Tag kam die Absage; es würde keinen Besuch aus dem Busch geben. Mein Trip in die Wüste schien vom Tisch.

Am Nachmittag telefonierte Ed mit Kathleen aus Adelaide. Polly und sie waren fest entschlossen, das Festival stattfinden zu lassen.

»Die Kinder sind hier«, sagte sie. »Alle wollen kommen!« Zwei Frauen und einige Kinder würden nicht reichen. Ed stand kurz davor, das Handtuch zu werfen, und spielte seine letzte Karte aus. »Kalaya ist gelandet. Er ist extra aus Deutschland angereist.«

»Palya, palya.«

Innerhalb von vierundzwanzig Stunden wurde ein neuer Mob mobilisiert. Er stammte aus einer Nachbarsiedlung im Pitjantjatjara-Land. Stephanie und Ed sprachen von dem Gebiet abgekürzt als den »Pit' lands«.

Seit meinem Besuch hatte es mehrerer Reisen der Ladys aus Adelaide bedurft, damit das Festival stattfinden konnte. Stephanie und Ed hatten Klinken bei den Behörden geputzt, doch die Lage war angespannt. Fristen für die Beantragung von Fördergeldern waren verstrichen. Es hatte Zwischenfälle in den Pit' lands gegeben; auf offizieller Seite war man vorsichtig geworden.

Auch vor Ort war das Festival kein Selbstläufer, sondern erwies sich als hartes Stückchen Politik.

Alles sollte auf dem Gelände einer ehemaligen Rinderfarm stattfinden, auf halbem Weg nach Robinvale.

Haus und Land waren an einige Aborigine-Familien zurückgegeben worden, die einen historischen Bezug zu der Gegend hatten. Die Auflagen hatten irgendetwas mit Bewirtschaftung und Rechnungswesen zu tun.

Ken, ihr Sprecher, war ein untersetzter Mann mit Büscheln aus weißem Haar am Kopf und in den Ohren. Er hatte das Grundstück für das Festival zur Verfügung gestellt. Nun musste er davon überzeugt werden, auch Besucher zu empfangen.

»Das Festival soll allen offen stehen«, sagte Ed.

Anscheinend gab es ein Problem.

»Hm«, sagte Ken und stierte auf seine kräftigen Hände.

Ed und ich saßen mit Ken, Lucy, seiner Frau, und ihrem Bruder um einen Holztisch. In den Brusttaschen der ausgebleichten Polohemden beider Männer steckten Zigarettenschachteln. Zigaretten brannten zwischen ihren Fingern.

In Hörweite raste ein wahnsinniger Hund an einer Kette um einen Baum.

Das Problem war eine Frau namens Bonnie. In einem Streit habe Bonnie Lucy gegenüber Partei ergriffen, obwohl Bonnie als Regierungsangestellte eigentlich hätte neutral sein sollen. Es sei eine Angelegenheit gewesen, die nur Aborigines angehe. Überhaupt, Bonnie sei gar keine echte Aborigine, sondern so weiß wie der da, Carl. Sie habe ein Problem mit ihrer Identität, die sie, in Wahrheit, nicht kenne. Auf der Farm sei Bonnie Persona non grata. Und übrigens: Auch Polizisten dürften das Grundstück nicht betreten.

»Das Gesetz des weißen Mannes gilt bis zu meinem Tor!«, sagte Ken. »Ab da gelten unsere Sitten und Bräuche.«

Die Sitten und Bräuche schienen vor allem darin zu bestehen, Bonnie den Zutritt zu verweigern.

»Ken hat keinen Finger gerührt«, knurrte Ed auf der Rückfahrt. »Nicht einmal die Festivalwiese haben sie gemäht. Sie warten noch ab. Wahrscheinlich sind sie daran gewöhnt, dass bei Gesprächen mit dem *whitefella* nicht viel herauskommt.«

»Bonnie hat die Pitjantjatjara einmal auf eine Frauenveranstaltung eingeladen«, sagte Stephanie später auf der Veranda. »Alle sind auch bei Ken gewesen. Er hatte versprochen, seinen Mob mit den Pitjantjatjara bekannt zu machen, aber seine Leute haben sich dann mehr als nur zurückhaltend erwiesen. Anscheinend hatten sie Angst vor den Ladys aus der Wüste. Es hieß, sie praktizierten schwarze Magie. Es hieß, sie könnten Menschen Unheil bringen, indem sie mit Knochen auf sie wiesen. Und dann war da noch der Vorfall mit dem Friseur ...«

»Was war mit dem Friseur?«

»Die Frauen von Kens Mob sind zum Friseur gegangen, um sich schön zu machen. Die Pitjantjatjara haben ihn um die Haare gebeten, bevor sie weggeworfen werden würden, angeblich, um sie für Webarbeiten zu verwenden. Am nächsten Tag hatte der Friseur Kens ganzen Mob an der Strippe. Alle waren in nackter Panik, da die Ladys nun ihre Haare hätten und sie für Zauberei verwenden könnten ...«

Die Familien auf der Farm waren nicht nur heillos zerstritten, sondern auch pleite. Sie saßen auf einem riesigen Stück Land und hatten nicht einmal Geld für ein paar Nägel.

Angesichts knapper Kassen war das Festival zu einer Graswurzelbewegung geworden, Pionierarbeit in bester australischer Tradition. Stephanies Arbeitgeber stellte Zelte zur Verfügung. Alessandro, der Fernsehkoch mit der Galerie, spendete Fleisch im Wert von dreihundert Dollar. Ein Landwirt lieh uns einen Wassertank für die Versorgung der Gäste auf der Farm.

Ed war von morgens bis abends auf den Beinen. Sein Bart war weißer geworden. Er hatte zu schnaufen begonnen. Besessen von seinem Traum, die Geschichten, Lieder und Tänze zurück an die Peripherie des Landes zu bringen, zimmerte er Plumpsklos und hackte Feuerholz vor seinem Haus.

Mit zwei linken Händen half ich, so gut es ging.

Als wir ein Mähwerk auf die Farm transportierten, gerieten auch dort die Dinge in Bewegung. Ken stieg auf seinen Traktor, setzte sich die Ohrenschützer auf und qualmte mit dem rotierenden Gerät über eine Lichtung hinter dem Haus davon. Sie war etwa so groß wie ein Fußballfeld. Dahinter rieselte die Borke von Eukalyptusbäumen in silbergrauem Licht auf das Land.

Während Kens Sensen Unkraut wie Onionweed und Patterson's Curse niedermähten, machten sich vier Omis und eine Witwe in den Pit' lands auf den Weg: Minnie, Miltjili, Maisie, Mary und Makinti. Nicht einmal vierundzwanzig Stunden nach dem Hilferuf hatten sich alle spontan entschlossen, für den ausgefallenen Mob einzuspringen. Sie organisierten privaten Transport zu der Bushaltestelle bei Marla, kletterten in den Greyhound und fuhren über Nacht auf dem Stuart Highway nach Adelaide.

Am Morgen holten Ed und ich sie mit dem Kleinbus dort ab.

»Ich habe großen Respekt vor der Initiative dieser Frauen!«, rief ich feurig. »Sie haben die Kosten, die Mühen der Anreise nicht gescheut, um ihre Geschichten, Lieder und Tänze zu teilen!«

»Sie kommen nicht aus Nächstenliebe. Sie kommen, weil sie denken, sie würden den Jackpot knacken, ein Bild für vierzigtausend Dollar verkaufen oder eine Schatztruhe finden. Sie sehen nicht ein, warum ein *whitefella*, der ihnen nutzlose *whitefella*-Sachen beibringt, tausend Dollar die Woche oder am Tag verdient, wohingegen sie, die mit ihren Liedern und Tänzen die Menschen in Dingen unterrichten, die für sie von immenser Bedeutung sind, leer ausgehen. Und die Witwe«, er zwinkerte mir zu, »kommt wegen der Männer.«

Wir bogen in eine Straße ein, wo ein Fertighaus neben dem anderen hinter kahlen Vorgärten stand.

»Du wärest zwei Tage in ihren Händen gewesen!«, sagte Ed und parkte.»Wahrscheinlich hätte man dich sofort weggeheiratet. Die Ladys sind geübt in Liebeszaubern!«

»Trotzdem schade. Ich hätte gerne die Pit' lands gesehen.« Ich dachte an die Steinigung, der ich entgangen war.

»Wir finden einen Weg. Wie es ausschaut, wird es deine Verantwortung sein, den anderen Mob mit dem Bus zurückzubringen.«

Er setzte mich vor der Tür ab und brauste weiter zur Greyhound-Station.

»Wir sind illegale Einwanderer in diesem Land!«, rief er mir durch das Fenster zu.»Eines Tages wird man uns dafür zur Rechenschaft ziehen!«

In dem unmöblierten Haus staute sich die Luft. Die Frauen und die Kinder aus Adelaide waren da. Kathleen hatte nichts von ihrer Furcht einflößenden Persönlichkeit verloren. Tom klatschte mich ab. Tim war gleichgültig wie immer. Für Tonia war ich neuerdings Luft.

Polly, die nun an einen Rollstuhl gefesselt war, begrüßte mich wie einen alten Bekannten. Drei ihrer Enkel waren ebenfalls mitgereist, um sie auf das Festival zu begleiten. Rufus, der älteste, mochte dreizehn oder vierzehn Jahre alt sein. Er war größer als ich und sah mit seinen orangeroten Löckchen wie ein überfetteter Cäsar aus.

Polly und Kathleen lebten wegen der Schulen und Ärzte in der Stadt. Sie zahlten dafür den Preis, dass sie weitaus weniger respektiert waren als bei sich zu Hause im Busch.

Wir schwiegen uns an, so gut es ging. Die Kinder fiepten auf irgendeinem Stück Unterhaltungselektronik herum. Endlich hielt der Bus vor dem Haus. Von der nächtlichen Fahrt gerädert, wackelten vier Omis und die Witwe mit eingezogenen Köpfen aus dem Fahrzeug und plumpsten wie Steine auf den Grünstreifen.

Ich versuchte, mich vorzustellen, doch es kam nicht viel mehr dabei heraus, als dass ich sie kurz am Arm berührte. Die Situation erinnerte mich an meinen Besuch in Alice Springs. Ich dachte an die Aborigines, die auf dem Rasen gesessen hatten, als hätte sie ein Film aus lang vergangener Zeit in die Fußgängerzone geworfen. Wir fuhren los und machten irgendwann an einer Raststätte Station. Lastwagen mit aufgemalten Pin-up-Girls donnerten auf dem Highway vorbei. Ich packte unseren Proviant aus, als wieder das weiße Rauschen der Pitjantjatjara erklang.

»Einen Tee, Zucker, keine Milch.«

»Einen Tee, zwei Zucker, Milch.«

»Einen Tee, Zucker, Milch, bitte.«

»Sandwich. Käse, bitte.«

Kalaya meldete sich zurück zum Dienst.

12

Wir erreichten die Farm am frühen Abend. Der Himmel hatte sich aufgeklärt, und die Blätter an den weißen Stämmen der Mallee-Sträucher leuchteten um die Wette.

Am Rand eines Gehölzes stellten wir die Zelte für die Pitjantjatjara einander gegenüber. Dazwischen bauten wir ein Sonnendach. Das heilige Feuer war am oberen Ende zum Feld hin entzündet worden, Pollys Feuer am unteren Ende auf der Seite der Farm.

Nach einigen Runden mit dem Mähwerk hatte Ken anscheinend seine Aufgabe als erfüllt betrachtet. Weit und breit war von ihm nichts zu sehen. Wenigstens hatte Stephanie dafür gesorgt, dass die Feldküche herangeschafft worden war.

Es wurde dunkel. Wir bauten Erdöfen. Beide Feuer brannten. Ed und ich probten den Emutanz, um die Ladys an mich zu gewöhnen.

Der Vollmond ließ niemanden ein Auge zutun. Immer wieder öffnete ich den Eingang meines Zelts, das sich auf Pollys Seite im Schatten des Gehölzes befand, und blickte auf das Camp. Die Pitjantjatjara sangen und trommelten auf ihren Bechern herum. Schemen tanzten um das Feuer. Auf dem silberhellen Feld dahinter spielten die Kinder Fangen.

Während die Mondnacht ihren Verlauf nahm, setzte sich eintausendsiebenhundert Autobahnkilometer nördlich von uns ein Mann an das Steuer eines aufgemotzten Wüstenschlittens. Ein Hut überschattete sein Gesicht und den Anfang seines Bartes. Er schob eine Musikkassette in das Radio, drehte den Zündschlüssel um, gab Gas und bretterte mit seiner Frau in einer Staubwolke von den Pit' lands gen Süden.

Es war gelungen, auch einen hochstehenden Mann für das Festival zu gewinnen. Sein Name war Henry Darling. Er war einer der Hüter des Dreaming von der Regenbogenschlange.

Am Freitagmorgen gab es Porridge für die Pitjantjatjara. Ed verschwand in den Busch. Was Stephanie und er an Freiwilligen hatten zusammentrommeln können, harkte den Zeremonialplatz frei.

Im Laufe des Tages trudelten die ersten Gäste ein. Die Vorhut bildete eine Frauengruppe mit fanatischen Augen, die Müllsäcke voller Altkleider heranschleifte. »Wo sind die Stammesältesten?«, riefen sie von Weitem.

Auf dem Boden räkelten sich zwei Hippies. »Was machste denn so im Leben?«, hörte ich den einen sagen.

»Ich bin ein Empath. Ich spüre die Gefühle anderer Menschen.«

»Und ich bin ein Seher.«

»Ich weiß«, sagte der Erste und kicherte.

Daneben brutzelte ein Emu auf einem Bett aus Eukalyptuszweigen vor sich hin.

»Weißt du, was das ist?«, fragte mich ein weiterer Gast. Er mochte ungefähr dasselbe Alter wie Ed haben, trug einen weißen Spitzbart und nestelte an seiner Hindukette. »Das ist die älteste überlebende Kultur auf dem Planeten!«

Der Emu war mit Blättern gestopft und von einem durch die Haut gestochenen Zweig verschlossen worden. Kathleen und Polly hatten den Vormittag über ganze Arbeit geleistet.

»Auch die Maori graben ein Loch!« Avinash, der Mann mit dem Spitzbart, wies auf den Erdofen. »Darin machen sie Feuer, legen Palmenblätter darüber und kochen Fisch! Oder Huhn!«

»Die Plumpsklos …«

»Ich arbeite mit Aborigines seit 1972. Zwölf Jahre lang bin ich mit Ed in die Wüste gereist. Wir haben Höhlen betreten, wo Speere unter unseren Händen zerbröckelten, weil sie zehntausend Jahre alt gewesen sind. Man hat uns zu Schamanen ausgebildet. Der Geist von Uluru persönlich hat mich initiiert. Ich bin ein Swami. Meine Doktorarbeit ging über Rudolf Steiner ...«

Ich wollte mich ins Camp flüchten, doch eine resolute Frau mit Topfschnitt versperrte mir den Weg.

»Tut mir leid, aber für Männer ist der Zugang strengstens verboten. Wir machen hier jetzt Frauensachen.«

Wie ein Schwarm von Harpyien waren sie über die Pitjantjatjara hergefallen, zogen T-Shirts und Jogginghosen aus den Säcken, streichelten die Hände der Ladys und massierten ihre schmutzigen Füße.

»Oh«, gurrte die Frau mit dem Topfschnitt. »Oh, oh ...«

»Mein Mann hat ein Alkoholproblem«, raunte eine. »Wir Frauen müssen zusammenhalten ...«

Die Pitjantjatjara waren noch immer so rammdösig von der Reise, dass sie alles klaglos über sich ergehen ließen.

Nachdem die Plumpsklos gezimmert und der Zeremonialplatz freigelegt worden war, erschienen auch Ken und Lucy. Ed brach in die Stadt auf, um Schmerztabletten für Polly und Medizin gegen Diabetes, Bluthochdruck und Tonias Asthma zu kaufen.

Einige Ladys waren nur zu froh, mit ihm in den Kleinbus zu steigen. Kaum waren sie verschwunden, verkündete Ken, dass es an der Zeit für die Begrüßungszeremonie sei.

Die Autos der Besucher bildeten eine jämmerliche Linie am Rand des Felds. Aborigines waren nicht darunter. Mit federgeschmückten Zylindern drehte ein Fernsehteam seine Runden.

»Wir haben uns versammelt«, sagte Ken vor laufender Kamera, »um die Botschaft weiterzugeben, wie man sich mit dem Land verbindet. Alles geht darum, sich mit dem Land zu verbinden.«

Es hatte zu nieseln begonnen. Wie schon am Vorabend klärte sich der Himmel auf, als der Bus auf das Gelände rollte. Polly und Ed dankten Ken und seinem Mob dafür, auf dem Land ihre Geschichten, Lieder und Tänze teilen zu dürfen. Ein doppelter Regenbogen erschien über der Farm. In Windeseile hatten sich die Ladys umgezogen. Zwischen zwei improvisierten Paravents aus Jute tippelten Makinti, Miltjili, Kathleen und Mary in einer Linie auf den Zeremonialplatz. Ihre schweren Brüste waren mit Streifen bemalt, und die Bänder um ihre Stirn hatten dieselbe Farbe wie die Bänder zwischen ihren Händen.

Stephanie berührte mich am Arm. »Ed meint, dass es vielleicht eine gute Idee ist, wenn du ein paar Fotos machst.«

Ich verstand wenig von den einfachen, fast zärtlichen Bewegungen der Frauen und dem Dreaming, das sie trug. Immerhin hielt der Regenbogen, bis es dunkel wurde. Im Camp und auf dem Zeremonialplatz brannten drei Feuer. Nachdem die Ladys losgelegt hatten, waren sie mit ihren Klanghölzern nicht mehr zu bremsen und sangen Lieder, von denen eines ins andere überging.

Ich brachte ihnen ihren Tee, setzte mich auf die geharkte Erde und verfolgte die Bewegungen der Besucher, die mal aus der Dunkelheit auftauchten, mal wieder in ihr verschwanden.

»Kennst du die Prophezeiung?«, fragte Avinash am Samstag.

»Welche Prophezeiung?« Ich hatte einen Zwanzig-Liter-Kanister in der Hand, den ich am Wassertank auffüllen sollte, und suchte jemanden, der mir beim Tragen half.

»*Wenn der eiserne Vogel fliegt, werden die alten Lehren in den Westen gehen.*« Avinash wackelte mit dem Finger. »Kuckuck!«

»Möchtest du helfen, den Wassertank zu tragen?«, fragte ich.

»Das ist Freddie!«, rief er und wies auf einen am Boden liegenden Mann. »Er ist Steinmetz! Er hat in Griechenland gelebt, um das Grab von Agamemnon aufzubauen!«

»Kein Stress«, sagte Freddie. Er trug eine indische Mütze voller Pailletten und nuckelte an einem Joint.

Angesichts von Natashas Selbstmord war ich mir nicht sicher, was ich von dem Joint halten sollte. Wenigstens gab es auf dem Festival keinen Alkohol.

»Wollt ihr …«

»Frag die Kinder!«, rief Avinash.

Der Emu hatte die Kinder wieder auf Hochtouren gebracht. In der Nacht hätten sie um ein Haar das Gehölz abgefackelt. Rufus, Pollys überfetteter Enkel, musste von zwei Männern daran gehindert werden, Tim an die Gurgel zu fahren. Nun verbrachten sie ihre Zeit damit, einander mit Speiseresten zu bewerfen.

»Tom!«, rief ich.

»Ja«, sagte Tom, baute sich vor mir auf und schlackerte mit den Armen. »Ich bin hier.«

Ein Stück Orange klebte an seiner Stirn.

»Ich muss zum Wassertank. Hilfst du mir tragen?«

»Ja, Kalaya. Ich helfe.«

Es war wie ein Weltwunder. Auf dem leeren Feld trafen wir Ed. Er trug eine Klobrille unter dem Arm.

»Hippies sind vollkommen nutzlos«, sagte ich.

»Steile Lernkurve, Kalaya.«

»Ich habe diesen Typen getroffen, Avinash. Er hat einen an der Waffel.«

»Würde ich nicht so sehen«, sagte Ed schmallippig. »Er ist eher wie eine Antenne, die das aussendet, was um sie herum geschieht.«

An der Feldküche nahm Stephanie mich beiseite. »Avinash hat gerade sein Haus und sein ganzes Hab und Gut in einem Buschfeuer verloren. Seitdem ist er so, wie er ist.«

Sie sah mich ernst an.
»Er ist Eds bester Freund.«

Nach dem Rock 'n' Roll der vergangenen Nacht startete der
Tag nur langsam. Es war kühler geworden. Die Pitjantjatjara
schliefen. Auch das Herunterfahren war Teil des Lebens im
Busch. »In der Wüste gibt es Orte, die dich auf der Stelle töten
können«, sagte Avinash. »Andere Orte sind wie das Paradies.
Die Aborigines haben uns in Gegenden geführt, die sie in Zeiten der Not aufsuchen. Da waren Bäume! Da war Wasser! Da
waren Fische, Vögel und andere essbare Dinge!«
Am Nachmittag führte uns Ken zu seinen heiligen Stätten.
Ein eingezäunter Holzhaufen war darunter und ein Baum mit
einem schildförmig von seiner Rinde befreiten Stamm. Zwischen den weißgrünen Salzbüschen breiteten die Skelette der
Eukalyptusbäume ihre Arme aus. Ich konnte nicht erkennen,
was an den Stätten besonders war. Die Ladys blieben während der Begehung im Bus.
»Warum kommt ihr nicht mit?«, fragte ich Kathleen.
»Zu gefährlich, Kalaya«, flüsterte sie. »Zu gefährlich.«
Nach meiner Bemerkung über Avinash ging Ed mir aus
dem Weg. Verärgert über meinen Fauxpas, reihte ich mich in
die Fertigungslinie für das Kängurugulasch ein.
Die einfachste Art, Australier zu ärgern, so hatte ich auf
dem Rainbow Serpent Festival gelernt, bestand darin, dass
man ihnen unterstellte, sie seien »nicht hart genug«. Ein sol-
cher Fehler sollte mir nicht noch einmal unterlaufen.
»Wisst ihr was«, unterbrach ich meine Arbeit. »Ihr seid
richtig harte Nüsse.«
Stephanie und Liz strahlten von einem Ohr zum anderen,
warfen sich in Pose und zeigten ihren Bizeps.
Stephanies Eltern waren aus Österreich nach Australien
ausgewandert. Sie hatte Ed nach einer Weltreise kennenge-

lernt, als sie feststellen musste, dass sich zu Hause in Sydney nichts verändert hatte. Was er von seiner Zeit im Busch erzählte, war bedeutungsvoller als der hirnlose Hedonismus von Bondi Beach.

Sie war eine Vegetarierin, die Gemüse in ihrem Garten züchtete, während der Film »Mad Max« mit voller Lautstärke im Fernsehen lief. Frauen dieser Art würden einen Mann erst lieben, wenn er eine Beechcraft Duke über Borneo geflogen, im Outback die Wasserleitung repariert und ihnen zum Geburtstag eine Kettensäge geschenkt hatte.

Revanchieren würden sie sich, indem sie mit rosafarbenen Puschen auf die Veranda schlurften und jeden Eindringling mit der Schrotflinte von ihrem Grundstück schossen.

»Du musst Kalaya sein«, sagte eine junge Frau und streckte mir ihre Hand entgegen. Sie reiste mit einem zwölf Monate alten Dingo, der ein buntes Halstuch trug. Ihre Haut war wie Milch, obwohl sie das Blut spanischer Zigeuner hatte, wie sie erklärte, und sie trug eine Gitarre über der Schulter. »Es heißt, du arbeitest mit den Pitjantjatjara zusammen.«

»Kalaya, ja, so nennt man mich hier ...«, stammelte ich.

»Ich bin Robyn. Ich singe heute Abend.«

Wir hatten ein wenig Zeit und setzten uns auf einen Baumstumpf an den Billabong hinter dem Feld.

13

»Ich reise über das Land«, sagte sie, nachdem wir Nettigkeiten ausgetauscht hatten, »und recherchiere die Kapitel unserer Geschichte nach dem Erstkontakt, die nicht Teil des Schulunterrichts sind.«

Die Geschichte nach dem Erstkontakt war die Geschichte Australiens seit Kapitän Cooks Landung in Botany Bay. Ich verstand, warum Robyn auf dem Festival war. Wie die Aborigines machte sie Lieder aus Geschichten, die mit bestimmten Orten verbunden waren.

Es waren Orte, an denen das schwarze mit dem weißen Australien in Berührung gekommen war. Viele der Geschichten waren nie zuvor aufgeschrieben worden. Es waren mündliche Überlieferungen, von denen Robyn in Gesprächen erfuhr.

Sie sang darüber, dass es heute noch Aborigines gab, die mit eigenen Augen ein Massaker an ihren Leuten gesehen hatten. Sie sang über Barkindji Country, Gunditjmara Country und drei deutsche Missionarinnen in Dieri Country. Sie sang von Queensland und von New South Wales. Sie sang von weißen Schäfern, die den Lohn einer halbjährigen Arbeit an einem einzigen Abend im Pub versoffen. Sie sang von den Uferbänken des Lachlan River, wo ein Barkindji das letzte Mal seine Mutter gesehen hatte, bevor sie auf eine Schule entführt wurde.

Und sie sang über das Tagebuch des englischen Leutnants Watkin Tench, der Flaschen mit Pockenviren erwähnte, die 1788 mit der ersten Flotte angeblich nach Australien gebracht worden seien.

Die Geschichten waren nicht schön.

Keine Komplimente, kein Süßholzraspeln, und über niemanden schlecht sprechen, dachte ich mir im Stillen. »Das stelle ich mir manchmal sehr hart vor«, sagte ich laut. »Mit den Leuten über diese Dinge reden zu müssen.«

»Nun, ich habe Cognac!«, lachte sie und kraulte ihren Dingo zwischen den Ohren. »Der hat schon viele Türen geöffnet ...«

Als es dunkel geworden war, spielte sie am Lagerfeuer ihre Lieder. Der Staub in den Böen ließ meine Augen tränen. Die Pitjantjatjara waren froh über ihre neuen Kleider. Dann gab meine Taschenlampe den Geist auf.

Der Einzige, der Ersatzbatterien hatte, war Avinash. Ich konnte ihn schlecht um Hilfe bitten, nachdem ich ihm die kalte Schulter gezeigt hatte.

Es war eine hübsche Lektion in Sachen Buschetikette. In der Dunkelheit stolperte ich davon und fand irgendwann mein Zelt.

Ein Reverend war aus der Stadt gekommen, um den Sonntag mit einem Feldgottesdienst für Natasha zu beginnen. Henry Darling, der Freitagnacht angekommen war, sich aber rar gemacht hatte, las aus der Bibel. Für den Anlass hatte er seinen Hut abgenommen, doch sein dichter, finsterer Bart verlieh ihm noch immer das Aussehen eines Gesetzlosen.

Im Anschluss an den Gottesdienst nahm er mich mit einer Gruppe von Männern beiseite. Er versuchte, uns einen Tanz zu lehren, was die meisten eher verlegen machte, und bemalte alle mit rotem Ocker.

»Ach, Kalaya!«, rief Stephanie und fotografierte mich. »Du solltest dich sehen!«

Ich behielt die Farbe für die meiste Zeit des Tages am Körper. Vor dem Camp hatten die Ladys ihre Punktebilder und Webarbeiten ausgebreitet, um wenigstens etwas Geld mit nach Hause zu nehmen.

Den Jackpot hatte niemand geknackt.

Die Schatten wurden länger. Ich wusch mich im Billabong, als Rufus, ein sadistisches Leuchten in den Augen, im Zwielicht durch die Büsche krachte. Eine Zeit lang versuchte er, mich durch Wasserbomben und andere Einschüchterungstaktiken zu erschrecken. Dann verlor er das Interesse und trabte mit im Wasser schleifenden Armen davon.

Später sangen die Omis am Lagerfeuer. Irgendwann kam Eds großer Auftritt. Mit einem Lendenschurz bekleidet, von Kopf bis Fuß bemalt, mit Federn geschmückt und Zweigen in den Händen, trat er zwischen den Paravents auf den Zeremonialplatz. Im Feuerschein wirkte er um zwei Köpfe gewachsen. Raschelnd und scharrend tanzte er den Tanz, den uns Henry Darling vergeblich hatte beibringen wollen. Es war das Dreaming der Perentie-Echse, ein Riesenwaran, den die Pitjantjatjara *ngintaka* nennen.

Kens Mob hatte sich das Wochenende über rar gemacht. Später erfuhr ich, dass er Henry Darling verboten hatte, die Dusche auf der Farm zu benutzen. Die Schafe, die ein Nachbar für das Festival gespendet hatte, behielten sie für sich. Anscheinend hatten sie Ed das Festival und seinen Tanz übel genommen, als Aneignung einer Kultur, die sie selbst verloren hatten.

Derweil hatte Henry Darling sein eigenes Feuerchen entfacht und erzählte in einem Campingstuhl Schwänke aus dem Leben im Busch.

Ich gab mir einen Ruck. »Was ist ein Dreaming?«, fragte ich.

»Es gibt sechs Gruppen von Menschen«, sagte Henry. »Kleine Jungs und kleine Mädchen. Erwachsene Männer und erwachsene Frauen. Und alte Männer und alte Frauen.«

Es folgte ein Vortrag über Verwandtschaftsbeziehungen; sie seien wichtig, damit altes Wissen nicht verloren gehe.

»Was ist ein Dreaming?«, fragte ich, nach einer Pause.

Henry machte eine knappe Bewegung in die Richtung des Camps. »Diese Leute sprechen die ganze Nacht.«

Er sah mein enttäuschtes Gesicht. »*Youngfella*«, sagte er streng und zeigte nach oben. »Was siehst du da?«

»Die Sterne.«

Er erklärte mir einige Konstellationen des südlichen Himmels. »Jede Geschichte in unserem Land«, wiederholte er Pollys Worte in Mungo, »hat ein Abbild in den Sternen.«

Für dieses Mal war's das mit dem Unterricht.

»Selbst die Ältesten kennen nicht das ganze Bild, sondern immer nur einen Teil«, flüsterte Robyn in mein Ohr, das noch immer voller Ocker war. »Alle Teile wirken zusammen. Es ist wie ein Geheimdienst mit vielen kleinen Spionagezellen, die nichts voneinander wissen. Man kann zwar einzelne ausschalten, aber niemals das Ganze. Wie ein elastisches Netz spannt es sich über das Land.«

»Geld«, plauderte Henry in seinem Campingstuhl, »wir nennen es ›das Hunde-Ding‹. Ich kenne Leute, die viel Geld machen. Du kannst Geld nehmen und einen trinken gehen. Aber wir wollen das nicht. Es ist nicht unsere Kultur.«

Die Frauengruppe, einige bemalte Männer, Robyn und ich saßen zu seinen Füßen.

»Unsere Kultur«, sagte Henry, »ist frei. Aber die Polizisten, sie sperren unsere Leute ein, zum Beispiel, wenn wir Streit mit einer Frau haben. Sie sagen uns: ›Lass die Finger von der Frau. Du hast sie geschlagen. Geh weg. Ich erlasse eine einstweilige Verfügung.‹« Mit einer ungläubigen Grimasse imitierte er den Mann auf der Anklagebank. »›Ey! Du meinst, ich soll meine Familie verlassen?‹«

»Eine Verfügung ist nur ein Stück Papier«, versuchte die Frau mit dem Topfschnitt, die Situation zu retten.

»Manchmal hört die Regierung den weißen Leuten zu. Für sie, die weiße Frau, ist die Gesellschaft wie eine Leiter, und die Frau steht ganz oben. Hahahahaha!«

Zu seinen Füßen herrschte betretenes Schweigen.

»Aber ich habe das *blackfella*-Gesetz im Kopf.« Henry klopfte sich hörbar an die Stirn. »Ich weiß, dass es ein *law* für Frauen gibt. Alle Frauen und alle Männer, *wati*, kommen in unserem *law* zusammen. In unserer Kultur, wenn ein Mann Streit mit einer Frau hat, dann sagt seine Familie: ›Okay, *youngfella*, du musst deine Familie verlassen. Für immer. Aber du kannst jederzeit wieder zurückkommen und dich mit deiner Frau versöhnen!‹«

Einer der bemalten Männer nickte. »So sollte es sein.«

»Die Polizei aber sagt: ›Du sollst dies und das tun, so steht es im *whitefella*-Gesetz. Du musst dich daran halten.‹ Aber dieses Gesetz ist zu uns aus Übersee gekommen. Es ist Kapitän Cooks Gesetz.«

»Es funktioniert sowieso nicht«, sagte die Frau mit dem Topfschnitt, »das Gesetz des weißen Mannes. Weil der Strafvollzug niemanden heilt.«

»Da oben, im Outback«, fuhr Henry fort, »werdet ihr das Land sehen. Es ist ein weites Land. Doch die Regierung sagt: ›Du musst das Land pachten.‹ – ›Was? Ich muss das Land pachten?‹ – ›Ja.‹ Und dann habe ich gesagt: ›Nein. Hau ab. Dir ist nicht mehr zu helfen. Es ist unser Land. Es ist unsere Kultur. Zuerst musst du unsere Kultur lernen. Und unser *law*. Es ist besser als deine Gesetze.‹ Aber sie verstehen nicht. So ist das heute in Australien. Wir müssen darüber nachdenken, wie wir zu einer einzigen großen Familie werden.«

»Wir sind alle miteinander verbunden«, sagte die Frau mit dem Topfschnitt.

»Das *whitefella*-Gesetz schafft Probleme. Wir sind anders als die weißen Leute, wisst ihr. Alle diese lustigen Sachen, von der Polizei, von der Regierung, der Krone, der englischen Krone, das muss alles verschwinden. Sie sollen zurück nach England schwimmen!«

»Ja!«, flüsterte es zu seinen Füßen. »Selbstverständlich!«

»Wenn ich in die Stadt gehe, was sehe ich? Ein Gebäude für die Regierung. Ein Gebäude für die Polizei. Und noch ein Gebäude. Und noch eins. Für die Gebäude stellt die Regierung ihrem Volk sehr viel Geld in Rechnung. Unsere Kultur dagegen ist kostenlos.«

»Die Regierung stellt uns überhaupt nichts in Rechnung«, sagte der bemalte Mann bitter. »Sie stiehlt.«

»Und es wird immer schlimmer«, sagte die Frau mit dem Topfschnitt.

»Du kannst dir sicher sein, Henry«, sagte der bemalte Mann, »dass sich auch sehr viele *whitefellas* darüber Gedanken machen.«

»Wenn ich einen Führerschein kaufe, muss ich ein Formular ausfüllen«, steigerte sich Henry in Rage. »›Ey!‹, sage ich, ›wozu soll das gut sein?‹ Sie haben mir gesagt: ›Wenn du einen Führerschein willst, musst du lernen.‹ Ich sage: ›Wozu? *Um ein Auto zu fahren?*‹«

»Du solltest dafür nicht zahlen müssen«, sagte der bemalte Mann. »Glaub mir, Henry, auch viele *whitefellas* mögen den Papierkram nicht. Koordiniere ganz viele *blackfellas*, um gemeinsam unsere Unabhängigkeit zu erklären! *Blackfellas* und *whitefellas,* alle zusammen in einem Boot. Keine Führerscheine mehr, kein Papierkram. Wir nehmen unser Schicksal selbst in die Hand. Das ist das, was geschehen sollte.«

»Und keine Krone«, fügte er unter zustimmendem Gemurmel hinzu. »Lasst uns die Krone loswerden.«

Am Lagerfeuer sangen die Omis ihre Liebeslieder für die Witwe Makinti. Daneben wartete der Bus auf die Rückreise in den Busch.

14

Montagfrüh bauten wir in aller Hast das Camp ab. Henry Darling war mit seiner Frau abgedüst. Die Pitjantjatjara wurden in einer Pfadfinderstation untergebracht.

Während Stephanie und ich an der Fertigungslinie standen, trug auf einmal auch Robyn Sandwiches zu den Omis. Sie war bester Laune. »Weißt du was?«, rief sie mir über die Schulter zu. »Ich komme mit in die Pit' lands. Minnie und ich sind bereits Schwestern!«

Polly, Kathleen und die Kinder befanden sich auf dem Rückweg nach Adelaide. Auf einem Ausflug zum Lake Victoria feierte der Rest von uns ein Wiedersehen mit den Barkindji. Es wurde beschlossen, dass zwei ihrer Ältesten den Bus der Pitjantjatjara ins Outback fahren würden.

Unsere Expedition nahm Gestalt an.

»Normalerweise braucht man für die Pit' lands eine besondere Genehmigung«, sagte Ed auf der Veranda. »Es kann für Touristen gefährlich sein, nicht nur wegen der Benzinschnüffler, die durch den Ort streifen. Man nennt sie ›Zombies‹. Wenn ihr vorsichtig seid, wird euch nichts passieren. Haltet euch immer an die Ältesten. Ihr habt auf sie aufgepasst, nun werden sie auf euch aufpassen. Und vergesst die Siedlung. Erinnert euch an den Busch.«

In Robyns Auto folgten wir dem Bus und seinem Anhänger etwa vierhundert Kilometer lang nach Westen. Bei Adelaide bog der Bus auf eine Ausfahrt ab und fuhr die unsichtbare Küste entlang nach Norden.

Am frühen Abend erreichten wir Port Augusta. Über Kontakte der Barkindji übernachteten wir in einer Raststätte, die für reisende Aborigines eingerichtet worden war und auch von Ureinwohnern bewirtschaftet wurde.

Die Omis bekamen einen Bungalow zugewiesen, Robyn den zweiten und ich mit den Barkindji den dritten. Kaum hatten wir geparkt, mussten wir den Anhänger ausräumen, da alle an ihre Schaumstoffmatratzen wollten. Dann baute sich Minnie vor mir auf.

Sie war eine kleine, grauhaarige Frau mit einem Flaum auf der Oberlippe, deren Leib sich wie eine Tapetenrolle gegen ihr Blümchenkleid presste. Nun öffnete sie ihre großen braunen Augen noch weiter und tippte sich mit dem Zeigefinger im Zeitlupentempo dreimal auf die Lippen, so, als ob ich ein Volltrottel wäre, der durch einfachste Gebärdensprache daran erinnert werden müsste, dass alle Hunger hatten.

Ed hatte mir ein Budget für die Reise gegeben und mich gebeten, Quittungen zu sammeln. Doch als sich die fünf Frauen kichernd an den Tisch in der Kantine setzten, schwante mir Übles.

»Kalaya, Steak-Sandwich, bitte«, sagte Minnie.

»Ich auch«, sagte Mary.

»Sandwich, bitte, Kalaya«, sagte Makinti.

»Hamburger, bitte. Und Tee. Und Pommes.«

»Einkaufstüten, bitte.«

Dann tippten Miltjili und Makinti auf ihren Mobiltelefonen herum, bestellten ein Taxi und rauschten davon, um mit dem verdienten Geld in Port Augusta auf den Putz zu hauen.

Schlaflos lag ich im Bett und lauschte dem Schnarchen der Barkindji. Sie behandelten nicht nur die Omis, sondern auch Robyn mit der Noblesse altmodischer Kavaliere. Der eine war ein gesetzter älterer Herr mit einem weißen Schnurrbart, der gut in ein Pétanque-Spiel unter eine Platane Südfrankreichs gepasst hätte. Er sprach wenig und duldete keinen Widerspruch. Der andere trug eine dicke Silberkette am Handgelenk, hatte einen Hip-Hop-Bart und zog sich am Steuer des Busses die Baseballmütze tief in die Stirn.

Wir befanden uns in guten Händen. Dennoch waren Miltjili und Makinti erst einmal abgehauen. Miltjili war eine sehr große und Makinti eine sehr stämmige Frau. Die zwei hatten sicherlich gelernt, auf sich aufzupassen. Nichtsdestotrotz faltete ich meine Hände und schickte ein Stoßgebet gen Himmel.

Der liebe Gott hatte ein Nachsehen mit uns. Als wir am nächsten Tag um sechs Uhr aufstanden, waren die beiden weder verprügelt, noch beraubt oder verhaftet worden. Stattdessen schenkte Makinti uns allen Quandong-Früchte, die sie auf ihrem Ausflug gekauft hatte.

In Port Augusta begann der Stuart Highway. Er führte geradezu nach Norden, durchstach den Wendekreis des Steinbocks bei Alice Springs und endete nach zweitausendachthundertvierunddreißig Kilometern, unweit des Kakadu-Nationalparks, in der tropischen Küstenstadt Darwin.

Robyn und ich wechselten uns beim Fahren ab. Bald wichen die Wiesen und Felder der struppigen, monotonen Landschaft des Outbacks. Tafelberge wechselten sich mit Salzseen ab.

»Ich denke immer wieder an das Festival«, sagte ich. »Die Frauen tanzen. Zur selben Zeit betritt ein Hüter des Dreamings von der Regenbogenschlange Barkindji Country. Und prompt erscheint ein doppelter Regenbogen über Kens Farm. Ist das nur Zufall?«

»Gedanken schaffen sich ihre Realität. In Amerika glaubt jeder daran. Sie nennen es ›das Gesetz der Anziehung‹.«

»Nie gehört.«

»Positive Gedanken schaffen eine positive Realität. Und negative Gedanken eine schlechte.«

»Es kann doch nicht sein, dass ›positive Gedanken‹ Regen erzeugen können. Oder einen Regenbogen.«

»Es gibt diese Kräfte um uns herum. Um sie verstehen zu können, benötigt man eine Antenne. Wie die Nutzeroberfläche eines Computers, die man braucht, um ins Internet zu gehen.«

»Unsere Nutzeroberfläche ist der Körper.«

»Vielleicht auch die Gedanken.«

»Glaubst du an Magie?«, fragte ich.

»Alles um uns herum ist Magie. Schau dir doch nur die Tatsache an, dass wir ein Haufen Materie sind, der aus unerklärlichen Gründen zusammengehalten wird. Es ist noch magischer, dass alles um uns herum genauso ist. Und es ist am magischsten, dass alles irgendwann wieder verschwindet.«

In der Höhe der Opalminen von Coober Pedy schlief ich ein, den Dingo Cognac im Schoß.

In meinem Traum sah ich unsere Omis in einem Kaufhaus durch endlose Reihen von Blümchenkleidern wackeln. »Kalaya«, sangen sie, »trag den Müll raus! Kalaya! Kalaya!«

Ich erwachte zu Trommelschlägen. Eine neue Regenfront wanderte über das Auto hinweg.

Die Raststätte bei der Ausfahrt von Marla stand bereits einige Zentimeter tief unter Wasser. Makinti hatte mich so weit gebracht, dass ich für alle Telefonkarten kaufte. Die anderen Omis verschwanden zu den Pokermaschinen.

Es war ihre letzte Chance, doch noch den Jackpot zu knacken, bevor sie, mit nahezu leeren Händen, in die Pit' lands zurückkehren würden.

Draußen sprach Robyn mit den Barkindji. Alle machten ernste Gesichter.

»Es hat Regen- und Sturmwarnungen gegeben«, sagte Robyn. »Minnie meint, wir können nicht die unbefestigte Straße in ihre Siedlung nehmen. Sie ist wahrscheinlich unpassierbar geworden.«

Die Barkindji standen kurz vor der Meuterei. »Ich verlasse den Asphalt dieses Highways nicht.« Der Herr mit dem Schnurrbart schüttelte den Kopf.

Alle telefonierten mit Mildura. Wie üblich fand Ed eine Lösung.

»Wir nehmen eine andere Route!«, rief Robyn gegen den Wind. »Wir fahren nach Windsor Park.«

Als wir den Stuart Highway verließen und auf einer Art Panzerstraße in den Busch hineinrumpelten, wurde es dunkel. Am Horizont, jenseits der Savanne, standen Blitze über einer Gebirgskette, den Musgrave Ranges. In einer diffusen Allee waren Eukalyptusbäume bis an die Straße heran gepflanzt worden. Die Überbleibsel eines Buschfeuers glommen durch Schatten und Qualm.

Windsor Park war Rinderfarm und Modellsiedlung in einem und bot jungen Aborigines die Möglichkeit, das Handwerk des Cowboys zu erlernen. Die Panzerstraße führte zu einer Handvoll Baracken. Landwirtschaftliches Gerät rostete in kniehohem Gras vor sich hin.

George, der Ehemann von Mary, einer unserer Omis, war eine entscheidende Figur in der Landrechtebewegung gewesen, als 1981 über einhunderttausend Quadratkilometer Südaustraliens den Aborigines zurückerstattet worden waren.

Anders als auf der Festivalfarm wusste jeder auf Windsor Park, was er tat.

Die Barkindji und ich bekamen Zimmer in einem Container zugewiesen, der wie eine Raumschiffschleuse gegen Krabbeltiere versiegelt worden war. Die Omis und die Witwe Makinti schliefen im Haupthaus. Robyn wollte zunächst in der Nähe von Minnie bleiben, ihrer frischgebackenen *kaku* oder Stammesschwester, siedelte aber dann doch zu uns, dem Wasserkessel und den Teebeuteln über.

Ich traf sie am nächsten Morgen mit Mary und George am Frühstückstisch. George war ein schwerer Mann mit einem offenen Hemd. Unten hing ihm der Bauch über den Gürtel. Oben bedeckte ein imposanter Pelz weißer Haare seine Brust. »Weißt du, was mir George erzählt hat?« Robyn hatte auch diese Nuss geknackt. »Als kleiner Junge hat er sich im Busch versteckt, damit ihn die Missionare nicht finden. Und dann hat er Englisch von den Schallplatten eines Grammofons gelernt, das die Aborigines mit in die Wüste genommen haben!« George lachte und wies auf einen Schwarm von Rosakakadus, der sich in dem gegenüberliegenden Baum niedergelassen hatte.

»Diese Kerlchen können jede Sprache lernen.«

Wir verabschiedeten uns von unseren Gastgebern. Schäfchenwolken standen an dem blauen Himmel, als unser Konvoi im Schatten der Musgrave Ranges tiefer hinein ins Outback fuhr. Die Straße war in die rote Erde hineinplaniert worden. Im Sommer kletterte das Thermometer hier auf Durchschnittstemperaturen von siebenunddreißig Grad. Unvermittelt hielten wir zwischen Autowracks und planlos verteilten Bungalows. Wir hatten unser Ziel erreicht.

Das Innere des Busses war voller Orangenschalen und Emureste. In Windeseile entluden wir den Anhänger. Die Barkindji hatten keine Lust auf Hexen und weitere Nächte im Busch, baten um die Quittungen, verlangten eine Unterschrift auf dem Umschlag mit dem Restgeld und brausten davon.

In der Aufregung hatte ich vergessen, das Geld zu zählen.

Robyn und ich waren mit den Pitjantjatjara allein.

15

Wir setzten uns unter einen Baum an der Bushaltestelle. Minnie und Maisie wackelten davon.

»Feuer, Kalaya, Feuer«, sagte Makinti mit einer Geste, die uns beruhigen sollte, und stellte einen rußigen Kessel auf den Boden.

»Tee, Kalaya, bitte.«

Um uns funkelte ein Teppich aus Glassplittern im Mittagslicht. Ich suchte Reisig zusammen. In der grellen Sonne war nicht sichtbar, dass das Holz brannte.

»Ihr wohnt bei Minnie«, sagte Makinti, als wir den Tee getrunken hatten.

Zwischen streunenden Hunden kehrte Minnie zurück. Wir folgten ihr auf die andere Seite des Platzes.

Die Regierung hatte die Bungalows auf die nackte Erde gesetzt. Die Wellblechplatten von Minnies Haus waren in Grünspan gestrichen, einige Fenster mit Holz vernagelt. Ein Mallee-Baum spendete Schatten. Hinter dem Drahtgitter des Vordachs rosteten ein Anhänger und ein Jeep vor sich hin.

Bis auf den allgegenwärtigen Plastikmüll war das Haus leer.

Ed hatte mir das Zelt mitgegeben, Robyn wollte im Auto schlafen.

Im Schatten des Mallee-Baums saß Roland, Minnies Mann, neben zwei toten Echsen an einem Feuer. Er trug ein Paar unendlich schmutziger Khakihosen und ein blau-weiß kariertes Hemd. Alles an ihm war groß, der athletische Körper, Kopf, Nase, Augen, Mund und der Lederhut mit den Nieten.

Noch größer waren die Geschichten, die er erzählte.

»Ich bin Buschmann«, sagte er, schüttelte seine grauen Locken und ließ, überwältigt von der Dimension der ganzen Angelegenheit, die Luft zwischen den aufgeplusterten Wangen entweichen. »Ich bin Jäger.« Er erhob sich und zog zwei Speere aus dem Dachfirst. Dann zeigte er uns seine Holzknüppel.

»Warum seid ihr gekommen?«, fragte er barsch.

»Wir haben Eddie und den Ladys auf dem Festival geholfen«, preschte ich vor. »Zur Belohnung durften wir Minnie und die Frauen zurück auf euer Land begleiten.«

Unsere Gastgeber wussten mit meiner historisierenden Erklärung wenig anzufangen.

»Ich möchte einige Worte eurer Sprache lernen«, sagte Robyn. »Und ich möchte lernen, wie man ein *piti* herstellt, eine Schale aus Rinde.«

»Mich interessiert die Kultur der Aborigines«, unternahm ich einen neuen Anlauf.

Ich unterschlug, dass ich noch immer herausfinden wollte, was ein Dreaming war.

Das Schuppengewand der Echsen schimmerte in den Mustern und Farben des Outbacks.

Minnie wies mit dem Zeigefinger auf sich. »Minnie *kaku*. Ältere Schwester.« Sie wies mit dem Zeigefinger auf ihren Mann. »Roland *kuta*. Großer Bruder.«

Ohne dass wir uns versehen hatten, hatten wir zwei hochstehende Persönlichkeiten als Stammesgeschwister gewonnen.

Ab sofort wusste jeder, wer wir waren.

»Ich reite Kamele«, fuhr Roland mit seiner Vorstellung fort. Er erzählte uns von einem achtzigtägigen Kamelrennen, auf dem er bei Regen in einem Baum geschlafen hatte. »Alle Aborigines haben mich gesehen. Sie haben gesagt: ›Das ist ein echter Mann. Ein Buschmann.‹ Dann wendeten sie sich ab. Sie haben geweint, weil sie *law* und Sprache und Kultur verloren haben. Vor langer Zeit.«

Minnie griff nach einem Rechen an der Wand.

»Kalaya!«, sagte Roland. »Wir jagen *malu*. Känguru.«

Ich hatte genug über die Pitjantjatjara gelernt, um zu wissen, dass sie die Dinge auf ihre Weise taten. Mein Protest fiel eher schwach aus. »Robyn ...«

»Sie geht mit Minnie. Frauensachen.«

Hinter dem Haus stand ein klapperiger Toyota Pick-up mit einem Loch in der Windschutzscheibe und Gewehren zwischen den Sitzen.

Im Schritttempo kreuzten wir durch den Ort. Ein wortkarger Mann mit weißen Dreadlocks stieg in das Auto; er vermied meinen Blick. Dann hielten wir bei einem mageren Alten und seiner Frau, die mit hängenden Köpfen vor einem Wasserhahn saßen.

Der Alte hieß Gordon. Er war der Bruder von Henry Darling und hatte Augen voller Wärme und Humor. Ich wurde auf die Ladefläche verbannt, spendierte an der Tankstelle Diesel für alle, und ab ging's holterdiepolter mit drei Opis hinein in den Busch.

Bei meinem ersten Besuch in Mildura hatte ich mir von Gloria einen Beanie gekauft. In diesen Tagen lernte ich die Mütze zu schätzen. Sie war ein Helm, schützte vor der Sonne und dem Wind dieser Fahrt. Mit beiden Händen klammerte ich mich an den Rost, der die Ladefläche von der Fahrerkabine trennte, und spähte über das Dach auf die vorbeiflitzenden Mulga-Bäume und Salzbüsche.

Irgendwann hoppelte ein Känguru vorbei und verschwand zur linken Hand im Unterholz. Wie auf einer Achterbahnfahrt verließ der Wagen die Straße und schaukelte über Stock und Stein dem Tier hinterher.

Einige Minuten später sahen wir zwei Kängurus, die mit angewinkelten Pfoten unter den Eukalyptusbäumen standen und ihre Ohren in unsere Richtung spitzten.

Unser Toyota versuchte nicht, sich den Tieren in gerader Linie zu nähern. Wie ein Trabant begleitete er sie auf ihrem Weg durch den Busch. Das Fell der Kängurus und die Blätter der Eukalyptusbäume schimmerten matt. Immer wieder machten die beiden Tiere ihre Sätze, hielten inne und sahen unschlüssig zu uns herüber. Roland und der Alte mit den Dreadlocks schossen durch das Fenster. Das Hoppeln der Kängurus wurde langsamer. Als würde uns ein unsichtbares Band miteinander verbinden, hielten der Toyota und die Tiere fast im selben Moment. Die Kängurus erstarrten und blickten in die Mündung von Rolands Gewehr.

Roland drückte ab.

Das erste Tier fiel, dann das zweite.

Wir fuhren los, um die Tiere in dem hohen Gras zu suchen. Eines war tot. Das andere lebte noch und fuhr sich mit der Pfote immer wieder mechanisch über das Gesicht. Der Alte mit den Dreadlocks sprang aus dem Wagen und erschlug es mit seinem Holzknüppel. Dann riss er an den Hoden der Tiere, um sicherzustellen, dass sie tot waren. Wir packten die Kängurus an ihren Vorder- und Hinterläufen und schleuderten sie auf die Ladefläche des Pick-ups.

An einer Stelle, wo ein Buschfeuer gewütet hatte, sammelten wir Feuerholz.

Das Gras wuchs nach; die frischen Triebe würden Kängurus anziehen. Wahrscheinlich hatten die Pitjantjatjara den Brand selbst gelegt.

Die Rückfahrt dauerte lange. Der Holzhaufen gab mir zusätzlichen Halt, während die Hinterläufe der toten Kängurus gegen meine Beine schlackerten.

Wieder standen Blitze über den Musgrave Ranges.

Regen kündigte sich an.

Im Ort luden wir die Kängurus ab und fuhren zurück zum Haus. Wie sich herausstellte, hatten Roland und Minnie es nie bezogen. Aus Angst vor Schlangen schliefen sie auf der Ladefläche des Jeeps unter dem Vordach. »Wo soll ich mein Zelt aufschlagen?«, fragte ich und scharrte mit den Stiefeln auf dem Boden herum. »Hier?« »Nein, Kalaya. Zu gefährlich. Schlangen, überall Schlangen.« Roland wies auf den Anhänger. »Du schläfst dort.« Mein Zelt passte in den Stahlrahmen des rostigen Geräts. Auch hier hingen die Schwarzen Witwen wie Tollkirschen daneben an der Wand.

»*Kalaya wiltja*«, sagte Minnie mit einem Augenzwinkern. »Kalayas Schattenspender.«

Nachdem wir uns alle mit dem mageren, hellen Fleisch der Eidechsen gestärkt hatten, kehrten Roland und ich zu dem *malu* zurück. Es wurde dunkel. Die ersten Regentropfen fielen. In dem unbarmherzigen Scheinwerferlicht des Pickups wurden die halb garen Tiere aus dem Erdofen gezogen und auf Eukalyptuszweige gebettet. Im Autoradio spielte Ska. Die Musik wurde heruntergedreht.

»Schlangen«, flüsterte ein junger Mann und trat auf eine Spinne. »Sie sind neugierig. Wenn sie Musik hören, kommen sie.«

Das Schlachtfest folgte strikt den Regeln des Känguru-Dreaming; danach balgten sich die Hunde, die mit Fußtritten und Keulenschlägen in Schach gehalten worden waren, um die abgeschnittenen Läufe und den Schwanz. Roland und ich kehrten mit Fleischklumpen zu den Frauen zurück. Das meiste kam zu der Dose Baked Beans, den Haferflocken, dem Zucker und den Teebeuteln in die *tucker-box*, die Vorratskiste für das Buschessen.

Die Kiste begleitete Minnie ins Bett.

Robyn war tief enttäuscht, dass Roland sie nicht mitgenommen hatte. Sie fühlte sich von ihrem Stammesbruder im

Stich gelassen. Jagen mochte »Männersache« sein – ein Ausflug in den Busch war es nicht.

»Ich bin hier für die Erfahrung«, sagte sie mir am Auto, ein Fetzen Känguru in der Hand. »Ich möchte mit einer ausgewogenen Mischung aus Männer- und Frauensachen zurückkehren. Manchmal wünschte ich, ich wäre ein Junge!«

Als ich am nächsten Morgen aufstand, saß Roland am Lagerfeuer und härtete die Spitzen seiner Speere.

Robyn kam über das Feld, in der Hand einen Knüppel zum Schutz ihres Dingos vor streunenden Hunden.

»Gestern Nacht habe ich in meinem Auto Platzangst gehabt und wollte am Lagerfeuer singen und Gitarre spielen, um mich zu beruhigen«, klagte sie. »Roland ist einfach aufgestanden. Minnie hat noch ein bisschen in die Hände geklatscht, dann hat sie mir verboten weiterzusingen. Aus Angst vor den Schlangen.«

»Oh, ein Dingo!«, sagte Roland mit einer Kopfbewegung. »Sehr gutes Fleisch. Wir töten ihn und kochen ihn. Wir durchbohren ihn mit dem Speer. Wir durchbohren Dingos und wilde Katzen.«

Mit einem Finger tippte er auf die Stelle seines Brustkorbs, um zu zeigen, wo der Speer in den Körper eindringen sollte. Dann tippte er sich auf die Stelle im Rücken, wo der Speer austreten würde. An diesem Morgen hatte er sich einen kleidsamen Tweedmantel übergezogen, der ihm das Aussehen eines irischen Operndirektors verlieh.

Ed hatte mir die Telefonnummer des Kobolds gegeben, des grauhaarigen kleinen Mannes, über den wir uns in Broken Hill kennengelernt hatten. Später, als mein Abenteuer im Outback vorbei war, saß ich mit ihm auf der Veranda seines Hauses in Alice Springs und sah ihm beim Weißweinkippen zu. Als junger Mann hatte er neun Jahre als Verwalter in der Siedlung gelebt.

»Roland«, rief er, »ist der Beste! Roland ist der Guru!«
Auf einem Beistelltisch stand ein Silberrahmen mit einem
Foto von seiner Hochzeit. Roland, ein König im Outback,
war sein Trauzeuge gewesen.

Beide trugen einen Smoking und hatten einander die Arme
über die Schultern gelegt.

16

Wir verbrachten eine Woche in der Siedlung. Jeden Morgen öffnete Minnie ihre großen braunen Augen und tippte mit dem Zeigefinger auf die Lippen.

Der Regierungsladen mit angeschlossener Tankstelle führte kaum Obst oder Gemüse, dafür Konservendosen, allerlei Praktisches und Känguruschwänze in der Gefriertruhe. Selbst eine Zahnbürste kostete ein Vermögen. Ich half den Pitjantjatjara, so gut es ging. Aber ich lernte auch Nein zu sagen. Einmal versuchten es die Omis mit einem Trick.

»Kalaya«, sagte Minnie und führte diesmal zwei zusammengelegte Finger an den Mund. »*Smoke, please.*«

»Ich habe keine Zigaretten mehr, Minnie.«

»Wir gehen zum Laden.«

»Es ist Sonntag. Ich dachte, der Laden ist geschlossen.«

»Ein anderer Laden, Kalaya, ein anderer Laden.« Sie wies mit ihrer Hand in die Ferne. »Dort gibt es viele Zigaretten. *Viele* Zigaretten. Alle kommen mit.«

Niemand nahm es mir übel, dass ich mich auf den Vorschlag nicht einließ.

Das Lagerfeuer brannte den ganzen Tag. Im Schuppen gegenüber probte eine Band Ska. Für die Jugend war ich »*tjamu* Kalaya«, Großvater Kalaya.

Zur Mittagszeit war es heiß und still. Von zwei Kampfhunden begleitet, holperte eine Frau im Rollstuhl vorbei und schimpfte vor sich hin.

»Kalaya!« Minnie machte wieder ihre Kulleraugen. »Zwanzig Dollar.« Sie wies mit dem Kopf in Richtung der Frau. »Sie braucht Medizin.«

Ich konnte ihr die Bitte nicht abschlagen.

»Ich bin grundsätzlich bereit, meinen Beitrag zu leisten«, versuchte Robyn, mich zu erziehen. Nicht zu Unrecht fürchtete sie, dass die Pitjantjatjara uns die Haare vom Kopf fressen könnten.

»Es ist aber nicht so, dass sie kein Geld haben. Die Regierung wirft ihnen die Dollars nur so nach. Sie haben wahrscheinlich mehr Geld als wir Künstler.«

Sie litt unter einem ähnlichen Kulturschock wie ich. Alles an mir fühlte sich falsch an. Ich wusste nicht, wie ich mich zu verhalten hatte. Dazu hatte ich keine Stelle gefunden, an der ich tagsüber zur Ruhe kommen konnte.

»Sie haben Häuser, sie besitzen wieder ihr Land, aber sie leben nicht das, was sie predigen«, entlud sich meine Anspannung. »Sie wollen, dass man das Land respektiert, aber sie werfen überall ihren Abfall hin. Wie das hier aussieht …«

»Früher war das Land unser Land«, erhielt ich meine Anfängerlektion in Sachen Pitjantjatjara. »Wir haben uns über ihm bewegt. Von Wasserloch zu Wasserloch.«

»Kalaya! Wasser, bitte.«

Minnie drückte mir einen leeren Kanister in die Hand.

Mit steifen Knien und schmerzendem Rücken erhob ich mich von der harten Erde und stakste hinüber zum Tank.

Aus nicht ganz uneigennützigen Gründen reinigten wir mit Bleichmittel und Gummihandschuhen das Badezimmer, das außen an das Haus gebaut worden war. Dann fegten wir die kahlen Räume. Auch sonst machten wir uns nützlich, so gut es ging. Ich half Roland beim Verschieben eines Eisengitters, das die Hunde von seinem Vordach fernhalten sollte, und Gordon beim Holzhacken, da er Probleme mit seinen Handgelenken hatte.

Wir waren nicht die einzigen Weißen.

Eine Polizeistreife mit einer imposanten Antenne schaukelte vorbei. Sie suchten einen entlaufenen Mörder aus Alice Springs. Es hieß, er halte sich in den Pit' lands versteckt.

»Polizei ...«, sagte Roland.

Vorsorglich machte ich ein rebellisches Gesicht.

»Die Polizei ist gut«, sagte er. »Sie schützt uns vor den *whitefellas*, die kommen, um uns zu erschießen.«

Zwei Bauarbeiter in Shorts zimmerten einen weiteren Bungalow zusammen; klugerweise hatte das neue Modell Stelzen. Später trafen wir eine Neuseeländerin, die den Aborigines beibringen wollte, im Gegenzug für die Sozialleistungen, die sie bezogen, einen Beruf zu ergreifen.

»Sie«, sagte sie, würden sich niemals an die westliche Kultur gewöhnen.

»Sie«, sagte sie, seien eine hoffnungslose Sache.

»Sie«, sagte sie, solle man am besten einfach in Ruhe lassen.

»Wo schlaft ihr?«, fragte sie uns skeptisch.

»Bei Minnie und Roland.«

»Oh.« Der Frau fiel die Kinnlade herunter. »Wie ist das denn so?«

»Ich schlafe mit Cognac in meinem Auto. Und Kalaya schläft unter ihrem Dach in einem Zelt.«

»Ich bewundere euch dafür. Ich kenne keine weiße Person, die das getan hat.«

Ein Ehepaar betreute das Kunstzentrum. Seit zwanzig Jahren brachten sie den Pitjantjatjara bei, Punktebilder zu malen. Sie vermittelten die Arbeiten an Museen und Galerien im ganzen Land.

Als einziger Bungalow im Ort hatte ihr insektensicheres Häuschen einen kleinen Gemüsegarten. Innen war es makellos. Es hatte eine Klimaanlage, einen Wasserfilter und eine Satellitenschüssel auf dem Dach. Während Lindsay in den lichtdurchfluteten Räumen des Kunstzentrums mit Pinsel und Farbe ihr Regime führte, saß Paul am Küchentisch und brütete über dem Mayakalender. Nun hielt er mir einen Vortrag über die Theorien eines gewissen Dr. Bruce Lipton. Dr. Bruce Lipton behaupte, dass sich unsere Persönlichkeit in der Persönlichkeit unserer Zellen spiegelte und die Persönlichkeit unserer Zellen in uns.

Widerspruch wurde nicht geduldet.

Über ihm hing das Immatrikulationsfoto seiner Tochter in schwarzem Talar. In seinen Händen hielt er Fotos, die er von heranrasenden Wolkenfronten im Outback gemacht hatte. Sie hatten die Formen von Tieren angenommen.

Er schenkte mir zwei Abzüge. Die Bilder wirkten, als kämen sie aus der Trickfilmkiste. Sie erschreckten mich so sehr, dass ich sie unter Verschluss hielt und Jahre später verbrannte.

»Wir haben einige Jahre mit den Zulus in Südafrika gearbeitet«, sagte Paul. »Ihr *sangoma*, der Hexendoktor, hat versucht, mir zu schaden. Ich habe seine Flüche gebannt, indem ich mich verbunden habe mit meinem Schöpfer, dem Herrn.« Er machte eine Pause. »Weißt du, dass ich unsterblich bin?«

»Nein ...«, sagte ich und schielte nach der Tür.

»Wir sind alle unsterblich«, posaunte er, »weil ein Teil von uns aus Sternenstaub besteht!«

Ich atmete aus. »Die Medizinmänner sind hier die *ngankari*«, sagte ich. »Ed ist wohl initiiert worden. Ich wünschte, ich würde auch ein bisschen von ›heiligen Sachen‹ abbekommen.«

Lindsay hatte sich ins Wohnzimmer vor den Fernseher verzogen. Sie hatte den Ton ausgeschaltet, um mithören zu können.

»Nein, nein!« Paul schüttelte seinen Kopf. »Die heiligen Sachen sollte man besser allein lassen. Lass dich bloß nicht initiieren!«

Es gab wenige, die so viel für die Pitjantjatjara getan hatten wie Lindsay und Paul. Doch sie hatten weder ihre Sprache erlernt noch zugelassen, dass sie Stammesgeschwister gewannen. Auch ich sollte mich auf keinen Fall zu weit vorwagen.

»Warum?«

Paul sah mich an, so, als ob er den Leibhaftigen gesehen hätte.

»Sie praktizieren die Beschneidung …«

Es fiel mir schwer, den Komfort des klimatisierten Häuschens zu verlassen. Als wir ins Freie traten, war es dunkel geworden. Die Nacht war voll zankender Stimmen. Doch noch etwas anderes war im Busch als nur sie, und ich war Paul dankbar dafür, dass er mich durch die *mamus*, die bösen Geister, die Hunde und herumwankenden Zombies führte und bei Roland und Minnie ablieferte.

Wie ein panisches Pferd trampelte ein Unwetter mit gewaltigen Blitzen, Getöse und Hagel über uns hinweg. Mit Robyn und unseren Gastgebern flüchtete ich mich unter das Vordach.

»Du bist bei Paul und Lindsay gewesen?«, fragte Roland.

»Ja.«

»Die Frau!« Er machte ein wütendes Gesicht. »Sie gibt mir nur *tucker*, wenn ich meinen Namen in ihre Liste eintrage. Aber das ist nicht meine Sache. Das ist Frauensache! Ich bin ein Jäger …«

Dann erzählte er Geschichten vom Regen. Es gebe Krähen-Regen, es gebe Buschhuhn-Regen und noch viele Arten von Regen mehr. Er erzählte, wie er einmal von einem Gewitter verfolgt und von Blitzen getroffen worden war. Das Gewitter zog erst ab, als er sein Gewehr angelegt und in die Wolken geschossen hatte.

Roland legte ein unsichtbares Gewehr an.

Das Unwetter war genauso schnell verschwunden, wie es gekommen war. Die Wolken lichteten sich für den Mond und die Sterne.

»Als ich Kind war«, erzählte Roland, »haben wir Hagel gehabt. Hagel, groß wie Gänseeier!« Er schüttelte seinen lockigen Kopf. »Der Hagel ist wie Getrommel über den Busch zu uns gekommen, aus der Ferne. Wir haben ihn gehört, von Weitem, von Weitem. Meine Schwester und ich, wir haben uns angesehen: Wohin? Dann haben wir uns in der *tucker-box* versteckt.«

Er blickte an der tropfenden Dachrinne vorbei in den Himmel.

»Dieser Regen ist frech. Er ist ohne Ankündigung gekommen. Weiß nicht, was das bedeutet.«

17

»Diesel«, stand auf meiner Einkaufsliste. »Orangensaft.
Milch und Zucker für Tee. Frischhaltefolie, Brot, Salat, Zwiebeln, Tomaten, Schinken und Käse für Sandwiches.«
Es war der Tag unseres Ausflugs zu den Sandhügeln. Das
Land war »*mingulpa*-Land«, »Buschtabak-Land«.
Anderthalb Stunden lang wusste niemand so recht, was geschah. Dann brauste eine Wagenladung Frauen und Kinder
mit Robyn davon. In dem zerbeulten Toyota glitten Roland,
Gordon und ich durch den Ort. Nach längerer Diskussion
wurde beschlossen, die Ladefläche mit einem Stapel Ersatzreifen zu beladen.
Urplötzlich ging es los.
Der Regen hatte der Savanne gutgetan. Wie auf einem Tablett präsentierte die rote Erde Büschel heller Spinifex-Gräser
in bleichen Kränzen aus Reisig, struppige Mulga-Akazien
und gelbe Blumen. Blütenweiße Eukalyptus trieben aus. Mal
fuhren wir durch Seen aus wogendem Gras, dann bedeckten
Tupfer violetter Parakeelya-Blüten den Boden. Roland und
Gordon wussten genau, wo man *mingulpa* schlug. Bald bedeckten die Zweige mit ihren fetten, smaragdgrün leuchtenden Blättern auf der Ladefläche die Ersatzreifen und die *tucker-box*.
»Der Busch ist der Boss«, sagte Roland. »Wenn du *ngankari* werden willst, Medizinmann, gehst du in den Busch.
Mich haben *ngankari* in Westaustralien unterrichtet. Vor sehr
langer Zeit.«
Das ist eine gute Nachricht, dachte ich. Wenn das Wissen
im Land liegt, und nicht bei den Menschen, wird es mit uns

nicht verschwinden. Es muss nur jemand anderer kommen, der besser damit umgehen kann.

Er erzählte, dass Minnie krank gewesen sei, als er sie kennengelernt habe. »Wir sind zu einem starken *ngankari* gegangen. Er hat mit Minnie gearbeitet. Er hat sich abgewendet. Dann hielt er schwarze Kugeln in der Hand. Patsch!« Roland schlug sich in voller Fahrt auf den Bauch. »Und sie war wieder gesund!«

Nicht alles, was er sagte, verstand ich. Er erzählte wilde Geschichten vom Busch, von Leuten und bösen Geistern, die versucht hatten, ihn zu töten. Er erzählte von Massakern an einem anderen Stamm und dessen wütenden Stimmen, die man des Nachts noch immer in der Erde hörte. Er erzählte von Kamelrennen und einem trinkenden Bruder in Alice Springs. Und er erzählte, wie er mit anderen Medizinmännern eine weiße Frau geheilt hatte.

»Die *kungka*, die Frau, war sehr krank. Sie war so krank, dass wir fürchteten, dieser *kungka* stößt etwas zu. Doch wir haben sie gesund gemacht.« Er warf sich in die Brust. »Ich bin ein sehr starker *ngankari*. Jeder in diesem Mob weiß das!«

Wir kamen zu den Sandhügeln, kleinen Felsformationen, nicht mehr als zwei oder drei Meter hoch. Ihr Rot war um eine Nuance dunkler als das der Erde. Die Hügel waren so alt, dass ihre verwitterten Steine Gesichter bekommen hatten.

Roland drosselte den Wagen auf Schritttempo. Gordon, dessen Handgelenke sich erholt hatten, und er griffen nach den Gewehren.

Die Sandhügel waren nicht nur *mingulpa*-Land. Sie waren auch das Land der Perentie-Echse, des Riesenwarans, den die Pitjantjatjara »*ngintaka*« nennen.

»Eddie und ich«, prustete Roland los, »wir beide *wati ngintaka*. Wir beide Perentie-Männer.«

Es war mir schleierhaft, wie es die beiden alten Männer fertigbrachten, im Vorbeifahren die Fährte eines Riesenwarans auf der steinigen Erde aufzunehmen.

Auf seinen Wanderungen war *wati ngintaka* in dieser Gegend vorbeigekommen, der Perentie-Mann, ein mythischer Vorfahre, mit dem sich Roland und Ed zu verbinden gelernt hatten. Seine Songline führte direkt durch die Pit' lands.

Wir hielten. Roland verließ den Wagen. Gordon und ich folgten. Roland wies auf den Boden. Ich konnte nichts erkennen. Mit den Armen imitierte er den watschelnden Gang der Echse. Dann blies er die Backen auf. Es musste sich um ein sehr großes Tier handeln.

Eine Weile lang kreuzten wir zwischen den Hügeln herum. Ich war mir nicht sicher, ob wir die Fährte behalten hatten. Niemand sprach ein Wort. In der Mittagshitze war es diesig geworden. Ich hatte die Orientierung verloren, doch es sah danach aus, als ob wir uns nach und nach auf einen einzigen Hügel konzentrierten. Am Horizont standen die Musgrave Ranges. So viele Berge, dachte ich, und so viele Hügel; jeder hat seinen eigenen *ngintaka*.

Irgendwann feuerte Roland einen Schuss in die Landschaft hinein. Sein Blick bekam eine Richtung. Er lief zum Hügel, und sein Schritt war leichter geworden.

Gordon nahm das andere Gewehr und drückte mir eine Eisenstange in die Hand. Der Hügel bestand aus einigen übereinanderliegenden Felsen. Auch hier wuchsen Spinifex-Gräser und Mulga-Bäume in den Zwischenräumen. Roland kraxelte auf der einen Seite hoch, Gordon auf der anderen. Beide verständigten sich in einer Zeichensprache, wechselten die Seiten und schossen auf einen Busch unter sich.

Vielleicht raschelte der Busch nur im Wind.

Oder er raschelte wegen der Kugeln.

Ein Querschläger sirrte durch die Luft. Die Eisenstange in der Hand, drückte ich mich durch einen harten Strauch. Roland stieß einen aufgeregten Ruf aus. Fast gleichzeitig fanden wir uns Angesicht zu Angesicht mit dem *ngintaka*. Die Echse musste über zwei Meter lang sein. In der engen Felsspalte zu unsren Füßen, in die sie sich gezwängt hatte, wirkte sie riesig. Ihr Schuppenkleid war prächtig anzusehen. Fauchend öffnete der Waran seinen rubinroten Mund. Er war voller Blut. Roland schleuderte einen Felsbrocken in die Spalte und schoss nach. Dann zog er das Tier am Schwanz heraus, das seinen Kopf leicht zur Seite bog und ein letztes Mal seinen Rachen aufriss. Der Waran war tot. Seine gespaltene Zunge hing aus dem Maul. Nur der lange Schwanz wischte in einer Wellenbewegung weiter über den Sand, so, als würde er uns zum Abschied zuwinken.

Wie es das *ngintaka*-Dreaming verlangte, brachen Roland und Gordon dem Waran mit der Eisenstange die Gelenke. Dann wurde unsere Beute zu dem Buschtabak auf die Ladefläche gelegt. Wir fuhren los, um die Frauen zu suchen.

Wir fanden sie an der Stelle, an der sie schon auf einem früheren Ausflug ihr Lager aufgeschlagen hatten. Hier waren die Bäume größer. Alle nahmen unter den Zweigen einer sich fast elektrisch aus dem Boden zum Himmel spreizenden Akazie Platz. Der Granit des Hügels daneben war bis auf eine schiefe Ebene abgetragen worden. Von der darüberliegenden Gesteinsschicht hatte die Erosion eine Reihe von Kugeln verschiedener Größe übrig gelassen, die wie Murmeln auf der Kuppe nebeneinanderlagen.

Eine seltsame Transparenz war in dieser scheinbar einfachen Landschaft, in der die Natur seit unvorstellbarer Zeit ihre Formen hatte annehmen dürfen. Ich sah, warum die Ladys so gern Blümchenkleider trugen. Die Muster auf den Textilien fanden ihre Entsprechung in den Bildern, die sie im Kunstzentrum malten, und in den Blüten der Wüste nach dem

Regen. Der Liebeszauber begann, sich bemerkbar zu machen. Makinti, die ich als eine sehr stämmige Frau empfunden hatte, wurde schön. Wie eine Venus des Outbacks lag sie auf einer Seite, blinzelte und fächelte sich mit der Hand Luft zu. Unter viel Geschrei wurde der *ngintaka* präsentiert. Ich sammelte Feuerholz; dann bereitete ich die Sandwiches vor. Der Waran wurde in die Flammen geworfen, wieder heruntergezogen und in die heiße Asche gelegt.

Es war die Stunde der Siesta. Der Waran schmorte vor sich hin. Roland fackelte das trockene Gras ab, um die Ameisen zu vertreiben. Dann erzählte er den Teil des *ngintaka*-Dreaming, der mit dieser Gegend verbunden war.

»Auf seiner Wanderung trifft *wati ngintaka*, der Perentie-Mann, eine Frau. Er bleibt bei ihrem Mob. Der Mob geht auf die Jagd, doch *wati ngintaka* sticht sich mit dem Speer in den Fuß. Er bleibt im Lager. Dort findet er einen Mühlstein. Er denkt sich: Oh, was für ein feiner Mühlstein! *Wati ngintaka* versteckt den Mühlstein unter seinem Schwanz, im letzten Wirbel vor dem Anus. Der Stein fühlt sich selbst wie ein Wirbel an. Der Mob kommt zurück und sieht, dass der Mühlstein fehlt. ›Wo ist dieser Mühlstein?‹, rufen alle. Sie durchsuchen *wati ngintaka*, seinen ganzen Körper, wie beim Doktor. *Wati ngintaka* legt sich auf den Rücken. Er sagt: ›Sucht!‹«

Roland warf den Kopf in den Nacken, winkelte beide Arme an, wiegte sich in den Hüften und schloss seine Augen. Er sah aus wie ein Hund, den man am Bauch krault.

»*Wati ngintaka* entkommt nach Westen, doch er verliert den Mühlstein! Der Mob findet den Mühlstein. Alle sind so wütend, dass sie den Mühlstein zerschlagen. Dann finden sie auch *wati ngintaka*.«

Er schüttelte seine Locken, überwältigt von der Größe der Geschichte. »Sie spießen ihn auf«, flüsterte er heiser. »*They spear him.*«

Auf seiner Reise zurück in den Westen hatte *wati ngintaka* den Officer Creek überquert, ein versandetes Flussbett, das nur selten im Jahr Wasser führt. Die Pitjantjatjara nennen den Ort Aparawatatja, nach den *apara* an seinem Ufer, Eukalyptusbäume mit weißer Rinde und rotem Holz. Es heißt, der Geist von *wati ngintaka* lebe in ihnen fort. Im Schatten dieser majestätischen Red River Gums fand Robyn, was sie suchte. Mit Axt und Spaten machten wir uns an die Arbeit. Ein Schwarm weißer Kakadus huschte durch die Zweige. Der Boden war hart. Es dauerte lange, bis wir eine der mächtigen Wurzeln freigelegt hatten. Es dauerte noch länger, bis wir sie mit der Axt vom Baum getrennt hatten. Mit geballter Kraft brachen wir das Stück aus der Erde. Der helle Rand und das fleischige Innere sahen wie ein Schinken aus.

Robyn war gekommen, um zu lernen, wie man ein *piti* macht, eine Schale aus Rinde. Am Ende tat Roland mit Messer, Meißel und Axt die meiste Arbeit, am Lagerfeuer vor seinem Haus. Früher mochte das Gefäß den Spott der Siedler und das Naserümpfen der feinen Damen aus Sydney erregt haben; nun lernten wir, welcher Anstrengungen und Fertigkeiten es bedurft haben musste, um in der Kindheit der Menschheit eine einfache Schale zu formen.

Minnie und Roland waren todmüde. Seite an Seite schnarchten die beiden alten Leute auf der Ladefläche des Jeeps unter dem Vordach, die halb leere *tucker-box* im Arm. Buschfliegen kreisten um ihre offenen Münder. Ein Kängurugulasch, das ich für sie gekocht hatte, schmorte unangetastet über dem Feuer.

»Schau dir Minnie und Roland an«, flüsterte Robyn. »Ich fühle mich so sicher bei ihnen. Sie haben einen Schutzkreis um uns gebildet.«

Sie hatte recht. Das Bemerkenswerte an unserem Aufenthalt waren nicht nur die Dinge, die geschehen waren. Es war auch das, was nicht geschehen war. Die Schwarzen Witwen waren verschwunden. Wir hatten keine Schlange gesehen. Und es hatte im Ort keinen Zwischenfall gegeben.

Robyn verschwand mit den Omis im Busch. Roland schraubte in der Kühlerhaube seines Pick-ups herum. Etwas schien ihn zu ärgern. Vielleicht, dass nicht nur Robyn, sondern auch ich Zeit mit Paul und Lindsay verbracht hatte, in ihrem klimatisierten Häuschen, auf der falschen Seite des Zauns. Vielleicht hatte er einfach nur gehofft, dass ich ihm bei der Reparatur des Motors helfen würde, doch er verstand mehr von Maschinen als ich.

Gordon, der, wie sein Bruder Henry Darling, mit dem Dreaming von der Regenbogenschlange verbunden war, schenkte mir zum Abschied einen Speer. Robyn kehrte zurück. Ihre Augen leuchteten. Wahrscheinlich war ihr Wunsch erfüllt worden. Sie hatte eine »heilige Sache« gesehen.

Im Hintergrund erklang das Klopfen des Meißels auf dem *piti*. Dann wickelte sich Roland ein rotes Band um die Stirn, das ihn als Geisterheiler auswies. Er war auf dem Weg nach Westaustralien, um andere *ngankari* zu treffen.

Minnie wackelte auf mich zu.

»*Wati kalaya*.« Sie hob ihren Zeigefinger. »*Wati kalaya ngintaka*.«

Ich hatte mir auf meinen Schulterklappen den nächsten Streifen verdient.

»Was ist ein Dreaming?«, fragte ich schüchtern.

Sie drückte mir den Rechen in die Hand. Der Buschtabak hatte meine Finger gefärbt. Minnie zählte meine verbleibenden Tage ab.

»Du bist nur noch Dienstag da. Mittwoch. Donnerstag. Dann Alice Springs. Melbourne. Flugzeug.«

Sie schnippte mit den Fingern.

»Und puff!«

ZWEITER TEIL

**in dem sich der Autor auf
einer mysteriösen Insel im Pazifik verliert
und dort den Geistern begegnet**

*Ah! que dirait maître Pangloss,
s'il voyait comme la pure nature est faite?*

Voltaire

Wandert man auf dem Globus mit dem Zeigefinger von Australien in nordöstliche Richtung, so erreicht man nach einer Reise durch die schier endlose Einöde des Pazifiks, auf der die Uhren um einen Tag zurückgestellt werden, schließlich die Cookinseln. Dort, auf halber Strecke zwischen Samoa und Tahiti, stehen fast zwei Millionen Quadratkilometern Wasser nur zweihundertvierzig Quadratkilometer Land gegenüber. Das Land verteilt sich auf einen nördlichen und einen südlichen Archipel. Zum nördlichen Archipel zählen die Inseln Suwarrow, Nassau, Puka-Puka, Manihiki, Rakahanga und Penrhyn. Penrhyn ist für die Herstellung von Hüten aus Baumfasern bekannt, auf deren Kappe eine Scheibe aus Perlmutt angebracht worden ist, an derselben Stelle, an der die Hindus den Sitz des Kronenchakras vermuten und die Christen die Pfingstflamme des Heiligen Geists. Ihre Form hat eine nicht von der Hand zu weisende Ähnlichkeit mit den Kopfbedeckungen der Andenvölker, vielleicht auch deswegen, weil im 19. Jahrhundert peruanische Sklavenschiffe auf Beutezug gekommen waren, um Arbeitskräfte für den Abbau der Guanovorkommen auf den Chincha-Inseln zu pressen.

Zum südlichen Archipel zählen die Hauptinsel Rarotonga, 'Atiu, Ma'uke, Takutea, Mitiaro, Manuae, Aitutaki und die Insel Mangaia. Mangaia ist die älteste Insel dieses kleinen Staats, vielleicht sogar des ganzen Pazifiks. Alt, uralt ist dieses Atoll, dessen Riff einen erloschenen Vulkan in der Mitte umgibt wie eine von Zyklopen geschaffene Mauer. Alt, uralt ist der über den Meeresspiegel gehobene Boden der Lagune mit seinen messerscharfen Korallenfelsen, dichten Wäldern und dampfenden Taro-Sümpfen, eine Landschaft, die im Volksmund »Makatea« genannt wird. Außerhalb der Zyklopenmauer senkt sich ein düsteres, weitgehend strandloses Zwischenland zum Meer. Es ist vor allem von Mangroven, Palmen, Pandanusbäumen und knorrigen Feigen bestanden.

Als ich in der Nacht auf dem internationalen Flughafen von Rarotonga in die Schwüle hinaustrat, die über der Insel lastete, fuhr ich in einer beinahe schlafwandlerischen Geste mit dem Zeigefinger der rechten Hand über meinen linken Arm; seine gebräunten, mich an die Membran eines frisch ausgetriebenen Blattes erinnernden Zellen hatten begonnen, einen Feuchtigkeitsfilm auszuatmen, der von der gesättigten Luft nicht mehr aufgenommen werden konnte. Regentropfen, fett wie Wachteleier, zerplatzten auf der Rollbahn, während die Passagiere des Air-New-Zealand-Flugs mit donnernden Rollkoffern dem Empfangsgebäude entgegenströmten, dessen Form einer Eingeborenenhütte nachempfunden worden war. Der Eindruck, dass man eher die kindlichen Neigungen der Touristen als ihre Abenteuerlust bedienen wollte, verstärkte sich am kommenden Tag, als mir an der Rezeption ein Plan von der Insel überreicht wurde, dessen Ikonografie mir die Schatzkarten in Erinnerung rief, von denen ich im Grundschulalter in Entzückung versetzt worden war. Der Karte war vor allem zu entnehmen, dass die kreisförmige Insel Rarotonga von einer Ringstraße umgeben wurde, auf der zwei Busse verkehrten, und zwar in entgegengesetzter Richtung; auf dem Linienschild des einen Busses stand »clockwise«, auf dem des anderen Busses »anti-clockwise«.

Übergewichtige Einheimische surrten auf ihren Motorrollern um den erloschenen Vulkan wie Hummeln um eine Blume. Ihre versteinerten Gesichter ähnelten den Gestalten des deutschen Malers, Zeichners und Karikaturisten Michael Sowa, Menschen aus der Provinz, die in ihrer eigenen, ans

Komische grenzenden Würde eingesperrt sind und vor einem erdrückenden, oft von der Botanik beherrschten Hintergrund dargestellt werden. Die Straße säumten Hecken aus Hibiskusblüten, die schon in dem Moment ihres Austreibens zu erschlaffen schienen. Hinter den Hecken, wo der Strand begann, hatten zwei Touristen im scheckigen Licht eines wechselhaften, von Platzregen unterbrochenen Tages ihre Plastikstühle in die brühwarme Lagune gestellt und starrten durch die Objektive ihrer Kameras auf das weiße Band am Horizont, wo sich die Wellen des Pazifiks am Riff des Atolls mit einem mich bis ins Mark erschütternden Tosen brachen. Es handelte sich um die Nachwehen eines Zyklons, der vor allem die Nachbarinsel Aitutaki getroffen und verwüstet, ihre Häuser abgedeckt und Palmenbäume wie Streichhölzer über den Boden geknickt hatte.

Für Mangaia brachte der Zyklon sintflutartigen Regen und das Ende einer sechs Monate lang anhaltenden Dürre. Als ich am Karsamstag auf der Insel landete, trommelte er noch immer auf das Wellblechdach der Veranda von Margaret und Teo Tupaia, unter der mich Ronnie, der Tankwart, ein Freund des Hauses, nach einer kurzen Autofahrt vom Flughafen abgesetzt hatte. Das Paar hatte sich auf einem neuseeländischen Schlachthof in Otago kennengelernt, wo Teo den betäubt aus einem Schacht herabfallenden Tieren die Kehle durchgeschnitten hatte, wonach sie verblutend auf einem Laufband davongetragen, geschoren, zerteilt und dann Margaret in der Gefrierkammer zugeführt worden waren. Nun, wer weiß wie viele tote Schafe später, bewohnten sie einen geräumigen Bungalow neben der Krankenstation auf der Zyklopenmauer, die an dieser Stelle einem von Bäumen bestandenen Plateau glich, und vermieteten Zimmer an Fremde.

Von der Veranda konnte man durch die Bäume das Zwischenland sehen und dahinter das Meer. Darin würden die

Walfische vorbeiziehen, sagte Margaret Tupaia, wenn im November die Saison war und der Mangobaum Früchte trug. Das Innere des Hauses war frisch gestrichen worden. Plastikmatten mit Frangipani-Motiven bedeckten die Böden, an einer Wand hing ein Bildnis Christi mit der Dornenkrone, und die Rahmen der Türen leuchteten in einem optimistischen Türkis. Nach der Abreise einer Gruppe deutscher Zahnärzte standen die Gästezimmer leer. Als ich meinen Wirten erklärte, dass ich gekommen war, um die Bräuche der Insel zu studieren, wurde mir erläutert, dass das öffentliche Leben derzeit von zwei Themen bestimmt werde – der Hafenerweiterung und einer kommenden Sonnenfinsternis. Denn Mangaia, erfuhr ich, besitze derzeit keinen echten Hafen, weshalb man vom Frachtschiff, das die Insel im Wochentakt anlaufe, seine Konservendosen, Treibstoffkanister und anderen Güter, die das Dasein bequemer machten, auf Boote verladen müsse, deren Ladung am Ufer gelöscht werde. Von den bis zur Ankunft der Missionare im 19. Jahrhundert vorherrschenden Lebensformen der Steinzeit, in denen das Finden, Sammeln und Kochen einer Mahlzeit Tage in Anspruch nahm, war nichts geblieben; die Sonnenfinsternis hingegen, von der man sich wahre Besucherströme erhoffte, war so sicher wie das Amen in der Kirche.

»Seltsamer Zeitvertreib, den ganzen Weg anzureisen, nur um eine Sonnenfinsternis zu sehen. Aber mir ist das egal. Die Touristen sollen kommen. Hauptsache, sie sind reich.« Margaret Tupaia war eine hagere Neuseeländerin mit einem Zigarettenstummel im Mund, die sich den ganzen Tag über beschäftigt hielt. »Sie werden von überall kommen, um zu übernachten, sogar aus Amerika und Japan. Geld werden sie auf die Insel bringen. Sie werden in Scharen kommen und sich breitmachen, in jeder Gemeindehalle, in jeder Schule, in jedem Haus. Es wird drei Tage dauern, sie unterzubringen. Und es wird drei Tage dauern, sie wieder loszuwerden. Mir soll's egal sein. Wahrscheinlich wird es sowieso regnen.«

Das Einzige, was ich derweil aus Teo herauszukitzeln vermochte, war die Information, dass er als Dekan einer Kirchengemeinde vorstand. Ansonsten schienen meine Fragen diesen schweren, schweigsamen Insulaner mit seinem prächtigen Haar eher zu verstören. Nicht einmal an seine Stimme vermag ich mich zu erinnern, vielleicht auch, weil er nur ein gebrochenes Englisch sprach und sich dessen insgeheim schämte. In einem sauberen Unterhemd und weißen Hosen wippte er in einem Plastikstuhl vor und zurück, verschränkte die fetten Arme vor der Brust, klatschte sich Mücken vom Körper, schwieg und starrte unwohl aufs Meer, von dem sich er und Margaret Tupaia eine Verbesserung ihrer wirtschaftlichen Lage erhofften.

Damals wusste ich noch nicht, dass die Sonnenfinsternis auch Techno-Hippies anziehen würde, obwohl dieses eigentlich zu erwarten gewesen war. Monate nach meiner Rückkehr von den Inseln las ich in einem Blog, dass tatsächlich ein Partyschiff, die *Tekou Maru II*, von Rarotonga in See stechen würde, um vor Mangaia das Spektakel zu verfolgen. Am Morgen des 11. Juli 2010 wurden um acht Uhr früh die Maschinen ausgestellt und mit ihnen das Soundsystem, das die Fahrt über den Pazifik mit dem gleichmäßigen Takt von 148 BPM begleitet hatte. Als sich die Welt zu verdunkeln begann, wankte mit den tätowierten, meist an Seekrankheit leidenden Passagieren aus dem Bauch des Schiffs auch der Anthropologe Graham St. John an Deck und die Reling, um das Naturschauspiel durch eine der fünfzig identischen Spezialsonnenbrillen zu betrachten, mit denen die Raver von dem Veranstalter ausgestattet worden waren. Das erhabene Gefühl, das ihn überwältigte, als sich die Mondscheibe vor das Tagesgestirn schob, rief ihm einen Bericht über die mexikanische Sonnenfinsternis in Miahuatlán, Oaxaca, am 7. März des Jahres 1970 in Erinnerung, von der ein Chronist zu berichten wusste, dass die

Dorfbewohner den Himmel mit spontanen Ovationen gefeiert hätten. In der schattenkalten Stille, die über das Schiff hereinbrach, wurde ihm bewusst, dass es ein Gleichgewicht zwischen den Elementen des Universums geben könnte. Ausgerichtet an einer Geraden, die den für diesen Zweck zusammengewürfelten Haufen an Bord der *Tekou Maru II* über den Mond mit der Sonne verband, offenbarte sich ihm die um den Kernschatten leuchtende Korona als Portal in eine neue Dimension des gesellschaftlichen Experiments. Dann erbrachen die Raver um ihn herum alle Drogen, bevor sie ihre Wirkung entfalten konnten, und schaukelten nach Rarotonga zurück.

Der in Flecken dampfend aufleuchtende Wald verhieß ein Abflauen des Regens. Auf der Veranda von Margaret und Teo Tupaia überkam mich ein beinahe unendliches Gefühl des Verlassenseins, denn Ronnie war wieder verschwunden, und mit ihm auch die Möglichkeit, mich schnell und geschützt über die Insel zu bewegen. Auf fünfzig Quadratkilometern lebten hier nur etwa siebenhundert Menschen, die sich auf die Dörfer Oneroa, Tamarua und Ivirua verteilten. Bei den Dörfern handelte es sich jedoch nicht um Orte, die den Besucher auf öffentlichen Plätzen an ihrem Leben teilnehmen ließen, sondern eher um Verdichtungen kelleroser Häuser, die sich in zeitgenössischer Bauweise hinter den Gartennutzpflanzen versteckten, und schon dem Zeichner der Touristenkarte, die mir am Flughafen überreicht worden war, schien ihre Existenz derartig flüchtig gewesen zu sein, dass er ihre Namen, anders als bei den Ortschaften der ebenfalls nachgemalten Inseln 'Atiu und Aitutaki, nicht auf das Festland gesetzt hatte, sondern jenseits des Festlands ins Meer.

Tatsächlich war es so, als würde Oneroa, wo ich wohnte, sich mir wie eine zurückweichende Welle entziehen, als ich mich bei hervorbrechender Sonne auf einen Erkundungsgang begeben wollte. Von dem Ort war kaum etwas zu sehen. Immerhin, seine Bewohner schienen eine Art Subsistenzwirtschaft zu betreiben, irgendwo krähte ein Hahn, im Zwielicht hoppelte ein geflecktes Schwein vorbei, und hinter den Bäumen, Sträuchern und Büschen erhob sich das Gekläff unzähliger Hunde, deren ineinander einfallende Stimmen sich zu einem derartig bösartigen Geheul steigerten, dass ich kehrtmachte und, sozusagen mit eingezogenem Schwanz, gleich wieder am Tisch meiner Wirtsleute saß.

»Brat ihnen eins über«, meckerte Margaret, »die Köter sind vollkommen nutzlos.«

Ich bewaffnete mich mit einem morschen Ast und lenkte meine Schritte ein zweites Mal auf die Straße. Nach einigen Minuten Fußmarsch musste ich feststellen, dass das Gefühl einer allgegenwärtigen Bedrohung nicht verschwinden wollte, obwohl das Bellen der Hunde in meinem Rücken erstarb. Vielmehr schien es nun von der Kurve vor mir auszugehen, mit der die Straße durch die Zyklopenmauer schnitt, um dann zur Küste abzufallen. Als ich in den gekrümmten Hohlweg trat, wurde ich mir bewusst, dass diese von Menschenhand geschaffene Gesteinsformation eine eigene Wesenheit besaß, die einen Einfluss auf mich ausübte. Der Schatten, den die Korallensteine warfen, war unangenehm kalt. An den Wänden hatten sich Moose ansiedeln können, und der Regen hatte einen glitschigen Film aus Erde über den Asphalt gewaschen, der an dieser Stelle lange nicht trocknen würde. Die Kurve würde die entgegenkommenden Fahrzeuge vor meinem Blick verbergen, sodass ich mich nun, anstelle meiner Augen, auf Instinkt und Vorsicht verlassen musste. Ich war seltsam erleichtert, als ich die Schneise durchquert hatte und unter einer dumpfen Sonne ins Zwischenland lief, wo ich hoffte, mir bei Aroha Rentals ein Fahrzeug zu mieten.

»Fragen Sie Clive«, sagte der Mann in dem Schuppen, ohne meinen Gruß zu erwidern. »Er wohnt da drüben.«

He lives over there.

Nach einem kurzen Fußmarsch erreichte ich einen Acker
mit einem Haus am Fuß der dicht bewaldeten Klippen. Eine
alte Frau trat an den Zaun und sagte mir, Clive sei nicht da.
»Wo wohnen Sie?«, fragte sie mich.
»Bei Margaret und Teo Tupaia.«
»Ah! Gehen Sie zurück, und sagen Sie ihnen, sie sollen
Clive anrufen und alles arrangieren. Und nehmen Sie die Ab-
kürzung!« Sie zeigte auf den Rand ihres Feldes und schüttelte dabei ihre Hand. »Da drüben sind Stufen. Sie führen
direkt zu Ihrem Haus.«
Ich stiefelte über von Schweinekot übersäte Furchen fetter,
vulkanischer Erde, bis ich mich vor der Zyklopenmauer befand; dort stieß ich auf die Stufen und verschwand im Wald.

Ich betrat ein Königreich aus unzählbaren, in alle Schattie-
rungen von Grün hineinspielenden Blättern. Es gab junge
Blätter und alte, runde und spitze, leichte und schwere, lange
und dünne, jedes einzelne wie eine Schwimmflosse aufgespannt über einem Gerippe aus feinen Adern, in denen Wasser, Sonnenlicht und die im Boden enthaltenen Nährstoffe
pulsierten. Der Regen hatte manche Zweige schwer gemacht,
und die auf ihrer Oberfläche funkelnden Tropfen hinterließen, nachdem sie mich abgetastet hatten, dunkle Flecken auf
meiner Kleidung. Schritt um Schritt arbeitete ich mich über
die porösen, vor Feuchtigkeit schwarzen Steine empor. Eine
Kröte watschelte über den Weg, eine Eidechse raschelte im
Busch, dann stand ich, vollkommen überraschend, vor dem
gähnenden Schlund einer Höhle. In der Kurve, die durch die
Zyklopenmauer schnitt, hatte ich mich noch mit dem Gedanken getröstet, dass die dort herrschende Kälte von dem Schatten ausgegangen sei, den die Schneise geworfen hatte; nun
fuhr mir eine Kälte entgegen, die direkt aus den Steinen kam.
Etwas Unaussprechliches hauchte mich aus der Tiefe heraus
an, während ich vor dem Eingang erstarrte. Obwohl die Höhle

140

weitaus höher als tief zu sein schien, verspürte ich kein Bedürfnis, ihr Inneres zu erkunden; vielmehr ekelte es mich bei dem Gedanken daran, und die zusammengeknüllten Papiertaschentücher, Glasscherben und die Verpackungen einiger Schokoriegel, die als Überreste eines Gelages über den Boden verstreut lagen, verstärkten nur den Eindruck eines unreinen Orts. Ich stieg schnell weiter, und mehrmals wandte ich mich dabei um, doch es war nichts zu sehen außer den Stufen und den sich über den Stufen in einer federnden Bewegung schließenden Zweigen.

Bis Clive gefunden worden war und ich das Auto übernehmen konnte, verstrich ein langer Nachmittag auf der Veranda von Margaret und Teo Tupaia. Während Margaret mich auf ein frühes Abendessen vorbereitete, wofür sie das altmodische, mich zunächst verwirrende Wort *tea* verwendete, schloss ich Bekanntschaft mit einem Mädchen, von dem ich bis heute nicht weiß, ob sie die Tochter oder das Mündel meiner Wirtsleute war. Dolores, wie man sie nannte, beschäftigte sich vor allem mit den Flausen, die ihr der Besuch der Zahnärzte in den Kopf gesetzt hatte.

»Was ist dieses ›iDing‹, mit dem sie mich den ganzen Tag über löchert?«, knurrte Margaret und klapperte in der Küche herum.

»Ein iPod«, schlug ich vor.

»Hast du einen Computer?«, begann Dolores ein Sperrfeuer atemloser Fragen, das sich im Verlauf meiner Mahlzeit fortsetzen würde.

Ich aß Stücke eines knorpeligen Huhns, trockenen Reis sowie faserige Scheiben der Taro-Knolle.

»Hast du Computerspiele und Lieder? Hast du ein iPhone? Ist das iPhone wie der iPod? Hast du eine elektrische Zahnbürste? Was für ein Ladegerät passt in die Zahnbürste? Wie viel kostet es? Kannst du das Ladegerät für den iPod verwenden? In Rarotonga kostet ein iPod zwölf Dollar, aber das ist nur ein Spielzeug ...«

Vielleicht, dachte ich mir, verfügen Kinder über feinere Sensoren für das Unsichtbare als wir erwachsenen Menschen. So fragte ich Dolores in einfachen Worten, ob auch sie auf Mangaia dasselbe Gefühl der Bedrohung empfinde wie ich.

»Manchmal haben wir Regen«, entgegnete sie nach einer Pause, »mit Blitzen, aber ohne – wie nennt man das Ding da, das donnert?«

How do you call that thing that makes a – thunder?

»Donner.«

»Donner«, wiederholte Dolores zufrieden, als nähme sie an einem Ratespiel teil. »Manchmal haben wir Regen mit Donner. Dann habe ich Angst.«

So schrieb ich meiner Verdauungsschwere und der Reisemüdigkeit zu, dass ich alle Willenskräfte zusammennehmen musste, um mich nach dem Abendessen an das Steuer des Wagens zu zwingen. Ich wollte Kale's Bar aufsuchen, die einzige Bar auf der Insel, die sich am Ausgang von Oneroa befinden sollte, nach Tamarua hin, und nur an zwei Abenden in der Woche, am Freitag und am heutigen Samstag, geöffnet hatte.

»Fahr langsam«, sagte Margaret mit dem Blick einer seit jeher an alkoholisierte Männer gewohnten Frau, »dann wird schon alles in Ordnung sein.«

Geschützt von einem Kokon aus Glas und Blech, fuhr ich los, betätigte vor dem Hohlweg die Hupe und stieß bei hereinbrechender Dämmerung ins Zwischenland hinab. Auch in der Entfernung war auf der Straße niemand zu sehen, da die unsichtbaren Bewohner der unsichtbaren Häuser zu dieser Stunde vermutlich ebenso auf ihren Veranden saßen wie Margaret und Teo Tupaia, ihren Kindern bei den Hausaufgaben halfen, das Gebetbuch für den morgigen Ostersonntag aus dem Regal zogen oder einfach nur in die Schatten hinausstarrten, die sich über die Insel senkten. Dort draußen stand das bleigraue Meer, und es schien keine Grenze zwischen ihm und Mangaia zu geben; keinen Strand sah ich mit an Land gezogenen Kanus und keine Mole voll ankernder Schiffe, und ich habe keine Küste in Erinnerung behalten, die diese Bezeichnung verdient hätte. Nicht einmal das Geräusch einer sich am Riff brechenden Brandung war zu vernehmen, während ich dem Lauf einer Allee aus Palmenbäumen folgte, den schweigenden Pazifik entlang.

Am Ortsausgang von Oneroa begann der Wald, und die Oberfläche der Straße verwandelte sich in Schotter. Ich schaltete meine Scheinwerfer an, und ihr Licht tanzte über die achtlos vom Zyklon über den Boden geworfenen Kokosnüsse und Zweige. Korallensteine glommen im Unterholz, die Wurzeln der Banyan-Feigen trieben ihre ausladenden Zweige aus, und unter den Büscheln der Pandanusbäume floss Dunkelheit von beiden Seiten wie Tinte über die Straße. Während ich immer tiefer in das sich verfinsternde Makatea eindrang, war von Kale's Bar nichts zu sehen. Es war nun vollständig dunkel geworden, als der Weg sich zu gabeln begann, und ich musste mir eingestehen, dass ich mich zu weit von Oneroa entfernt hatte und Gefahr lief, mich zu verlieren in einem fremden und unwegsamen Land. Ich bremste den Wagen ab, schaltete den Motor aus, und das Bild der auf beiden Seiten vorüberziehenden Palmen stand still.

Die perspektivisch schwindenden Stämme der Palmenbäume, die, fuhr es mir durch den Kopf, anscheinend denselben morphischen Gesetzmäßigkeiten gehorchten wie der Leib des Ringelwurms, verwandelten sich in eine matt reflektierende, mir die Sicht nehmende Wand. Das, was auf der anderen Seite war, schien kurz davor zu sein, Form zu erlangen. Es kam aus dem Wald mit keinem Geräusch, keinem Bild und keinem Namen. Kein Krachen ertönte, wie Robert Louis Stevenson die

Gespenster der Südsee beschrieben hat, nichts schwang sich in den Wipfeln an mich heran, keine Leiche mit rundem, grünlich leuchtenden Kopf, die sich an den Füßen hielt wie ein Affe, sodass ihre Hände zum Morden frei gewesen wären. Nichts davon war zu sehen, und gleichwohl spürte ich mit meinem ganzen Körper die Gegenwart einer abgrundtief bösen, nur auf meine Vernichtung bedachten Präsenz.

Ich schaltete den Motor wieder an, drehte das Lenkrad nach links, um zu wenden, fuhr los und bremste sogleich, denn ich wollte vermeiden, mit der Stoßstange den Wald zu berühren. So setzte ich zurück, bremste erneut, wiederholte das Manöver, legte den Gang um und gab Gas. Wenig später ertappte ich mich dabei, wie ich in halsbrecherischer Geschwindigkeit über die Kokosnüsse und Zweige zurück nach Oneroa raste. Doch meine Flucht kam zu spät. Mir war, als ob in meinem Nacken jemand säße.

Hier ist eine Absicht am Werk, wisperte mir eine innere Stimme ins Ohr. Du bist genau da, wo sie dich haben wollen. Du fährst viel zu schnell. Du glaubst, dass hinter dir jemand sitzt. Sie möchten, dass du dich umsiehst. Sie möchten, dass du einen Unfall hast. Sie möchten, dass du deinen Wagen verlässt. Sie möchten, dass du *zu ihnen* kommst.

Als würde ich mich von oben beobachten, zerlegte ich die Nadel des Tachometers, die mir entgegensausenden Baumstämme und die Präsenz in meinem Nacken in getrennte Einheiten, nahm den Fuß vom Pedal, ließ den Wagen ausrollen, zog die Handbremse an und wandte mich um.

Auf dem Rücksitz lag ein zum Trocken ausgebreitetes Tuch. Im Schritttempo schaukelte ich nach Oneroa zurück, und meine Seele gewann bei jedem Meter ein weiteres Stückchen an Land. Der Wald öffnete sich, und landeinwärts, wo der Kegel des Vulkans zwischen den Wolken hervortrat, schwebten Laternen, die ich zuvor übersehen haben musste, auf halber Höhe zwischen Boden und Himmel. Kaum wahrnehmbare

Musik dudelte in der Mondnacht zu mir herüber. Fest davon überzeugt, dass auf Mangaia ein Spuk sein Unwesen trieb, stieß ich wenig später eine Tür aus Flechtwerk auf und betrat endlich Kale's Bar.

Denke ich heute an meinen gerade einmal vier Tage währenden Aufenthalt auf der Insel Mangaia, so fällt mir vor allem jene rätselhafte Sprachlosigkeit bezüglich des im Makatea brütenden Spuks ein, nicht unähnlich der Omertà, jener Schweigepflicht der Mafia, die den Mitgliedern der Organisation auferlegt wird, um den Mantel des Vergessens über die von ihnen begangenen Missetaten zu breiten. Dass sich diese Sprachlosigkeit keineswegs durch einen möglichen Unterschied in der Empfindsamkeit erklären ließ, der zwischen den seit jeher an die Schatten des Makatea gewöhnten Insulanern und einem durch die Einsamkeit überreizten Reisenden wie mir bestand, sondern vielmehr eine Art Pakt darstellte, den die Bewohner Mangaias eingegangen waren, erfuhr ich in dieser Nacht in Kale's Bar.

An einem Holztisch saß der Eigentümer der Bar, Kale, wie er gemeinhin genannt wurde, vermutlich ein Thailänder, umgeben von drei Damen mit welken Frangipaniblüten hinter dem Ohr und einem kolossalen Leibesumfang, der dem Schönheitsideal der Inseln entsprach. Ein Teil von Kales Gesicht musste Verbrennungen erlitten haben und später wieder zurechtgerückt worden sein mit dem oberflächlichen Geschick eines plastischen Chirurgen, der mit seinem Geschäftsmodell und den dafür eingesetzten Mitteln in irgendeiner Privatpraxis in Lima oder Chiang Mai zwischen den Gebräuchen der Ersten und der Dritten Welt oszillierte. Dieser mit allen Wassern gewaschene Monopolist, der neben der Bar auch noch die einzige nennenswerte Herberge auf der Insel sowie einen Import- und Exporthandel betrieb, lächelte mich aus einem geschlechtslosen Gesicht heraus an und sagte kein Wort.

Da sich auch der Mitteilungswille der ihn begleitenden Damen in der Zurschaustellung ihrer ausufernden Fleischlichkeit erschöpfte, wandte ich mich an die beiden Männer auf der anderen Seite des Tischs.

Der eine, ein einheimischer Ziegenhirte, Makaio mit Namen, führte mit glasigen Augen eine Plastikflasche an die Lippen, die vorher eine handelsübliche Limonade enthalten hatte, nun aber mit einem Absud der Kava-Pflanze gefüllt war, der überall in Polynesien für besondere Zwecke verwendet wird. Tamati, der andere, stammte zwar von der Insel, hatte aber sein Glück als Bauarbeiter in Neuseeland gesucht und gefunden, der politischen Schutzmacht der Inseln, von wo er in seine Heimat zurückgekehrt war, zumindest an ihr Ufer, um mit kräftigen Händen beim Ausbau des Hafens zu helfen.

An ihm interessierten mich zunächst die Tätowierungen, mit denen seine Schultern, Arme und Waden bedeckt waren und über deren Bedeutung er mir bereitwillig Auskunft gab. Das zwei gekreuzten Wimpeln ähnelnde Symbol sei ein Seevogel; das einem Schachbrett ähnelnde Muster stelle eine Matte dar, die aus den Blättern des Pandanusbaums geflochten worden sei; die beiden Rücken an Rücken, Schulter an Schulter sitzenden Gestalten aber seien zwei Brüder, die sich in einer der früher auf Mangaia tobenden Schlachten aneinandergebunden hätten, um sich vor heimtückisch herankriechenden Feinden zu schützen.

Ein Spuk, sagte ich, treibe auf Mangaia sein Unwesen, und ich sei ihm im Makatea begegnet.

»Fürchte dich nicht vor den Toten«, sagte der Ziegenhirte, »sondern vor den Lebenden«, und nahm einen tiefen Zug aus der Kava-Flasche.

Doch Tamati, der Bauarbeiter aus Rarotonga, der zu einem Kiwi geworden war, wie sich die Bewohner Neuseelands bezeichnen, sagte mir klipp und klar: »Hier spukt's. Die Einheimischen wollen davon nichts wissen. Es gibt Stellen da draußen, da bin auch ich ganz schnell weg.«

»Und was genau gibt es dort?«

»Keine Ahnung. Wahrscheinlich etwas, das mit unseren Vorfahren zu tun hat.«

»Bist du Christ?«, fragte mich Makaio.

»Ja«, erwiderte ich mit einigem Zögern, »zumindest bin ich Mitglied der Kirche, da ich den Zustand der Gottlosigkeit nicht mag. Und du?«

»Ja.« Er nickte gravitätisch. »Ich bin Christ. Aber nur«, fügte er hinzu, »weil man es mir in den Kopf gesetzt hat.«

Seine blutunterlaufenen Augen wanderten zum erloschenen Vulkan.

»Früher haben wir im Inland gelebt.«

»Wir haben einen sechsten Sinn«, sagte Tamati. »Wir fühlen. Und du? Wie schaut's mit dir aus?«

Ich hielt es für einen Akt der Anmaßung, ja sogar für ein Sakrileg, auf besondere Fähigkeiten zu verweisen, von denen ich insgeheim betete, dass ich sie nicht besaß. »Ich glaube an die Wissenschaft«, zog ich mich aus der Affäre. »Die Wissenschaft«, fuhr ich fort, nachdem ich nur ein Schweigen erntete, »hat uns gelehrt, in eine bestimmte Richtung zu blicken. Daran ist sicher nichts falsch ...«

Auch Margaret und Teo Tupaia, die ich am Ostersonntag beim Kirchgang begleitete, hatten gelernt, in eine bestimmte Richtung zu blicken. Sie wollten nichts wissen von dem Spuk, von dem ich beim Frühstück erzählte. Stattdessen erfuhr ich von der fast wahnhaften Gottesfürchtigkeit und Religiosität, die, so schien es, der kulturelle Kitt der Insel war. Der erste Gottesdienst beginne bereits um zehn, der zweite um ein und der dritte um vier Uhr; an diesem wie an elf anderen Sonntagen im Jahr diene das Morgengebet einem »mündlichen Zweck«, *an oral purpose*, der Eucharistie nämlich mit Ko-

kosnusssaft und Kuchen. Obgleich auf der Insel Mangaia nur etwa siebenhundert Menschen lebten, gebe es nicht nur die Kirche in Oneroa, sondern eine zweite in Tamarua und eine dritte in Ivirua, die alle von der freikirchlichen Cook Island Christian Church betrieben würden, die aus den Aktivitäten der Londoner Missionsgesellschaft hervorgegangen sei. Dazu gesellten sich Gebetsräume der Apostolischen Kirche, der Zeugen Jehovas, der Mormonen und der Adventisten des Siebenten Tags.

Trotz dieses Überangebots an Gotteshäusern füllte sich die kleine Kirche von Oneroa mit den weißen Anzügen der Männer und den weitaus zahlreicher erschienenen Frauen. Sie trugen Hüte aus geflochtenen Blättern des Pandanus- oder des Palmenbaums, die mit Limettensaft gebleicht und mit Kränzen aus Plastikblumen geschmückt waren; trotz des festlichen Anlasses schützte sie noch immer eine Plastikfolie vor Gebrauch und dem Unbill der Witterung. Der behäbige, von keiner Orgelmusik begleitete Gottesdienst dauerte zwei Stunden. Eine Spitzendecke lag über dem Altar, Marmeladengläser mit Blumen standen neben den Ventilatoren auf den Fenstersimsen, während die Gemeinde träge auf- und niederwogte, die Kinder auf dem polierten Tropenholz der vordersten Bank eingeschlafen waren und eine Frau wie ein Seelöwe sang.

Auf Anraten meiner Wirtsleute brach ich im Anschluss an die Eucharistiefeier nach Tamarua auf, um dort dem Einuhrgottesdienst beizuwohnen, der aufgrund seiner musikalischen Qualitäten, so sagte man mir, auch in meinem Fall einen zweiten Kirchgang am Ostersonntag rechtfertigen werde. Auf dem Weg dorthin würde ich mich abermals in das Makatea wagen müssen, und zwar auf demselben Weg wie in der vergangenen Nacht. Ich würde also herausfinden, ob die auf meine Vernichtung bedachte Präsenz mit den Schatten verschwunden war oder auch tagsüber ihr Unwesen trieb.

Das Wetter hätte prächtiger nicht sein können, als ich die Hupe betätigte und die wie eine Mondsichel aus dem Felsen geschnittene, noch immer feuchte und schattige Kurve durchstieß. Wieder fuhr ich die Palmenallee entlang, bis der Wald kam mit seinen Pandanusbäumen und knorrigen Feigen. Die Sonne tat, was sie konnte, doch die Straße von Oneroa nach Tamarua hin war noch immer kein angenehmer Ort. Die Dunkelheit war einer auf Körper und Geist lastenden Schwüle gewichen. Immer wieder verirrte sich mein Blick zu den trostlosen Mangroven, die zwischen Insel und Meer den Schlick verdüsterten wie das Fächergewölbe einer bis fast unter das Dach versandeten Kathedrale. Vor allem jedoch fiel mir die unwirkliche, leblos wirkende Stille auf, in der ich den Süden Mangaias durchquerte. Keine Grillen sangen im Unterholz, und als ich den Wagen anhielt, um mir die Füße zu vertreten, hörte ich keinen einzigen Vogel. Stattdessen klang aus der Ferne leise der Gesang in der Kirche von Tamarua herüber, die ich wenig später erreichte.

Die Tür des weiß gekalkten Gebäudes stand offen, und vielstimmige Südseechoräle wehten über die Hüte der sich am Eingang drängelnden Frauen, über ihre schneeweißen Blusen und das molluskenhafte Rot der Röcke hinaus auf den Friedhof. Ich studierte einige Zeit lang die Inschriften auf den mit Plastikblumen geschmückten Gräbern und kehrte, die Musik im Ohr, nach Oneroa zurück, ohne den Ursachen des Spuks näher gekommen zu sein.

Im neu errichteten Gemeindehaus war ein Festbankett aufgetischt worden. Die Damen hatten ihre Hüte behalten, das Weiß des Eucharistie-Gottesdienstes um zehn Uhr früh aber gegen rote Hawaiihemden getauscht und setzten sich an einen mit Sternfrüchten bedeckten Tisch. Wie Matrosen auf Kapitän James Cooks Schiff bekam jede der anwesenden Personen eine Ration zugeteilt, die jetzt aus einer Packung mit vorgeschnittenem Weißbrot, einer Dose Pökelfleisch und einem Glas Limonade bestand. Doch dann wurden Schalen herbeigeschafft mit gebratenem Huhn, Poke-Salat und gegrilltem Wahoo.

»Wenn du auf Mangaia bist, mach es so, wie man es auf Mangaia tut«, variierte eine dicke Frau das bekannte Zitat, vielleicht hatte es ein Priester in der Ewigen Stadt aufgeschnappt, und griff mit den Fingern in den fettigen Pudding, der aus Bananen, Taro-Stärke, Kokosraspeln und Kokosmilch zusammengestampft worden war.

Selbst unter den Ventilatoren schien die Luft zu stehen, in meinen Armbeugen wollte die Feuchtigkeit nicht verdunsten, und mein Körper begann, einen Geruch abzusondern, als würde ich bei lebendigem Leib verfaulen. Raschelnd huschte ein Gecko hinter das Christusbild an der Wand. Ich fragte die Damen, ob das Gebäude auf der Stätte eines ehemaligen Götzenhains errichtet worden sei, über einem Marae, doch ich erntete nur Kopfschütteln, Gelächter oder blankes Entsetzen. Der Götzenhain sei von den Missionaren zerschlagen worden, am Ende der heidnischen Zeit, als ihre Vorfahren aus dem Landesinneren zur Küste gebracht worden waren und somit von der Dunkelheit ans Licht.

Tatsächlich sind die Spuren der heidnischen Zeit so vollständig von der Oberfläche Mangaias getilgt worden, dass es in dem kleinen, leeren Museum der Insel, das nur einen Raum umfasst, wenig mehr zu sehen gibt als einen langen Bottich, den ich zunächst für ein kaputtes *waka* oder Kanu hielt, einige Steine und das geisterhafte Lichtbild einer von einem Zyklon zerstörten Kirche. Augenfällig an diesem Lichtbild, das vermutlich nur ein Foto des in Silbergelatine entwickelten Originals darstellt, sind zwei Stelen, die den Altar einrahmen und im Stil der heidnischen Götzenbilder geschnitzt worden sind, freilich ohne deren Ikonografie zu verwenden. Die wichtigsten Artefakte aus der vorchristlichen Zeit Mangaias, die den Bildersturm überlebt haben, befinden sich heute im British Museum, in dessen Depot die Sammlung der Londoner Missionsgesellschaft verschwunden ist. Der Inhalt dieser sogenannten »Mangaia Collection«, oder vielleicht nur eine Auswahl von ihr, wurden mir auf meine Anfrage hin im August 2010 übermittelt, wenige Monate nach meiner Rückkehr von der Insel, und zwar in Form einer digitalen Präsentation, die aus vierundzwanzig Seiten bestand. Zu den Objekten gehören zwei Glasperlen, die Kapitän James Cook bei seinem Besuch den Insulanern als Geschenk gebracht und deren blaue Farbe Anlass zu der Vermutung gegeben hatte, sie seien direkt vom Himmel gefallen; Holzhaken für den Haifischfang, teilweise mit filigranen Mustern verziert; ein Totschläger mit laternenartig durchbrochenem Kopf und einem mit Kokosfasern gepolsterten Handgriff; eine Trommel, dick wie ein Baumstamm, deren Oberfläche an ein Mahlwerk erinnert; diverse Textilien aus Rinde; Federhauben; ein Totschläger aus Eisenholz mit den geometrisch perfekt herausgearbeiteten Kerben eines altsteinzeitlichen Faustkeils; Äxte für zeremoniellen oder profanen Gebrauch; eine Trompete aus einer Tritonmuschel sowie Walelfenbein und Perlmutt als Brustschmuck an einem Skalp aus menschlichem Haar.

Am 30. März 1777 richtete Kapitän James Cook auf seiner dritten und letzten Reise das Fernrohr auf eine Insel in dem südlichen der später nach ihm benannten Archipele, denen er zunächst den Namen des Seelords Augustus John Hervey verlieh. In dem kreisförmigen Blickfeld der Linse sah er den Wald über dem Zwischenland und die mächtige Zyklopenmauer dahinter, die das Innere Mangaias vor seinen Blicken verbarg. Verteidigt von messerscharfen Korallenfelsen und einer wütenden Brandung, hatte sich eine stattliche Anzahl Krieger am Ufer versammelt, nackt bis auf den Lendenschurz und tätowiert wie die Maori Neuseelands. Sie schüttelten ihre Speere und Totschläger, sprangen in die Luft, stießen gellende Schreie aus und versuchten, die Eindringlinge durch Drohgebärden und Scheingefechte an der Landung zu hindern. Beiboote mit Geschenken wurden losgeschickt, scheiterten aber am Riff. Wie Fischotter kamen die Insulaner aus dem Meer über die hilflos vor sich hin dümpelnden Boote und nahmen, was nicht niet- und nagelfest war. Gleichzeitig wartete ein *waka* mit zwei Männern auf einem Felsen auf die nächste anschwellende Welle, glitt elegant ihren Kamm hinunter gen See und hielt direkt auf die HMS *Resolution* zu.

Einer der beiden wagte sich später an Bord, ein stattlicher Mann mit Federn und einem Dutt auf dem Schädel, Mourua, Stammesbruder und Neffe von Kirikovi, Titularkönig dieser eigentlich unregierbaren Insel. Mourua, der auf Anweisung Kirikovis herausfinden sollte, was es mit den Fremden auf sich hatte, sah sich unwohl an Bord um, steckte das ihm angebotene Messer in sein passenderweise bereits durchstochenes Ohrläppchen, nahm die Glasperlen, die man ihm angeboten hatte, und kehrte schnell an Land zurück.

Auf der Suche nach Proviant setzte Kapitän James Cook, der unter dem Namen »Tute« Einzug in die Geschichten und Lieder Mangaias finden würde, seine Reise zu den Freundschaftsinseln fort, wo ihm von früheren Reisen ein besserer Empfang in Erinnerung geblieben war. Die tätowierten Krieger verschwanden hinter der Zyklopenmauer, und Kirikovi nutzte die eiserne Axt, die er als Geschenk erhalten hatte, umgehend für seine persönlichen Zwecke.

Mehr als dreitausend Menschen mochten damals auf der Insel gelebt haben, unterteilt in Stämme und Klans, die einander erbitterte Fehden lieferten, sodass die Geschichte Mangaias in Schlachten gemessen wird; zweiundvierzig sollen es gewesen sein. Die letzte Schlacht war die Schlacht von Putoa, gefochten im Jahr 1828, fünf Jahre nach der Landung der ersten Missionare, als in Tamarua schon die erste Kirche stand und die zum Christentum übergetretenen Krieger eine ihnen nach dem Leben trachtende Heerschar trotz zahlenmäßiger Unterlegenheit zermalmten. Danach herrschte Frieden auf der Insel, und es ist der Feder eines für die Londoner Missionsgesellschaft tätigen Mannes zuzuschreiben, dass die Geschichten und Lieder aus der alten Zeit nicht gänzlich verloren gegangen sind. Sie haben ihren Platz in einem Buch gefunden, dessen Absicht es ist, zu zeigen, »dass die Heiden einander von Generation zu Generation verderben« und nur eine höhere Macht sie erlösen und, im Geiste der Vergebung, »Wilde in menschliche Wesen verwandeln« könne. Für die Insulaner ist dieses Buch, das, trotz seines fragwürdigen Anliegens, von einer großen Detailtreue und einem fast romantischen Interesse an den alten Geschichten und Liedern zeugt, heute die einzige Quelle über die vergangene Zeit.

Der ursprüngliche Sündenfall hatte sich vierhundertsiebzig Jahre vor der Ankunft der Missionare ereignet, als der gottesfürchtige Stamm der Aitu eine große Seeschildkröte gefangen hatte. Die Sitte verlangte, dass diese dem König übergeben werde, Tama-tapu, der mit seinem Klan auf der westlichen Seite der Insel siedelte, wo heute Oneroa liegt. Und so setzt sie sich fort, diese Geschichte von »heidnischer Extravaganz«, in der Tama-tapu mit anhört, wie die Träger der Schildkröte schlecht über ihn sprechen, wie er weinend darüber niedersinkt, vor Wut mit den Fäusten auf den Boden trommelt und mit der Tritonmuschel seinen Stamm in den Götzenhain ruft, das wichtigste Marae auf der Insel, wo Rongo geopfert wurde, dem Gott der Landwirtschaft und des Kriegs.

Es beginnt zu regnen, was ein gutes Omen ist, als sich die Dämmerung über das Makatea senkt und die Krieger in einer dünnen Linie im Wald verschwinden, um die Aitu aus Rache zu ermorden, während Tama-tapu mit versteinertem Gesicht auf seinem Ehrensitz verharrt. Da es nicht leicht werden wird, in der Dunkelheit Freund von Feind zu unterscheiden, führen die Krieger Früchte des Kerzennussbaumes mit sich, die sie in Kalebassen vor den Blicken der Feinde und dem Unwetter schützen. In friedlicheren Momenten wurden diese Nüsse, aufgereiht an der Rippe eines Kokosblattes wie auf einem Docht, in der Nacht auch zum Fischen verwendet, wenn sich die Erde auf ihrer Umlaufbahn von der Sonne weggedreht hatte und, lange vor der Zeit des elektrischen Lichts, die polynesischen Inseln in eine gleichmäßige Dunkelheit getaucht wurden, in der die Konstellationen des Südhimmels hervortraten, Magellansche Wolken, Großer Hund und der Tukan, während die Frauen Mangaias, denen der Umgang mit der Kerzennuss oblag, Girlanden winziger Flammen über das schwarze Wasser hielten, sodass die kleinen Fische des Riffs zu ihnen emporkamen. Im Schlaf erschlagen wurden der Hohepriester der gottesfürchtigen Aitu, zwei Häuptlinge und diejenigen Mitglieder ihres Stammes, die ihr Lager in Ana-nui aufgeschlagen hatten, einer weiteren der zahlreichen Höhlen, die in fast jeder Geschichte eine Rolle spielen und von denen heute eine Handvoll den wenigen Touristen gezeigt wird, die sich nach Mangaia verirren.

Papehia war ein schnauzbärtiger Fremdenführer mit schneeweißen Löckchen, dem Margaret und Teo Tupaia ein enzyklopädisches Wissen über die Vergangenheit der Insel zuschrieben. Seit Tagen erkrankt, lag er in einem Blaumann auf dem Kachelboden seines Häuschens in Ivirua vor einer türkisfarbigen Wand. Neben einigen Familienfotos, insbesondere von Hochzeiten, persönlichen Memorabilia und dem obligaten Bildnis Jesu über allem, stach das Foto einer Kathedrale hervor, deren Turm wie ein Art-déco-Wolkenkratzer in den Himmel stieß. Papehia schenkte mir ein schwarz gebundenes Buch mit dem Titel »The Book of Mormon. Another Testament of Jesus Christ«, gedruckt von »The Church of Jesus

Christ of Latter-day Saints, Salt Lake City, Utah, U.S.A.«; dann übergab er mich seiner vierzehnjährigen Tochter, die mich zu »the Cave of the Tern«, der Höhle der Seeschwalbe, und zwei verbundenen Systemen führte.

Bis heute sehe ich das Mädchen mit seinen Flipflops in das Makatea hineinlaufen, während der innere Rand des Kliffs wie ein riesiger Bimsstein vor uns auftaucht. Eine üppige tropische Vegetation quoll aus den Löchern, Kochbananen, Schlingpflanzen und Farne, und ein Vorhang aus Lianen ging von den Ästen der Bäume hernieder. Das Gefühl der Bedrohung, das ich seit meiner Ankunft in Mangaia gespürt hatte, war von meiner jugendlichen Begleitung vertrieben worden, doch nichts vermochte sie auszurichten gegen die drückende Stille, die mich seit meinem ersten Tag auf der Insel begleitete. Auch hier sang trotz des prächtigen Waldes kaum ein Vogel, das Gewehr und die Katzen des weißen Mannes hatten seinen Artgenossen wohl endgültig den Garaus gemacht, wobei sie wahrscheinlich schon vorher überjagt worden waren, damals, als Mangaia drei-, ja viermal so viele Menschen ernähren musste wie heute.

»Da hat sich ein Mann versteckt«, sagte das Mädchen und wies auf die Felsen. »Diese Heiden, sie haben sich gegenseitig gegessen«, fügte sie mit einem Gesichtsausdruck gelangweilten Ekels hinzu, und das war die letzte Information, die ich von ihr über die Höhle erhielt.

Schweigend liefen wir in die Steine hinein, das Dach aus Lianen und Bananenblättern über unseren Häuptern wich Stalaktiten, es wurde kühl, und eine blaue Landkrabbe schob sich mit drohenden Scheren auf dem Sand an uns vorbei. Am Ende der Tour öffnete sich die letzte Höhle über einem verwunschenen Tal, dessen Taro-Felder aufgegeben und von der Natur zurückerobert worden waren.

»Sprichst du Japanisch?«, wollte das Mädchen von mir wissen. »Mein Vater lernt Japanisch, wegen der Touristen, die für die Sonnenfinsternis kommen. Er möchte, dass auch ich Japanisch lerne, für den Fall, dass er allein nicht klarkommt …« Da die japanische Sprache sowie die erwarteten Besucherströme das Mädchen weitaus mehr interessierten als der Gegenstand unserer Wanderung, musste ich auf unsere Rückkehr zu Papehia warten, wo ich auf dem Kachelboden seines Häuschens, unter dem Bild des Mormonentempels, mehr über die Höhle der Seeschwalbe erfuhr. Er erzählte von einer endlosen Serie an Erbfolgekriegen, Blutfehden und Rachefeldzügen seit dem Massaker an den gottesfürchtigen Aitu, wobei die Krieger Mangaias, ganz wie homerische Helden, sich die Köpfe einschlugen, um einander Land und Frauen zu stehlen. Einige Frauen folgten ihren Männern sogar auf das offene Schlachtfeld, um ihre Waffen zu tragen, auch Körbe voller Steine gehörten dazu, mit denen sie ihre Feinde bewarfen. Die anderen blieben mit den Kindern in den Hütten, die eng aneinandergebaut waren, aus Angst vor Überfällen in der Nacht, und im Landesinneren gelegen bei den Feldern. Die Verlierer der Schlacht mussten um ihr Leben laufen; Männer wurden selten geschont, und auch Frauen und Kinder konnten nicht ohne Weiteres darauf hoffen, ein neues Leben als Unterworfene in den Hütten des siegreichen Stammes zu führen, war der Friedensschluss doch ein komplexes, keineswegs auf den Ausgang einer Schlacht beschränktes Ritual. Frieden kehrte erst dann wieder ein, wenn ein Toter des unterlegenen Stammes in den Götzenhain, das Marae, geschleift worden war, wo man ihn auf dem Altar Rongos niederlegte. Dort wurde der Tote zerteilt, nach einem System, das die Distrikte der Insel symbolisierte, und diese, sagte Papehia, gleiche von oben einem Fisch. Ich verstand nicht jedes seiner Worte, doch er rief immer wieder: »Das ist der Fisch der Götter! Das ist der Fisch der Götter!«

Ein richtiges Beinhaus sei die Insel damals gewesen, nicht anders als die Katakomben von Wien und Rom. Die Menschen, die eines natürlichen Todes gestorben waren, wurden in Felsspalten geworfen, damit ihre Leichen nicht geschändet werden konnten, oder in Grabhöhlen bestattet, wo man noch heute ihre Schädel sehen könne; die Gefallenen der Schlachten aber verrotteten in den Taro-Sümpfen, deren Oberfläche in Vollmondnächten eine blutrote Farbe annahm; sie wurden von Ratten und Aalen zu Skeletten abgenagt, verdorrten zu Mumien in der Sonne oder wurden, mit Kieselsteinen dekoriert, in den Maraes zur Schau gestellt. Die Krieger Mangaias vergifteten ihre Feinde mit den Früchten der Barringtonia, die ansonsten für das Betäuben von Fischen verwendet werden, sie trieben sie in Höhlen und vergitterten den Eingang mit Speeren, damit sie elendig zugrunde gingen, oder luden sie ein zum Bankett, um sie in glosende Erdöfen zu schleudern, in denen eigentlich die Knollen der heiligen Ti-Pflanze hätten gegart werden sollen. Bis auf dem Altar Rongos das Menschenopfer erbracht und das spärliche Ackerland neu verteilt worden war, konnte sich also niemand sicher wähnen vor den Händen der Sieger, und so ist die Geschichte Mangaias reich an Flüchtigen und Versprengten, die sich nach einer verlorenen Schlacht in den letzten Winkeln der Insel versteckten, am Riff, im Busch, eingerollt unter riesigen Farnen, in Höhlen und auf Felsvorsprüngen unter überhängenden Klippen, bis, jenseits der Palmen, der Ruf der Friedenstrommel erklang.

Da war Rori, der dreißig Jahre als Einsiedler im Makatea verbrachte, auf den »wilden schwarzen Felsen« am Pazifik, *raei kere*, wo die Klippen so spitz waren, dass sie nur mit Sandalen aus der Rinde des Banyan-Baums begangen werden konnten. Es hieß, Rori flog auf ebendiesen Sandalen über die Mondlandschaft wie der Wind, eine längst in Vergessenheit geratene Erscheinung, ephemer wie ein Geist, ausgezehrt bis auf die Knochen, salzverkrustet, von der Sonne verbrannt, mit wehendem, weiß gewordenem Haar. Er ernährte sich von gestohlenen Knollen, Nonifrüchten, Kastanien und Seeaalen, die er auf dem Riff fing. Sein Großvater war als Schiffbrüchiger von Tahiti gekommen und sein Vater vor seinen eigenen Augen gefallen; beide hatten ihn das Flechten von Tauen und das Handwerk des Schreiners gelehrt, sodass Rori in seiner farngedeckten Hütte auf den Felsen Steinäxte aus Basaltstücken herauszuklopfen begann, die er bei Nacht und Nebel im Landesinneren aufgeklaubt hatte und die, vor der Ankunft des Eisens auf Mangaia, ein kleines Vermögen wert waren. Ansonsten vertrieb er sich die Zeit mit dem Zähmen tropischer Vögel, die er listenreich fing, um an ihre Federn zu gelangen, welche damals als Zierde begehrt waren, doch ohne sie jemals zu töten, ganz gleich, wie hungrig er war, da er sie für seine Hilfsgeister hielt.

Die Jahre kamen, die Jahre gingen, Schlachten wurden gefochten, und Könige wechselten einander ab, während Rori weiter über die schwarzen Felsen flog und seinen Schatz an Äxten und Federn mehrte, den er in einer kleinen Höhle verbarg. Bevor er endlich gefunden und im Triumphzug in sein Dorf zurückgebracht wurde, wo er die Gunst des Herrschers erlangte und als Familienvater in biblischem Alter verstarb, hatte er sich nur einmal aus seinem Versteck gewagt. Dies geschah, nachdem er einige Nachzügler belauscht und erfahren hatte, dass Butai, ein alter Verwandter und der einzige Mensch auf der Insel, der ihn noch kannte und liebte, in der Höhle der Seeschwalbe wohnte, mit Ruanae und seinem Klan. So brach Rori, den die Einsamkeit verzehrte, auf der Suche nach menschlicher Nähe ins Landesinnere auf, nicht wissend, dass Butai bei seinem Häuptling aufgrund einer Prahlerei in Ungnade gefallen war.

Nach verlorener Schlacht war jener Ruanae in die Höhle geflohen, die damals einer fast uneinnehmbaren Festung glich. Nur jeweils eine Person vermochte sich durch den zweiten, hinteren, geheim gehaltenen Eingang unter den Lianen und

Palmenblättern zu zwängen, den ich mit den Mädchen genutzt hatte, und wäre von den Verteidigern leicht zu überwältigen gewesen; ein tiefer Spalt unterbrach den Weg durch die Höhle, Brunnen und Hindernis zugleich; auf der anderen Seite schützte sie die Klippe, die ohne Leiter nicht zu bezwingen war. Dorthin hatten sie sich also zurückgezogen, noch immer beeindruckend in ihrer Zahl, zusammengedrängt unter den alabasterfarbenen Stalaktiten, Männer, Frauen und Kinder, deren spärlicher Proviant bald zur Neige ging. Sie stillten ihren Durst mit dem Wasser am Grunde des Spalts und leckten die Tropfen von den Stalagmiten, an denen sie wie an Palmenbäumen emporrutschten; dann schickte Ruanae seine Krieger los, die Pflaumen einer nicht weit von der Höhle entfernt stehenden Ambrella zu ernten, und flüsterte seinem Neffen Akapautua zu:»Sobald sie zurück sind, verspeisen wir den alten Schwafler Butai und den Neuankömmling, seinen Verwandten, denn einer allein schmeckt nicht ...« Doch Akapautua dauerte der arglose Rori, der niemandem etwas zuleide tat, und er gab ihm heimlich ein Zeichen, sodass dieser den Korb voller Früchte am Fuß der Klippe absetzte, unter dem Vorwand, Feuerholz zu suchen, im Wald verschwand und Fersengeld gab, während der Todesschrei des alten Butai aus dem Schlund der Höhle über die Insel gellte:»Weh! Weh! So muss auch ich sterben?«

Mir ist, als würden sich mehrere Bilder übereinanderschieben: ein vierzehnjähriges Mädchen unter einem Dach aus Lianen und Palmenblättern, das in Flipflops zwischen den Steinen des Makatea verschwindet; Rori, der an derselben Stelle wieder auftaucht, mit rudernden Armen die Schlingpflanzen aus dem Weg schlägt und zurück zum Pazifik rennt, als wären sämtliche Geister und Dämonen der Makatea hinter ihm her; seine farngedeckte Hütte auf den wilden schwarzen Felsen, die bald wieder verschwunden sein wird; und in

Sichtweite das ewige Riff, von dem sich das Meer zu bestimmten Zeiten zurückzieht, sodass Hunderte kleine Fische unter der Sonne zappeln, während am Horizont die HMS *Resolution* erscheint, deren Besatzung auf Abschnitten ihrer Reise genauso ausgehungert gewesen sein mag wie Ruanae und sein Klan.

Was habe dieser zu essen gehabt, fragte mich Papehia, eingeschlossen in der Höhle; das sei der Moment gewesen, in dem sie begonnen hätten, einander zu essen. Mit ihnen habe eine neue, offenere Form des Kannibalismus Einzug auf der Insel gehalten und die Herzen der Menschen mit Angst erfüllt. Einmal auf den Geschmack gekommen, konnten sie davon nicht mehr lassen, die »Gier nach Menschenfleisch«, so Papehia, musste um jeden Preis befriedigt werden. Alle hätten später ihr verdientes Ende gefunden, von dem man noch lang auf Mangaia sang, in einem raffinierten Duett zwischen Solo und Chor, dessen Form heute in den Südseechorälen weiterlebt, die ich am Ostersonntag in Tamarua vernahm.

Solo:
Der Stamm von Ruanae ist untergegangen!
Dem mit toten Fischen bedeckten Riff
Gleicht der Boden, auf dem sie gekämpft haben.

Chor:
Lasst dort die Toten verwesen!

Solo:
Ruanae liegt nun im Staub,
Wo er seinem Schicksal entgegengeeilt ist
In der vergeblichen Hoffnung auf Sieg.
Akapautua drängte ihm nach und sagte:
»Komm, lass uns Schulter an Schulter stehen,
Sodass wir zusammen sterben möchten!«

Chor:
Beide Krieger liegen an derselben Stelle!

Solo:
Der Stamm von Ruanae
Ist untergegangen!

Chor:
An dem murmelnden Bach hat der Kampf stattgefunden,
Ja, an diesem murmelnden Bach hat der Kampf
stattgefunden.

Solo:
(Die Häuptlinge sagten): »*Sollte das Schlimmste zum*
Schlimmen kommen,
Sollten wir von unseren Feinden überwältigt werden,
Dann werden unsere Leichen auf der Walstatt
bleiben.«
Dem mit toten Fischen bedeckten Riff
Gleicht der Boden, auf dem sie gekämpft haben.

Chor:
Lasst dort die Toten verwesen ...

Unser Gespräch nahm eine eigentümliche Wendung, als mich
Papehia mit teilweise erstaunlichen Theorien über die Besiedlung der polynesischen Inseln zu überschütten begann. Die
Wissenschaft sagt, diese sei über den asiatischen Kontinent
erfolgt; allerdings ändern die Denkmodelle über die frühen
Wanderungen des Menschen immer wieder ihre Form, sobald
irgendwo ein neuer Knochen oder ein anderer Zahn entdeckt
wird, wie dies unlängst an so unterschiedlichen Orten wie
Brasilien, Südafrika oder Sibirien der Fall gewesen ist. Eigent-

lich sind uns unsere Ursprünge ein Rätsel. So kam es, dass Papehia seine Betrachtungen mit den weißen Polynesiern beginnen konnte, die man angeblich noch immer auf den Inseln finde und deren »helle Haut« und »schlanke Nasen« auf einen besonderen Ursprung verwiesen. Ihren Vorfahren seien Hörner auf den Köpfen gewachsen, sagte Papehia, was mich sowohl an Teufelsgestalten denken ließ als auch an die Wikinger, deren Nachfahre, der Norweger Thor Heyerdahl, mit seinem Floß Kon-Tiki vom peruanischen Lima aus in See gestochen war, um den Beweis zu erbringen, dass die Einöde des Pazifiks nicht von Asien, sondern von dem südamerikanischen Kontinent aus besiedelt worden sei. Der Gedanke, dass nicht nur Thor Heyerdahl, sondern auch seine Vorfahren Polynesien erreicht haben sollen, erscheint mir wenig wahrscheinlich; er klingt irgendwie wie ein Märchen, in dem sich Menschen in Skandinavien in den Boden hineinbuddeln und auf der anderen Seite der Erdkugel, kopfüber sozusagen, wieder herauskommen.

Tatsächlich gibt es eine Legende von einem Bauern auf Rarotonga, Ati, der in einer Vollmondnacht Erntedieben auflauern wollte, als er bei den Taro-Sümpfen ein Plätschern vernahm. Der Teich daneben begann, von innen heraus zu leuchten. Zu seinem Erstaunen sah er Gestalten aus der Tiefe emporsteigen und von seinen Früchten essen. Wie er sahen sie aus, nur waren sie bleich, als hätte die Sonne niemals ihre Haut berührt; es waren Momoke, Wesen aus der Unterwelt, von denen er eines mit seinem Netz fing. Die Netze wurden aus Fasernesseln geflochten, deren sonnengetrocknete Rinde man auf dem Schenkel zu Fäden drehte; ihre Herstellung konnte Vater und Sohn ein Jahr lang beschäftigen, weshalb sie zu den kostbarsten Familienschätzen und Erbstücken der Cookinseln gehörten. Als Ati in sein Netz blickte, fand er darin ein wunderschönes Mädchen. Da er allein war, nahm er sie sich zur Frau, obwohl diese am Anfang sehr unglücklich war und sich in seiner Hütte verbarg, da das Tageslicht in ihren roten Augen brannte.

Beide lernten schnell, einander zu lieben, und das Mädchen schenkte ihm einen Sohn. Eines Tages jedoch fand er sie weinend im Garten sitzen und in den Teich hineinblicken; sie vermisse ihre Eltern und wolle ihnen ihr Enkelkind zeigen. So fasste die kleine Familie den Entschluss, gemeinsam hinab in die Unterwelt zu steigen. Dreimal gingen sie ins Wasser; dreimal sanken sie in die Tiefe; dreimal mussten Ati und sein Sohn umkehren, da beide keine Luft mehr bekamen und ihnen die Mutter nicht helfen konnte; beim vierten Mal machte sie unter Wasser einen Salto und schoss auf Nimmerwiedersehen davon. Ati und sein Sohn aber kehrten zurück, weinten lange am Ufer und versiegelten schließlich den Teich.

Es ist mir nicht vollständig klar, ob Papehia mit den Momoke die Wesen aus der Unterwelt, die Wikinger oder seine weißen Polynesier gemeint hat, die als die Nachkommen des Sohnes von Ati und dem Mädchen gelten; auf jeden Fall glaubte er fest an die These, dass der Pazifik von Südamerika aus besiedelt worden sei. Als Beweis dafür zog er mit dem Gedanken ins Feld, dass die Menschenopfer auf Mangaia die Auswüchse eines Sonnenkultes gewesen seien, der die Ausrichtung des Leichnams auf dem Altar Rongos bestimmt habe. Sowohl Menschenopfer als auch Sonnenkult aber seien ein Merkmal der mittel- und südamerikanischen Indianerkulturen gewesen, bekannterweise der Azteken, aber auch der Inka, da auf dem Gebiet ihres ehemaligen Reichs immer wieder die zusammengeschnürten Reste toter Kinder in Grabhöhlen gefunden werden, die, berauscht von Kokablättern und Bier, den Göttern zum Geschenk gegeben worden waren.

Über die Richtigkeit von Papehias Gedanken gestatte ich mir kein Urteil, doch es scheint, dass das rituelle Zerteilen von Menschen einer der Gründe für die zahlreichen Geschichten über den Kannibalismus gewesen sein mag, die den polynesischen Raum überziehen. Bemerkenswert daran ist die Tatsache, dass sowohl Berichte über Anthropophagie, das Verzehren von Menschen aus Hunger und Not, wie auch das Seemannsgarn, das die Festbankette der Kannibalen in teils abenteuerlichsten Farben schildert, vor allem unter nautischen Völkern ihre Verbreitung gefunden haben. Über allem schwebt das Floß der Medusa, auf dem die Schiffbrüchigen einer französischen Fregatte ohne Proviant über das Meer treiben und nur eine Handvoll von ihnen, ausgemergelt, sonnenverbrannt und salzverkrustet wie einst Rori auf seinem Felsen, dadurch überleben, dass sie von ihren Toten essen.

Doch trotz der Entbehrungen und Gefahren dieser Entdeckungsreisen kann ich die Erregung verstehen, die den Menschen ergreift, wenn ihm neue Techniken die Möglichkeit verschaffen, in Regionen vorzustoßen, die ihm vorher unbekannt gewesen sind. Anders als Pflanzen und Steine verfügen wir über die Fähigkeit, unseren Standort zu wechseln. So mag den Menschen mit seinen immer komplexer werdenden Werkzeugen ein Gefühl der Allmacht überkommen, wenn er seine Wege zu beherrschen lernt und an den scheinbar unbeweglichen Monumenten der Natur vorbeigleitet wie eine Wolke oder ein Schatten.

Manche sagen, der Zufall habe die Küstenboote ergriffen und ins Unbekannte hinausgetragen, der metallischen Schönheit der Atolle entgegen; andere schieben es auf den Hunger; ich aber glaube, es ist die Sehnsucht nach dem Gelobten Land, vielleicht auch die Sucht nach dem Staunen, die den Menschen in die Ferne treibt. Es ist der Ruf des Prester John, Johannes Presbyters, des Priesterkönigs Johannes, dem die Legenden des Mittelalters ein sagenumwobenes Reich zugeschrieben haben. Es erstreckt sich über die drei Indien hinaus durch die Wüste gen Osten bis zum Aufgang der

Sonne; in ihm fließen Honig und Milch; es quillt über vor wertvollen Steinen, sogar den Stein der Weisen findet man dort und ein Kraut, das »Assidios« heißt und den Menschen vom unreinen Geist befreit. Wer zurückkehrt, findet sich reich beschenkt. Dieses Reich ist zum Vorbild fantastischer Karten geworden, auf denen weiße und rote Löwen wohnen, Greifen, Tiger, Vampire und Salamander, wilde, gehörnte und hundsköpfige Menschen, Giganten, Einäugige, Zyklopen und *menschenfressende Völker*, während die Erde flach wie eine Scheibe ist und der Ozean über ihren Rand durch Regenbögen in die abgrundtiefen Schlünde des Weltalls stürzt.

Am Nachmittag erregte eine Stelle von der Größe einer Untertasse meine Aufmerksamkeit, die ich am Straßenrand entdeckte. Die Blätter eines Palmenbaums hatten den Regen gefangen, den der Zyklon nach Mangaia gebracht hatte, und den Stamm hinuntergeleitet zu einem einsam vorstehenden Zweig, von dem das Wasser in einem Strahl zu Boden geschossen war und den Korallenstein unter der vulkanischen Erde freigewaschen hatte. Dieses Naturgemälde en miniature, ein Modell der Geologie der Insel, war an der Auffahrt zu einem Garten entstanden, den zwei weitere Seelen, Marian und ihr Gatte Mautara, angelegt hatten.

Marian war eine Australierin, die früher eine Firma für Schwimmkleidung besessen hatte, die der Globalisierung zum Opfer gefallen war. Den Weg nach Mangaia hatte sie wegen Mautara gefunden, der, wie die meisten der hier geborenen Männer, seinen Lebensunterhalt woanders hatte verdienen müssen; früher waren es die Walfangboote gewesen, heute gingen die Männer nach Neuseeland und nach Australien.

Mautara stürzte eine Schubkarrenladung voll zerschlagener Kokosnüsse auf den Boden für die Schweine, die ihn mit wackelnden Schwänzen umringten.

»Haloolay, wir kommen!«, rief Marian und verfiel dabei in den Tonfall, den ihre Stimme wohl immer dann annahm, wenn sie zu ihren Tieren sprach.

Es gab Hühner, Ziegen, die sich mit den Ferkeln nicht vertrugen, Enten, einen Hund, sogar ein Pferd, mit dessen Hilfe überhaupt das Bauholz auf die Klippen geschafft worden war. Acht Jahre lang hatte das Paar an dem Garten gearbeitet, der sich auf den Felsenklippen bei Ivirua befand, weniger ein von Weitem sichtbarer Eingriff in die Landschaft, sondern eher eine Verdichtung des Waldes durch eine Vielzahl nützlicher Pflanzen. Ein Hexenhäuschen schmiegte sich an einen bleich aufragenden Felsen, darin war eine Dusche mit einem Muschelspiegel, in der man sich mit Quellwasser wusch. Auch sollte ein Café hier entstehen, in dem sich die Besucherströme nach dem Besuch der Höhlen mit Limonade und selbst gebackenem Kuchen stärken würden.

»Wir haben Orangen, Mandarinen, Limetten, Feigen, Macadamianüsse, Cashewnüsse, Kerzennüsse, Tahitikastanien und Litschis«, zählte Marian auf, »Sternfrüchte, Passionsfrüchte, Papayas, Mangos, Maniok, Taro, Süßkartoffeln und Zitronen. Ich nenne das ›meinen verlassenen Gemüsegarten‹. Nun, da wir Regen hatten, geht es endlich weiter …«

Wir traten an den Rand der Klippen, und das Panorama der Insel breitete sich zu unseren Füßen aus. Die Klippen, die Zyklopenmauern, beeindruckend an einigen Stellen und fast abgetragen an anderen, hoben und senkten sich um Mangaia wie ein im Meer auf- und abtauchender Wal. Außen umgab sie das Zwischenland; innen fielen sie durch buschige Baumkronen zu einer Talsohle ab mit Sümpfen und stehendem Wasser, in dem der Taro angebaut wurde. Den erloschenen Vulkan in der Mitte konnten wir von unserem zerklüfteten Standpunkt aus nicht sehen, Rangimotia mit Namen, der sich auf nicht einmal einhundertsiebzig Meter über dem Meeresspiegel erhob. Seine Flanken waren mit Pinien bedeckt, die im Rahmen eines Entwicklungshilfeprojekts gepflanzt worden waren, um der Insel ein zusätzliches Einkommen zu verschaffen. Die Bäume versperrten den Bewohnern nun, zumindest wenn es nach Mautara ging, die Sicht.

Früher, als hier viel mehr Menschen gelebt hatten als heute, musste Mangaia ein wahrer Hexenkessel gewesen sein, gerade unten bei den Feldern, wo die meisten ihre Hütten hatten. Die Tatsache, dass es hier überhaupt noch Verstecke gegeben hatte, die seit der Besiedlung nicht entdeckt worden waren, kann ich mir nur dadurch erklären, dass die Menschen in zu großer Furcht voreinander gelebt hatten, um frei über die Insel zu schweifen. Es muss ein labiles, sich immer wieder neu sortierendes Gleichgewicht gewesen sein, in dem man in Familienverbänden auf engstem Raum lebte, und vielleicht war es nicht die Besonderheit der Höhlen, sondern ihre große Zahl, die sie zu geeigneten Verstecken machte.

Die Höhlen, sagte Marian und verwies auf die Stelle unter der Palme am Rand der Auffahrt, seien dadurch entstanden, dass der Regen in den porösen Korallenstein hineingesickert sei und Hohlräume herausgewaschen habe, in denen sich Stalaktiten und Stalagmiten aus Riffkalk sedimentierten; es gebe auf der Insel keinen einzigen richtigen Fluss, der diese Bezeichnung verdiene, vielmehr finde das Wasser auf unterirdischen Bahnen seinen Weg durch die Klippen und verschwinde jenseits des Zwischenlands im Pazifik.

Mautara, ein sehniger Mann mit geschwollenen Augen, der gerade von einer viertägigen Sauftour aus Rarotonga zurückgekehrt war, führte mich tiefer ins Makatea hinein, eine Machete in der Hand, um mir die Grabhöhle seiner Familie zu zeigen, deren Totenschädel im Licht eines angerissenen Streichholzes für einen Moment aus der Dunkelheit traten. Dann kehrten wir um. In Clives rotem Wagen fuhren wir zu den Taro-Sümpfen hinab, neben denen man die Sitze eines zerschlagenen Marae freigelegt hatte. Die Erkundungsfahrt endete in Ivirua vor dem Häuschen der beiden, wo wir den Tag mit einigen Flaschen Bier ausklingen ließen.

Ich gab mir einen Ruck und erzählte von dem Spuk, der, so fühlte ich, auf Mangaia sein Unwesen trieb.

»Iwo, hier spukt's nicht«, lachte die Frau und erklärte, sie sei des Nachts oft durch das Makatea gelaufen und dort nichts und niemandem begegnet. Die Schauergeschichten, die man sich manchmal erzähle, dienten dazu, die Kinder davon abzuhalten, sich in der Dunkelheit herumzutreiben; gefährlich sei's wegen der scharfen Steine und unzähligen Spalten, in die man stürzen und sich böse verletzen könne. Selbst eine ihrer Ziegen habe es fertiggebracht, von einem der Felsen zu stürzen, man müsse sich das einmal vorstellen, eine leibhaftige Ziege, die eigentlich das Klettern gewohnt sein sollte; man fand sie am nächsten Morgen, erhängt an dem Strick, mit dem man sie festgebunden hatte, während ein Zicklein noch immer an ihren Zitzen saugte.

Doch nach einem weiteren Bier brach endlich die Omertà. In der Tat, unwohl fühle man sich hier im Dunkeln, gerade im südlichen Teil der Insel. Die beiden hätten sich dort einmal sogar verirrt und seien vor einem Schild gestanden mit den seltsam prophetischen Worten: »Du hast dich verlaufen. Mach dir keine Sorgen. Dreh um.«

You are lost. Don't worry. Turn back.

Es habe ihnen einen Schauer über den Rücken gejagt. Im Wald gebe es einen See, etwas mehr als einen Kilometer vom Ufer entfernt, an dessen Ufer eine Felsnymphe gewohnt haben soll, die Ratten gebar, und ein Hexenmeister, der, berauscht von der Wurzel der Kava-Pflanze, durch das Unterholz brach, um Menschenfleisch zu erjagen. Der See war der einzige auf der Insel und damit, ging mir auf, *der Ort, an dem sich das Wasser fing.* Das Blut der gottesfürchtigen Aitu, ja, das ganze auf Mangaia vergossene Blut war vom Regen an genau diese Stelle gewaschen worden, an den Ort meines Schreckens in der Nacht zum Ostersamstag, irgendwo zwischen Tamarua und Kale's Bar.

Mit einer Schar übergewichtiger Frauen in Hawaiihemden und Rito-Hüten bestieg ich am folgenden Tag die fünfzehnsitzige Turboprop-Maschine vom Typus P2 Banderanti, die als Lastgaul von Air Rarotonga den Dienst zwischen den Inseln versah. Als sich das Flugzeug von der Startbahn in die Luft hob, schüttelten die Palmen unter den Propellern wie bei einem Zyklon ihre Wipfel.

Noch am Vormittag hatte ich mit Titinui in dem kleinen, leeren Museum der Insel gesessen, unter dem Lichtbild der von einem Zyklon zerstörten Kirche. Titinui zählte zu den Häuptlingen auf Mangaia, ein glatzköpfiger Mann, der ein Schwein besaß, das er »Ninja« rief. Wir sprachen von Rongo, dem Gott der Landwirtschaft und des Kriegs; dieser sei selbst der Sohn von Göttern gewesen, von Erdmutter und Himmelsvater, und habe erst Menschenopfer verlangt, nachdem er und seine Geschwister, vor allem sein Bruder Tane, ihre Eltern getrennt und Platz für Licht und Leben geschaffen hätten.

Der Frevel geschah auch zum eigenen Vorteil.

Ich dachte an die Legenden eines anderen seefahrenden Volkes, der Minoer, deren König, ein Gottessohn, dem Meeresgott einen Stier unterschlug, der ihm hätte geweiht werden sollen, sobald er den Thron bestieg, und der deswegen mit dem Minotaurus geschlagen wurde, einem Ungeheuer, das ebenfalls Jungen und Mädchen zur Nahrung verlangte. Das Labyrinth, in dem er es versteckte, mochte genauso unergründlich gewesen sein wie das Makatea der Insel Mangaia.

Diese, sagte Titinui, sei in sechs Distrikte aufgeteilt, drei auf der einen Seite und drei auf der anderen. Die flüchtige

Zeichnung, die er in meinem Notizbuch anfertigte, strapazierte meine Vorstellungskraft arg, doch in meinem Ohr hörte ich wieder und immer wieder Papehias Worte über das Menschenopfer auf dem Altar des Marae: »Das ist der Fisch der Götter! Das ist der Fisch der Götter!«

Vom Flugzeug aus glich die sich unter uns ausbreitende Insel weniger einem Fisch, sondern eher einem im Wasser liegenden Stein. Dennoch erfasste Titinuis Bild die Insel Mangaia nicht schlechter als die Karte, die ich am Flughafen von Rarotonga erhalten hatte, da diese, wie alle Karten, auf groben Vereinfachungen beruht. So beschreiben die fünfzig Quadratkilometer Land, die Mangaia von der Kartografie zugewiesen werden, lediglich den Inhalt einer zweidimensionalen Form; es ist so, als würde man die Seite eines Buches zusammenknüllen, fotografieren und dann versuchen, aus dem Umriss des Knäuels auf Größe und Inhalt zu schließen.

Tatsächlich hat die Quadratkilometerzahl wenig mit der Ausdehnung des Bodens zu tun, über den zum Beispiel eine Ameise läuft, wenn sie sich auf Wanderschaft durch das Makatea begibt. Das, was die Ameise dabei erlebt, spielt sich in Bereichen ab, die wir Menschen nicht wahrnehmen können; dennoch ist sie, genauso wie wir, von dieser Welt. Würde man die Oberflächen der Schluchten und Täler, über die diese Ameise wandert, sämtlicher Höhlen im Gestein, jeder Blase der porösen Korallen, aller Bäume, Wurzeln und Blätter sowie die sich auf ihnen niederlassenden und wieder verdunstenden Regentropfen miteinander addieren, so ergäbe sich ein Teppich von schwindelerregender Größe, der sich nicht nur aufgrund von Wachstum und Verfall jedem Bereich des Messbaren entzöge.

Es scheint so, als würde unsere ganze Welt aus solchen auftauchenden und wieder verschwindenden Ebenen bestehen, die einige Arten miteinander teilen und die anderen Arten niemals zugänglich sein werden. Jede Ebene bietet Arten und

Wesen einen Raum, um sich aus ihrem Erbgut, aus der Erinnerung der Natur heraus zu entfalten. Diese schier unendliche Ausdehnung der Erinnerung in die übereinandergestapelten, ineinandergelegten, zerfallenden und sich immer wieder neu gebärenden Sphären des Makro- und Mikrokosmos ist eines der großen Mysterien dieser Welt. Unter mir, zwischen den hin und her wogenden Palmen, wo eine Landkarte nur eine gleichmäßig kolorierte Fläche ausweisen würde, glomm, bleich wie ein Totenschädel, das furchtbare, das grässliche Makatea. Für einen Augenblick schien es, als käme das Flugzeug in der Luft zum Stehen; dann zog es der Pilot auf einer Kurve davon, und wir erreichten das rettende Meer.

DRITTER TEIL

**in dem der Autor in Amazonien lernt,
dass zu jeder Reise die Rückkehr gehört –
mit unerwarteten Folgen**

No one is ever holy without suffering.

Evelyn Waugh

1

»Wir sind Romantiker, wenn wir glauben, diese archaischen Kulturen vor dem Untergang bewahren zu können!«, sagte Esteban auf der Busfahrt, die uns vom Pazifik zur alten Inkastadt Cusco brachte. »Aber wir sollten uns zumindest für sie interessieren. Ich glaube, dass wir ihnen das schuldig sind. Und wenn wir an ihren Ritualen teilnehmen, betreten wir ihre Weltanschauung. Auf diese Weise lebt sie fort, in einer anderen Form, im Herzen eines Europäers. Manchmal fühle ich mich wie eine Festplatte, auf der all die Zeremonien gespeichert sind, an denen ich teilgenommen habe ...«

Innerhalb eines Tages würden wir auf dreitausendvierhundert Meter über dem Meeresspiegel steigen. Um die Höhenkrankheit zu vermeiden, tranken wir so viel Wasser wie möglich. Der Bus war komfortabel; seine schwarzen Ledersessel konnte man in der Nacht in die Liegestellung kurbeln. Es war uns gelungen, die Flachbildschirme auszuschalten, die über unseren Plätzen hingen; die Bildschirme der anderen Fahrgäste allerdings blendeten uns. Die Landschaften, die draußen vorüberzogen, habe ich nicht in Erinnerung behalten.

»Können wir archaische Kulturen überhaupt verstehen?«, fragte ich, später.

»Natürlich kommen wir aus der westlichen Welt der Technologie. Wenn wir aber diesen Kulturen mit Respekt begegnen, dann können unsere und ihre Fähigkeiten zu etwas Neuem verschmelzen. Zu etwas, das man weiterentwickeln kann. Vielleicht in unserer modernen Welt, vielleicht dadurch, dass wir zu den alten Sitten und Bräuchen zurückkehren, zu unseren Wurzeln, um noch einmal von vorn zu beginnen. Denn diese Rituale, Carlos, sind wunderschön. Ich habe keine Ahnung, was dabei passiert. Für mich ist es ein großes Mysterium. Doch ich bin mit mir dabei im Reinen. Rituale zeigen uns den Weg nach Hause.«

Vor über dreißig Jahren war Esteban in Spanien geboren worden. Er war etwas kleiner als ich, schlank, flink, heiter und leicht, ein schnell und intensiv sprechender Mann mit dem geschorenen Kopf und spärlichen Bart, die gerade in Mode gekommen waren. Sein flaches Gesicht wurde von hohen Wangenknochen gerahmt und war von der Sonne gebräunt. Er hatte klare, in den Winkeln abfallende Augen.

Nicht nur äußerlich war er einer der saubersten Menschen, die mir in meinem Leben begegnet sind. Viel hatte mit der Diät zu tun, die er uns auferlegt hatte und die so wichtig für unsere Reise war. Er erzählte mir von seinen Eltern, die ihr Haus verloren hatten, weil sie die Raten an die Bank nicht hatten abzahlen können. Wenig Aufheben machte er von der Tatsache, dass er als Einkäufer für Prada, sogar als Fotomodell gearbeitet hatte. Er trug federleichte Trekkingschuhe, Kleider aus nachhaltig produzierten Textilien, die den letzten Schnitt der Londoner High Street mit südamerikanischen Einflüssen verbanden, einen Schal aus Alpakawolle um den Hals und einen Fedora auf dem Kopf.

»Reise immer in deinen besten Kleidern«, sang seine ganze Erscheinung. »Reise ein Leben lang. Und mache daraus eine Kunst!«

»In den Straßen von Cádiz tanzten *concheros*, traditionelle Heiler aus Mexiko. Dort habe ich zum ersten Mal die unglaubliche Energie gespürt, die von den alten Stammeskulturen ausgeht. Am Abend suchte ich mit meinem Bruder in der Altstadt nach einer Bar. Aus den Schatten trat ein älterer Herr an uns heran. Er trug einen Anzug und befand sich in der Begleitung einer Frau. Du kannst dir nicht vorstellen, Carlos, wie mich dieser Anzug beeindruckt hat!«

»Wer war das?«

»Ein englischer Philanthrop mit seiner Assistentin. Sie hatten sich verlaufen und fragten nach dem Weg. Als wir sie abgeliefert hatten, bedankte sich der Mann und sagte: ›Wenn Sie jemals nach London wollen und Hilfe brauchen, rufen Sie mich an.‹

Einige Tage später lief ich zum Telefon. ›Ich möchte nach London, vielleicht um etwas Englisch zu lernen.‹

Mein Bruder bekam es mit der Angst zu tun.

›Esteban, Esteban!‹, rief er. ›Sei vorsichtig! Du weißt doch gar nicht, wer diese Leute sind!‹

Doch ich bin der Einladung gefolgt. Am Flughafen holte mich ein Chauffeur ab und brachte mich zu einer Villa in Hampstead Heath. Nachdem ich mich eingelebt hatte, rief mich mein Mentor in die Bibliothek.

›Vor vielen Jahren bin ich mit meiner Familie zu einer Hochzeit gefahren‹, sagte er. ›Dann hat es einen Unfall gegeben. Bis auf meine Frau habe ich alle meine Angehörigen verloren. Ich nehme dich an meines Sohnes statt an.‹

So begann meine Zeit mit den Reichen und den Schönen. Ich teilte ihre Vergnügungen und bereiste die halbe Welt. Zum ersten Mal sah ich Indien und Afrika. Diese Zeit dauerte wenige Monate. Dann ging ich zu meinem Mentor und sagte, dass ich ihn verlassen würde. Ich wollte mich emanzipieren und es allein schaffen. Es brach ihm beinahe das Herz. Ich zog zu Freunden nach Earl's Court. Dort schrieb ich mich an der Universität ein, in Vorlesungen über medizinische Anthropologie.«

Ich fragte ihn, wann er zum ersten Mal mit der »Medizin« in Berührung gekommen sei.

»In unserem Haus kamen und gingen die Menschen. Viele von ihnen waren Musiker. Von ihnen habe ich am meisten gelernt. Und natürlich von den Leuten von Santo Daime. Ihre Kirche kommt aus Brasilien, sie schenken die Medizin zum Abendmahl aus. Alle waren wunderbar. Mit ihnen habe ich das erste Mal getrunken. Gleich in dieser Nacht ist mir der Geist der Pflanze erschienen. Er hat mir gesagt, dass eines Tages auch ich diese Zeremonien abhalten werde. Nach und nach habe ich das Vertrauen entwickelt, dass ich den Leuten während der Zeremonien, die manchmal sehr schwer für sie sind, einen Halt geben kann. Ich wusste, dass ich die Fähigkeit habe, Menschen zu heilen.«

Um sechs Uhr abends kam die Dämmerung. Eine uniformierte Reisebegleiterin verteilte ein Abendessen im Pappkarton. Nur wenig davon durfte ich zu mir nehmen. Während ich zu schlafen versuchte, beobachtete ich Esteban, wie er mit seinem Mobiltelefon spielte, das einen blauen Schein auf sein Gesicht warf.

Ich erwachte als Erster, strich die Vorhänge zurück und blickte durch das regennasse Fenster hinaus in die Ferne, wo ich, rosarot im Morgenlicht, endlich das Andengebirge sah.

2

Ein halbes Jahr vorher hatte ich mir in Berlin Gedanken über
vegane Ernährung, die Freiheit des Vagabunden und andere
Aspekte des guten Lebens gemacht, als ich den Anruf einer
alten Freundin erhielt. Johannas Stimme war hell an meinem
Ohr.

»Hör mal! Hast du von Ayahuasca gehört?«

Ich erinnerte mich an ein Gespräch, das ich, Jahre zuvor,
mit einer Gruppe von Heilpraktikern geführt hatte. »Ayahuasca –«

»Wir stehen unter Anweisungen, dieses Wort nicht in den
Mund zu nehmen«, unterbrach sie mich streng. »Man spricht
nur von der ›Medizin‹. Es ist ein Zeichen des Respekts.«

»Die Medizin«, korrigierte ich mich, »kommt aus den Tiefen Amazoniens. Die Blätter eines Strauchs enthalten DMT,
eines der stärksten Halluzinogene der Welt. Ein zweiter Wirkstoff, der aus einer Liane gewonnen wird, verhindert den Abbau des DMT im Körper.«

»Angeblich ist die Medizin gut gegen Depression.«

»Es heißt, dass die Medizin die Seele heilt. Angeblich er-
bricht man sich dabei. Das Wichtigste ist, sie nicht allein zu
nehmen. Man muss den Weisungen eines Schamanen folgen.
Jemandem, der sich auskennt. Und dem man vertraut.«

Es hatte auch geheißen, die Arbeit mit der Medizin komme
kontrollierten Albträumen gleich. Die Albträume der Heil-
praktiker hatten meine Neugierde nicht entfacht. Jahre waren
vergangen, und mein Leben hatte sich nicht zum Besseren gewendet. Der Engel am anderen Ende der Leitung wusste von
meiner Melancholie.

»Ich habe so einen Menschen kennengelernt«, sagte Johanna. »Er heißt Esteban, und er scheint absolut glaubwürdig zu sein.« Sie setzte eine wohlüberlegte Pause. »Ich habe ein gutes Gefühl bei der Sache.«

»Nimmst du mich mit?«

»Ich werde fragen, ob noch ein Platz frei ist«, sagte sie. »Aber ich kann nichts versprechen!«

Für den unwissenden Europäer mochte die Medizin nur eine »Dschungeldroge« sein. Dabei war sie mit keiner kriminellen Aktivität verbunden, sondern in Südamerika gesetzmäßiger Bestandteil der indianischen Kultur.

Der Blick auf diese Kultur schien mir notwendiger denn je. Mit großem Optimismus waren wir in das neue Jahrtausend aufgebrochen. Doch das Böse war nicht verschwunden, wir hatten es nur nicht wahrhaben wollen. Aberglauben, Wahnsinn und Gewalt kehrten zurück. Börsen gerieten ins Taumeln, der technische Fortschritt zerfraß den Planeten. Viel von dem, an das wir in unserer Hybris geglaubt hatten, hatte sich in sein Gegenteil verkehrt.

Die Medizin, hieß es, arbeite mit unseren Schatten. Es hieß, sie lehre uns Demut. Sie könne nur von Menschen ausgeschenkt werden, die von den Indianern im Regenwald gelernt hätten. Wir erbrächen unsere Gifte, Traumata, die Fehler unseres Lebens, als wären sie unsere Sünden. Und sie entfalte ihre Wirkung nur, wenn man Fastenregeln befolge.

Für viele von uns war Ernährung zur letzten Religion geworden. Es schien, als passe die Medizin zu unserer Zeit.

Wir erhielten beide unseren Platz. Zur Vorbereitung unterwies Esteban seine Gäste per E-Mail in strenger Askese. Sexuelle Kontakte waren genauso untersagt wie der Konsum von Nachrichten und Werbung. Hinter der Zuwendung zu frischer, pflanzlicher Kost steckte nicht die Suche nach dem guten Leben; vielmehr würden tierische Produkte jeder Art, Fette, Salz, Gewürze, Sojaprodukte, Medikamente, überreifes Obst, Alkohol sowie andere Rauschmittel der Aufnahme der Medizin durch den Körper entgegenstehen.

Wie uns aufgetragen worden war, verwendeten wir für die Zeremonie das Wort »Meditation«. Sie würde von Sonnenuntergang bis Sonnenaufgang in einem Yogastudio in Berlin stattfinden. Jeder Gast war angehalten worden, eine Liegematte, Decken und einen Behälter zu bringen, in den man sich notfalls erbrechen konnte.

Anders als Johanna traf ich Esteban erst am Abend der Meditation. In seiner leicht stutzerhaften Straßenkleidung huschte er durch das Studio, hielt einen Feudel in der Hand und erkundigte sich, ob ich die Fastenregeln befolgt hätte.

Seine Augen leuchteten.

»Heute Abend wirst du die Mutter kennenlernen. Sie freut sich auf dich.«

Mutter Erde, Gaia, Pachamama in Quechua, der Sprache der Inkas. Die hellen Räume mit ihren Schrägen und Dachbalken waren voller Blumen. In dem kleinen Saal, in dem die Meditation stattfinden würde, hatte Esteban aus zusammengelegten Decken und einer Rückenstütze einen Platz für sich auf dem Boden geschaffen. Rechts und links davon standen die Lautsprecher eines Soundsystems.

Eine Linie von Kerzen verband seinen Platz mit dem Altar in der Mitte des Bodens. Auf einem blütenweißen Laken war ein Tuch mit indianischen Stickereien ausgebreitet worden. Zwei doppelköpfige Anakondas züngelten um einen Busch; in dem nachtschwarzen Gewebe traten einzelne Fäden wie Glühwürmchen hervor. Auf dem Tuch arrangierte Quarzkristalle und Mineralien standen für das Element Erde. Federn standen für die Luft und eine Vase mit Blumen für Wasser.

Für Feuer standen die Kerzen. Eine zweite Linie kreuzte die erste und unterteilte den Altar in vier Kammern. Das fünfte Element, Geist, würde durch Gebete und die Meditation entstehen. Auf dem Weg ins Badezimmer flackerten weitere Kerzen. In der Küche warteten Schalen mit Beeren, Äpfeln und Nüssen auf den Morgen danach.

Wir mochten etwa zehn Leute sein. Johanna war vor mir gekommen. Ihre Körpersprache verriet, dass sie mit sich allein bleiben wollte. Sternförmig bereiteten die Gäste ihre Lager um den Altar. Johanna fand ihren Platz mir gegenüber, an der Seite von Estebans Sitz. Die Sonne war schon untergegangen, als Esteban endlich durch die Tür trat. Er trug nun die weiße Kleidung der Kirche von Santo Daime und ein Band mit peruanischen Stickereien um den Kopf.

Die Plaudereien verstummten.

Esteban sank auf ein Knie und stellte eine Flasche vor den Altar. Er machte eine Pause, bis alle Aufmerksamkeit auf ihn gebündelt war. Schließlich senkte er sein Haupt und schickte einen geisterhaften Pfiff in die Stille.

Der Ton reiste in die Welt hinter der Welt. Mich fröstelte. Als hätte Esteban meine Angst gespürt, erhob er sich geschwind, drehte die Handflächen nach oben und sprach mit erschütternder Intensität eine Reihe von Gebeten auf Englisch, Spanisch und auf Quechua. Soweit ich ihn verstehen konnte, bat er die Windgötter der Berge, den Geist der Pflanze, die Pachamama und diverse christliche Heilige um Schutz und Führung bei der kommenden Reise.

Esteban sprach über die Meditation. Jeder, sagte er, solle sich auf die eigene Arbeit konzentrieren; sollte dieses schwer werden, komme er, und nur er, zur Hilfe. Dann reichte er einen Stock in den Kreis. Wer ihn hielt, sprach von der Absicht, der Erwartung an die kommende Nacht. Die meisten Gäste erzählten von ihrem Weg und ihrer persönlichen Heilung. Ich wusste wenig mit dem Begriff »Heilung« anzufangen und sagte nur, dass ich »die Mutter« kennenlernen wolle. Jede Absicht wurde im Chor mit einem »Ahuij!« begrüßt. Esteban öffnete die Flasche mit der Medizin und blies sachte in ihren Hals. Nacheinander rief er uns an den Altar. Aus einem Schnapsglas empfingen wir das teerige Sakrament. Wir kämpften gegen den Brechreiz, den der süß-saure Geschmack auf unseren Zungen hervorrief. So gut es ging, machten wir es uns auf unseren Lagern bequem.

Als Letzter trank Esteban.

Bis auf das Licht der Kerzen war es nun dunkel.

Unser Fährmann berührte seinen Laptop, und aus den Lautsprechern kam das Rauschen von Wasser.

Dann war es still.

Die Dachluken waren geöffnet, die Kühle einer Aprilnacht strich über unsere Köpfe, und der Duft von Lilien erfüllte den Raum.

3

Ich schloss meine Augen. Nach etwa zwanzig Minuten sah ich einen Punkt aus Licht, der eine eigentümliche Anziehungskraft auf mich ausübte. Um mich herum vernahm ich ein Stöhnen und das Rascheln von Körpern. Die Frau zu meiner Linken begann leise zu weinen. Dann beugte sie sich vor und übergab sich in ihren Eimer. Mit der Unruhe setzte auch die Musik wieder ein. Mir wurde bitterkalt. Ich zog alles an, was ich mit mir führte, und deckte mich mit meiner tibetischen Wolldecke zu. Als ich meine Augen schloss, weitete sich der Lichtpunkt zu amöbenähnlichen Girlanden. Das Stöhnen im Raum wurde lauter. Ich öffnete meine Augen, richtete mich auf und kam aus dem Staunen nicht mehr heraus.

Die Welt hatte sich in ein Wunder verwandelt. Im Kerzenlicht stand Esteban, doch es war nicht nur er, der tanzte und sang. Es waren Ayahuasca, der König des Waldes, und Chakruna, seine Königin, die durch ihn sprachen. Er marschierte zum treibenden Takt von Santo Daime, sein Lied war das der Indianer, und er sang es mit hoher Stimme aus vollem Hals.

Eine neue Präsenz füllte den Raum. Sie tastete mein Inneres ab. Am Anfang war es so, als würden sich zwei Fremde begegnen. Ein Würgereiz überkam mich, mit dem ich nichts anzufangen wusste. Mein Magen war leer. Ich hustete und würgte so laut, dass ich mich vor den anderen schämte. Ich wurde mir meiner Hemmungen bewusst. Es gelang mir nicht, mich zu erbrechen.

Im Fersensitz empfingen wir das zweite Sakrament. Die Ängstlichen wurden mit Engelszungen besungen. Die Medizin war so zäh, dass sie sich kaum vom Glas zu lösen schien. Als sie auf meine Lippen glitt, wollte ich die Portion wieder von mir geben. Mit hypnotischen Augen ließ Esteban den Zeigefinger an seinem Körper hinunterkreisen. Er bedeutete mir auf diese Weise, das Getränk die Wirbelsäule entlang in den Magen wandern zu lassen und es dort zu behalten.

Auf meinem Lager versuchte ich, mich der Medizin zu überlassen. Neben mir begann eine Silhouette zu tanzen; die anderen Gäste wälzten sich auf ihren Betten.

Wie gelähmt warf ich einen Blick auf Johanna, die in Schwierigkeiten geraten war. Ich war erleichtert, als Esteban zu ihr sprach.

Danach sang Esteban ein Lied. In seine Töne mischten sich das Aufschlagen von Sputum auf den Böden der Kübel, Stöhnen, Weinen und die Klagelaute des Mannes gegenüber, der, sagte mir eine innere Stimme, eine Tracht Prügel in seiner Kindheit noch einmal durchlebte.

In dem Dachzimmer wurde es wild. Zwei Männer taten, als würden fremde Zungen durch ihre Münder sprechen, und rollten dabei über den Boden. Esteban hatte alle Hände voll zu tun, als sich die beiden so gehen ließen.

Ich bekam es mit der Angst zu tun, dass unser Fährmann abgelenkt war. Doch derjenige, der sich ablenken ließ, war ich.

Die Hölle, das sind die anderen. Ich presste beide Hände vor meine Ohren, um die grässlichen Geräusche auszusperren. Ich war umgeben von menschlichem Leid. Es gab nichts, nichts, das mich vor ihm schützte. Ich war nackt und allein, den Schreien der anderen schutzlos ausgeliefert, dem Jammern des gemarterten Kindes, dem Heulen der gepiercten Frau mit dem schwarzen Haar und den fremden Zungen in der Ecke. Es gab nichts, was mich aus dieser Hölle befreite.

Ich versuchte zu würgen, oder, besser gesagt, etwas beutelte mich. Ein schmerzloses Ringen fand in meinem Unterleib statt, bei dem etwas nach oben geschleudert werden sollte und es etwas gab, das es bremste. Ich kniete, meinen Spucknapf in der Hand. Ich keuchte und hustete und arbeitete in meinen Eimer hinein, doch es blieb nichts, was darin zu erkennen war.

Ermattet sank ich auf mein Lager zurück.

Wie ein Amboss stürzte ich lotrecht in einen Abgrund aus Angst. Du wirst niemals von dieser Reise zurückkommen, fuhr es mir durch den Kopf, sondern für immer hierbleiben, in der Hölle. Es wäre besser zu sterben. Vor meinem inneren Auge sah ich mich in der Fötusposition durch das zerberstende Fenster schießen.

Ich spürte mich als kleines Kind.

Zum ersten Mal hatte ich begriffen, dass meine Eltern sterben würden. Ich wollte nicht, dass meine Eltern starben; ich würde mein Leben ohne sie nicht bestreiten können. Ich hatte auch später im Leben nicht akzeptieren können, dass meine Eltern sterben würden. Ich hatte es darauf ausgerichtet, meine Eltern niemals zu verlieren.

Die Verlustangst war so groß, dass ich begann, meinen Kopf auf dem Kissen hin und her zu schleudern. Dabei redete ich mir ein, dass mich das Wetzen meiner Haare auf dem Kissen vor den Geräuschen im Raum schützen würde. Allerdings waren diese längst verebbt. Eine Stimme flüsterte in mein Ohr:

»Carlos?«

Es war Esteban.

Gnadenlos vollendete die Medizin das begonnene Werk. Wie in der Linse eines Fernrohrs sah ich meine Eltern ziehen. Ich wischte mir das Gesicht. Mir war noch immer sehr kalt. So fasste ich den Plan, mich in die Garderobe zu schleichen und dort nach einem T-Shirt zu suchen. Als ich in den Korridor tappte, schien die Luft aus Plasma zu sein. Vom Boden bis zur Decke spannten sich Fäden aus regenbogenfarbigem Licht. Ich wühlte in meiner Tasche und irrlichterte schlotternd ins Badezimmer. Danach fühlte ich mich so leicht, dass ich fast zu schweben begann.

Im Dachzimmer nahm das Bankett seinen Fortgang. Irgendwann wurde es ruhig, und wir richteten uns auf unseren Kissen auf.

In absoluter Stille war es, als stiege die Unendlichkeit zu uns herab.

Ein Zittern rieselte durch den Raum.

In leuchtender Luft standen Kerzen, Blumen und Esteban.

Wir tranken zum dritten Mal. Wieder wurden die Ängstlichen besungen. Wieder musste ich kämpfen, den Batzen bei mir zu behalten.

Mit Engelszungen sang Esteban uns durch die Nacht. Ich sah Bilder von Wäldern und austreibenden Pflanzen. Dann geschah nicht mehr viel. Es war nichts mehr in uns, das traurig, wütend, froh oder wild sein konnte.

Esteban spielte die Hymne »Jerusalem«, und durch die Dachluken fiel das Licht des anbrechenden Tages.

In unseren Gesichtern war keine Müdigkeit. Wir landeten ruhig, langsam und weich; nur ein Mann mit einer Holzkette übergab sich noch eine Weile lang in Johannas Eimer, zu ihrem ausgesprochenen Ärger.

Esteban schloss die Meditation. Der Stab wanderte durch unseren Kreis. Nach Worten des Dankes schritten wir in die Küche.

Die Ereignisse der Nacht waren nur wenige Stunden und gleichzeitig unendlich weit entfernt. Es klingelte. Das Yogastudio mischte sich mit den ausgeschlafenen Schülern eines Sonntagmorgens in Berlin.

Johanna hatte sich meine tibetische Wolldecke über die Schultern geworfen.

Ich stand an der Theke und schob mir eine Erdbeere in den Mund.

4

Zwei Tage später besuchte ich Esteban in der hellen und sauberen Wohnung, die ihm eine Freundin von Johanna zur Verfügung gestellt hatte. Zu meiner Überraschung lud er mich ein, ihn nach Peru zu begleiten. Auf einer Reise würden wir unsere Studien der Medizin vertiefen. Ich war perplex.

»Warum ich?«

»Es hat mir gefallen, wie du dich gehalten hast«, sagte er, während er die Lieder der Pitjantjatjara von meinem USB-Stick herunterlud. Ich dachte an die singenden Frauen und den Regenbogen über dem Festival zwischen Mildura und Robinvale. Ich dachte an das Makatea der Insel Mangaia. Ich hatte das Natürliche, das Unverfälschte und das Ursprüngliche am anderen Ende der Welt gesucht; nun spazierte es einfach zur Haustür herein und kam, mich zu holen.

»Was ist das für eine Reise?«

»Eine Gruppe von Freunden, vielleicht nur wir zwei.«

»Und wohin soll es gehen?«

»Zuerst in die Anden, nach Cusco und in das Heilige Tal. Danach an den Amazonas.«

»Wir werden Indianerstämme treffen –«

»Die Shipibo-Conivo. Im Dschungel wird die wirkliche Arbeit stattfinden. Ein sehr altes und mächtiges Wissen hat dort überlebt. Wir sollten es kennenlernen, bevor es verschwindet.«

»Ich weiß nicht, ob ich so etwas wie die letzte Meditation noch einmal durchstehen möchte«, sagte ich.

»Du hast sehr tiefe Arbeit geleistet, Carlos. Das nächste Mal wird einfacher sein.«

»Ist es nicht immer dasselbe?«

»Die Medizin arbeitet indirekt. Jede Meditation ist anders. Und jedes Mal weiß die Medizin genau, was zu tun ist. Mal arbeitet sie an der Psychologie, mal am Immunsystem, mal an einem weiteren Aspekt von dir. Je tiefer man sich auf die Medizin einlässt, desto subtiler wird sie.«

»Es fällt mir schwer, mit dieser Erfahrung umzugehen.«

»Verheddere dich nicht in deine Probleme. Heilung bedeutet etwas anderes. Lerne, dein eigener Beobachter zu sein.«

»Meine Eltern –«

»Denke nicht nach. Lerne, dich hinzugeben. Lass die Dinge geschehen. Wie im Theater!«

»Das ist einfacher gesagt als getan.«

»Es handelt sich um Reinigungsprozesse. Schau dir einfach nur an, was dich da zeternd und zappelnd verlässt, deine Ängste und deine Träume. Am Ende ist das Gefäß leer. Und man sieht mit größerer Klarheit als jemals zuvor ...«

»Dir scheint die Medizin nichts ausgemacht zu haben. Hast du so viel getrunken, dass du nichts mehr spürst?«

»Wenn ich an einer Meditation teilnehme, geht es mir so wie euch. Wenn ich sie leite, ist es anders. Ich bin mit der Medizin, aber ich bleibe ruhig. Sie sagt mir, was zu tun ist.«

Esteban sprach von der Medizin wie von einem handelnden Wesen. Dieses Gottvertrauen, seine fast naiv wirkende Volksfrömmigkeit hätten mich stutzig machen sollen. Doch ich erinnerte mich an das Duett zwischen dem König und der Königin des Waldes, und an den geisterhaften Pfiff zuvor.

Mit dem Pfiff hatte ich mich auf Esteban eingelassen.

Ich erhielt eine Einladung zu einer zweiten Meditation. Sie fand am selben Ort statt, in dem Yogastudio, aber in leicht veränderter Besetzung; Johanna war verreist. Esteban würde recht behalten. Diesmal kam alles ganz anders.

Ich hörte keine fremden Zungen. Ich sah niemanden sterben. Es gab keine Girlanden aus regenbogenfarbigem Licht.

Und ich war auf die Präsenz vorbereitet, die nun in mich schlüpfte. Wellen aus Energie reisten durch meinen Körper. Mir wurde sehr heiß. In Fischerhose und T-Shirt pendelte ich zwischen Badezimmer und Eimer.

Die große Reinigung hatte begonnen.

Als die Nacht in den Morgen überging, hatten wir die dritte Portion der Medizin geschluckt.

Esteban machte die Runde, um uns einen Tabak in die Nase zu blasen. Ich erwartete ihn im Meditationssitz auf meinem Kissen. Als der *chapé* in meine Nebenhöhlen fuhr, verwandelte er sie in glühendes Stroh. Dabei spürte ich die Aktivierung eines Punktes an der Rückseite meines Schädels. Sie glich einer Detonation. Vom Steißbein bis zum Bauchnabel begann mein Unterleib, wie die Rassel einer Klapperschlange zu vibrieren.

»Was ist das?«, japste ich.

»Ein Geschenk, Carlos«, flüsterte Esteban. »Lass es einfach geschehen.«

Die Vibrationen meines Körpers hatten mich neugierig gemacht; sie hielten mich einen Sommer lang beschäftigt. Verhärtetes Gewebe mochte sich freischütteln. Es konnte sein, dass ich nicht nur über meine Augen und Ohren, sondern auch über meinen Körper Informationen empfing, als wäre dieser eine Antenne. Das Phänomen einer Hitze aber, die entlang der Wirbelsäule aufstieg, begleitet von emotionalen Erschütterungen sowie einer Sexualisierung während der Meditation, war in vielen spirituellen Traditionen bekannt.

Im Tantra wurde es »Kundalini« genannt.

Die Kundalini, hieß es, sei eine Energie. Das Wort beschrieb den Erfahrungsraum, den der Asket betrat, wenn er für lange Zeit im Schneidersitz meditiert hatte. In der religiösen Bildsprache, die den Hindus als einziges Ausdrucksmittel zur Verfügung stand, wurde die Kundalini in der Form einer Kobra dargestellt, die an der Wurzel der Wirbelsäule aus ihrem Schlaf erwachte.

Es schien also einen Zusammenhang zwischen den Askesetechniken der Yogis und denen der Schamanen im Regenwald zu geben. In beiden Fällen waren Reinigungshandlungen die Voraussetzung für eine spirituelle Erfahrung. In beiden Fällen konnte diese Erfahrung energetischer Natur sein. Und in beiden Fällen bediente man sich dafür des gleichen Symbols, jenes der Schlange.

Ich dachte an die Regenbogenschlange der Pitjantjatjara. Und ich dachte an die Worte der Schlange im Paradies. Es waren die Worte des Mephistopheles, Worte der Versuchung: »Eritis sicut Deus scientes bonum et malum.«

»Ihr werdet sein wie Gott und wissen, was gut und was böse ist.«

Ich interessierte mich nicht für die Frage, ob es sich bei den Botschaften der Medizin um Informationen oder Halluzinationen, also um Wahnvorstellungen, handelte. Hinter dem Ritual steckte eine Tradition; es handelte sich nicht um einen Glauben, sondern um eine Praxis. Für einen langen Zeitraum hatte sie eine Kultur begleitet und inspiriert. Diese Kultur war nicht ihren Irrtümern, sondern dem Schießpulver, dem Eisen und den Krankheiten der Europäer erlegen.

Wie das australische Outback war Amazonien eine der menschenfeindlichsten Umgebungen der Welt. Eine solche Umgebung hätte Fehler nicht verziehen.

Ohne Esteban hätte ich die Reise nicht angetreten. Bei ihm, war ich mir sicher, würde ich mich in guten Händen befinden. Trotzdem blieben wir zunächst nur in losem Kontakt. Esteban, hieß es, sei mal hier und mal da; wie ein wandernder Zauberer habe er die Eigenschaft, für Tage, für Wochen, für Monate ohne Erklärung zu verschwinden.

Meine Unruhe bestand über den Abflug hinaus. Sie verfolgte mich bis nach Madrid, wo ich, aufgrund einer Zwischenlandung, einen halben Tag in den majestätischen Hallen des Prado verbrachte. Nachdem ich mich im Strom der Besucher hatte treiben lassen, fand ich mich unvermittelt vor einem Tableau mit dem Titel »Der Garten der Lüste« wieder. Der Titel schien mir nicht glücklich gewählt. Was ich auf dem Triptychon sah, war unendlich komplexer. Es gab steile Berge am Horizont, Paläste der Fantasie, den Himmel und die Schlünde der Hölle. Jenseits eines Flusses stand ein undurchdringlicher Wald. Fabelwesen, manche Furcht einflößend, Blumen und ins Phantasmagorische vergrößerte Früchte bevölkerten eine groteske Welt. Die Trennung zwischen Mensch und Tier war überwunden. Im Zentrum galoppierte ihr Reigen um einen Teich wie um die Quelle des ewigen Lebens.

Es waren Vorstellungen aus einer archaischen Zeit. In den unzugänglichen Gegenden Südamerikas mochten sie sich bis heute erhalten haben; in Europa waren sie mit der Moderne fast vollständig verschwunden.

Viel von dem, was mir meine Kultur auf den Weg gegeben hatte, würde sich als nutzlos erweisen. Stattdessen würde ich erfahren, was ich über mich und die Welt noch zu lernen hatte.

5

Cusco war eine Stadt mit dünner Luft in einem schroffen Tal. Logos von Schmierölen und Softdrinks bedeckten die Häuserwürfel an den Flanken der Berge. Die Bürgersteige waren hoch, da sich die Straßen bei Regen in Sturzbäche verwandelten. Quechua-Frauen trugen ihre Lasten in Bündeln auf dem Rücken und Zylinder auf dem Kopf. Über allem wucherten Hecken, von denen die trompetenförmigen Blüten des Stechapfels hingen. Im Zentrum standen Kolonialbauten auf den Fundamenten geschleifter Paläste, doch die Mehrheit der Bevölkerung war noch immer indianischen Ursprungs. In den Seitenstraßen konnte man Reste der Inkamauern bewundern. Ihre Steine waren ohne Mörtel aneinandergefügt worden und hatten sich als erdbebensicher erwiesen.

Den Konquistadoren musste sich ein prächtiger Anblick geboten haben, als ihnen der Hofstaat des größten Reiches beider Amerikas entgegengetreten kam, sonnenverbrannte Krieger mit Diademen auf dem Kopf, tellergroßen Scheiben im Ohr, die an den Schmuck der Tempel erinnerten, mit Papageienfedern im Haar, Ringen in den gekrümmten Nasen und Speeren aus Gold, in denen sich das Licht der untergehenden Sonne brach.

Als die Spanier kamen, hatte das Reich seinen Zenit überschritten. Es war von Bruderkämpfen geschwächt. Die Hängebrücken an den Grenzen waren verwaist. Der Inkakönig Atahualpa, der soeben noch einen Teil der Bevölkerung Cuscos hatte pfählen oder erschlagen lassen, wurde von den Invasoren erdrosselt. Sein Nachfolger Manco Capac zettelte einen Aufstand an und floh in die Berge.

Ich hatte intensiv zu träumen begonnen. Während ich mit Esteban durch Cusco spazierte, beschäftigten mich Gedanken an Familie, Freunde und verflossene Lieben. Doch ich hatte genug über die Medizin gelernt, um zu erkennen, dass es sich dabei um Reinigungsprozesse handelte. Mein System war dabei, sich auf die anstehenden Prüfungen vorzubereiten.

Esteban litt unter einer Halsentzündung und schluckte ein Pulver aus vergorenen Knollen, dem er eine antibiotische Wirkung zusprach. Ich hatte Vertrauen zu ihm gefasst; es war, als kannten wir uns schon seit langer Zeit. Gleich an unserem ersten Tag führte er mich zu dem überdachten Markt, um mir die Schätze des Landes zu zeigen. Ich stand vor endlosen Variationen der Kartoffel, Stapeln aus regenbogenfarbigem Mais, Quinoa in allen seinen Formen, Maca, den Superfoods des Regenwaldes und einem Füllhorn unbekannter Früchte.

Draußen saßen Frauen in der Sonne und schüttelten uns Büschel von Heilkräutern entgegen. Heilkräuter waren der Bevölkerung so wichtig, dass man ihnen ein ganzes Museum gewidmet hatte. Ein Raum war der Medizin vorbehalten. Aus einem Lautsprecher kam ein Lied, wie ich es in Estebans Meditationen vernommen hatte.

»Das sind *icaros*«, sagte er. »Heillieder. Ohne sie hat die Medizin keine Wirkung.«

»Ich dachte, die Kraft liegt in der Medizin selbst.«

»Ja. Die *icaros* kommen von ihr und ihren Geistern. Sie kanalisieren die Medizin. Ohne die Lieder würdest du dich nur etwas schummerig fühlen. Erst mit ihnen kann die Medizin ihre Wirkung entfalten. Eine Meditation bedeutet Heilung durch Klang.«

Im Museumsladen deckten wir uns mit Kokablättern ein. Dann brachen wir auf ins Heilige Tal.

Wir standen vor dem Inkabrunnen in der barocken Kirche von Chinchero, der noch immer das Wasser der heidnischen

Quelle fing. Ich hatte meine tibetische Wolldecke zu Hause gelassen und erwarb auf dem Markt einen Poncho. Danach reisten wir nach Ollantaytambo, wo Manco Capac Station gemacht hatte, bevor er hinter den unzugänglichen Pässen der Cordillera de Vilcabamba verschwand.

Durch die Gassen des Dorfs schoben sich Touristen. Bäche rauschten unter Weiden und Pappeln, darüber klebten Inkaruinen an den Flanken der sich aufeinandertürmenden Berge. Hoch über uns war ein Waldbrand ausgebrochen, sein Knistern erfüllte das Tal, und der Rauch vermischte sich mit den Wolken.

Während wir im Sturmschritt über die alten Indianerstraßen liefen, pfiff Esteban eines seiner Lieder. Es dauerte nicht lange, bis uns eine Gruppe amerikanischer Schüler folgte. Einer von ihnen schloss zu uns auf.

»Was ist das für ein Lied?«, fragte er.

»Ein *icaro*. Ein Lied mit heilender Wirkung.«

»Cool.« Er musterte Esteban. »Ich mag deinen Stil. Was sind das für Kleider?«

»Die einzigen sauberen Kleider, die ich besitze.«

»Wie hast du sie bloß so zusammengestellt?«

»Ich weiß nicht.«

»Wer bist du?«

»Ich bin jemand, der Dinge möglich macht. Ich bin ein Heiler, der durch die Welt reist und versucht, Menschen zu helfen.«

»Ich verstehe, ihr seid Mystiker. Mystiker haben heute einen schweren Stand. Die meisten glauben, dass sie nicht ganz bei Trost sind. Aber ich bin der Meinung, die Mystiker sind Meister!«

»Wunderbar ...«

»Ich habe selbst eine mystische Ader.« Der dünne Junge sah aus, als ob er sich verlaufen hätte. Sein Haar war zerzaust, das Gesicht voller Pickel. »Mein Großvater ist zu den Marines gegangen, mein Vater auch. Diese Linie ist stark. Trotzdem weiß ich nicht, was ich aus meinem Leben machen soll.«

»Du musst die Verhaltensmuster deiner Vorfahren nicht fortsetzen.«

»Wenn es heißt: ›Dein Vater ist bei den Marines‹, dann bedeutet das etwas. Es bedeutet, dass man seine Familie schützen kann. Und auch Krieg hat ... etwas Mystisches.« Er sah uns schräg an. »Seid ihr Künstler?«

»Wir reisen durch die Welt. Und leben unser Leben.«

»Ich bin auch Künstler!«, rief uns der junge Mann nach. »Ich werde in den Krieg ziehen, um über ihn zu schreiben. Auch wenn meine Erlebnisse womöglich so furchtbar sein werden, dass ich danach vorschlage, alle Armeen abzuschaffen ...«

Auf der Straße, im Bus, wir erlebten viele Begegnungen dieser Art. Wohin auch immer Esteban kam, öffneten sich dem Menschenfischer die Herzen.

Esteban und ich waren übereingekommen, dass ich unsere Ausgaben deckte und die Entlohnung seiner Arbeit auf Spendenbasis erfolgte. Um Kosten zu sparen, teilten wir auf unseren Feldforschungen das Zimmer. Es gab mir die Gelegenheit, so viel wie möglich von Esteban zu lernen.

In einer kleinen Stadt im Heiligen Tal schlugen wir für die verbleibende Zeit im Andengebirge unser Hauptquartier auf. Kaum hatten wir unseren Raum im ersten Stock der Pension bezogen, erschien Esteban mit einem Besen, um den Kachelboden ein zweites Mal zu fegen. Fenster wurden aufgerissen, das spärliche Mobiliar umgestellt und Topfpflanzen vom Innenhof heraufgeschafft. Dann legte Esteban das bestickte Tuch auf den Tisch neben eine Vase und schmückte es mit Federn und Kristallen.

»Eine Kerze und eine Blume schaffen einen Altar«, sagte er. »Und eine Kerze, eine Blume und ein Gebet schaffen einen Raum, in dem sich die Mysterien offenbaren.«

Esteban reiste mit einem Bauchladen voll schamanischer Utensilien von handverlesener Qualität. Verpackt in *bolsitas*, kleine Taschen aus Stoff, hätten sie jeder ethnologischen Sammlung alle Ehre gemacht. Dazu zählten antike Webarbeiten, die bemerkenswert gut erhalten waren und die er auf seinen Streifzügen in entlegenen Dörfern entdeckt hatte.

Seine Ästhetisierung des Alltags, die Liebe zum kleinsten Detail, die ans Penible grenzende Sauberkeit verrieten nicht nur den ehemaligen Einkäufer für Prada. Vielmehr hatten ihn die Fastenregeln, denen er sich unterwarf, zu einem wählerischen Menschen gemacht. Durch ihr Befolgen, das wie eine Magersucht war, unterhielt er die einzige wirkliche Beziehung, die er in seinem Leben eingegangen war: seine Beziehung zur Medizin. Er war ein Zauberer mit einer Hypersensibilität für alle Einflüsse, die ihm die Sicht auf die sublime Natur der Dinge verstellten.

Was er nicht reinigen konnte, mied er. Auf diese Weise bestand sein Leben aus dem Schaffen von Räumen, in denen seine Vorstellungen Wirklichkeit werden konnten.

Estebans Welt war ein Altar.

6

»Der Frosch steht für den Sprung nach vorn. Wir leben in einer besonderen Zeit, in der altes Wissen zugänglich wird. Angesichts des Zustands, in dem sich die westliche Gesellschaft befindet, müssen wir unsere Entwicklung beschleunigen.«

Der bezopfte Argentinier, den sie Geronimo nannten, hielt die Flamme seines Feuerzeugs unter einen Holzsplitter. Das Holz war Palo Santo, das für rituelle Reinigungen verwendet wird. Sein aromatischer Geruch verbreitete sich in der Luft. Mit der glühenden Spitze tupfte er mir dreimal auf den Unterarm.

Esteban und ich saßen in Geronimos Behandlungsraum in seinem Haus am Rand der kleinen Stadt. Wie uns geheißen worden war, hatten wir auf nüchternen Magen in kurzer Zeit drei Liter Wasser heruntergekippt. Durch das schmutzige Fenster konnte man die Ausläufer des Intihuatanabergs sehen. Spirulina-Algen klebten an der Wand eines hochtechnisierten Aquariums.

Geronimo hob meine versengte Haut wie drei Gullideckel an. Auf das rohe Fleisch tupfte er je eine mikroskopische Prise eines Pulvers. Es war Kambo, das Gift eines Froschs.

Später würde mir ein Bild vor Augen stehen: meine Antikörper, die wie Wachsoldaten vor einem Stadttor in der Mittagssonne dösten. Kambo war der Kanonenschlag, der in sie hineinfuhr. Sekunden später schellten alle Alarmglocken, Hellebarden purzelten durcheinander, mein Herz raste, das Blut wummerte in meinen Ohren.

Nicht nur das Immunsystem sollte durch die Behandlung aktiviert werden. Es hieß, Kambo entgifte den Körper und reinige seine Kanäle, sei eine Vorbereitung auf die Arbeit mit der Medizin, schütze vor dem Biss von Spinnen und Schlangen, ja schärfe sogar den Blick auf der Jagd.

Sofort erbrach Esteban einen monströsen Schwall in den Eimer. Es gelang mir nicht, seinem Beispiel zu folgen. Geronimo verabreichte mir zwei weitere Tupfer, schüttelte seine Rassel, blies mir *chapé* in die Nase und den Qualm einer Zigarette aus Naturtabak ins Gesicht.

All dies verursachte mir große Qualen. Meine Lunge wurde hart und trocken, der Hals dick, der Kopf schwoll an wie eine Wassermelone, Augen und Lippen traten hervor, fast sah ich selbst aus wie ein Frosch.

Die Angelegenheit beruhigte sich schnell. Geronimo verschloss die Wunden mit je einem Tropfen »Drachenblut«, dem roten Milchsaft des Baums Sangre de Grado. Dann spielte er einige Lieder vom Laptop und schloss die Zeremonie.

Wir waren nicht in Ohnmacht gefallen. Um die Einstiche war meine Haut ein wenig gerötet. Esteban erwachte aus seiner Trance und öffnete das Hemd. Eine Linie lief über seinen Arm in die Achsel. Was wie eine Blutvergiftung im Endstadium aussah, war für Esteban ein vorüberziehendes Phänomen.

In der Wohnküche wurde uns das Melken von Pfeilfröschen erklärt, die dafür auf ein Streckbett gespannt wurden; dann wechselte das Thema von Kambo zur Medizin. Geronimo war überzeugt, dass es sich bei ihr um ein Allheilmittel handele, das die Menschheit von Heroinabhängigkeit, Krebs, HIV, Bulimie, Ängsten und Depression befreien werde. In Großbritannien habe ein Gericht der Kirche von Santo Daime gestattet, die Medizin im Rahmen der Religionsfreiheit auszuschenken. Das sei der Beweis, hieß es unter allgemeinem Nicken, der Sprung nach vorn habe begonnen.

Erst am späten Nachmittag übergaben wir den Inhalt unserer Spucknäpfe dem Acker. Ich verbrachte einige Zeit mit dem Betrachten eines überdeutlichen Pferdes, das mit dem Schweif hin und her schlug. Auf dem Heimweg litt ich unter starken Kopfschmerzen. Die Schluchten des Tals wurden dunkel. In der Ferne rauschte der Urubamba. In der Pension schlief ich zwanzig Stunden am Stück.

Nach zwei Granadilla-Früchten und einem Lunch aus Quinoa, Brokkoli und Kürbis setzte uns ein Taxi im Nachbardorf ab. Von dem ausgestorbenen Platz in seiner Mitte folgte die Straße einem Bach in die Berge. El Niño hatte eine Schlammlawine die Schneise hinunter ins Tal geschickt; viele Häuser waren beschädigt.

Unter Eukalyptusbäumen wandelte sich der Asphalt zu Schotter. Eine Brücke brachte uns zu einer Senke auf der anderen Seite. Dort standen die letzten Häuser des Ortes. Zwischen runden, strohgedeckten Bauten graste ein Pferd auf der Koppel. Die idyllische Anlage erinnerte an einen Abenteuerspielplatz. Hier wohnte der Mestize, einer von Estebans Lehrern.

»Schau!«, flüsterte Esteban im Schatten einer Bougainvillea und wies auf die Stücke eines Kaktus, die auf dem Fenstersims zum Trocknen in der Sonne lagen. »San Pedro. Eine heilige Medizin, wie der Peyote-Kaktus aus Mittelamerika.«

Ich zog meine Kamera hervor, um dieses Stillleben zu fotografieren: »Blume mit Meskalin«.

Esteban sah mich scharf an. »Nein, Carlos, das darfst du nicht.«

Wie aus einer Kuckucksuhr schoss ein drahtiger Mann durch die Tür. Er hatte eine spitze Nase und ein Kinn, das wie mit dem Winkelmaß gezogen war. Seine ergrauten Locken waren zu einem Pferdeschwanz gebunden. Der Mund blieb kurz und hart.

Am Dienstag werde die Meditation stattfinden. Wir wurden nicht ins Haus gebeten. Nach dem Austausch von Floskeln schlichen wir wieder davon. Die Begegnung war auffallend herzlos gewesen; das Verhältnis zwischen Lehrer und Schüler hatte ich mir anders vorgestellt.

»Er macht sicher eine *dieta*«, sagte Esteban später. »Eigentlich ist er immer auf *dieta*.«

Ich wollte wissen, was es mit dieser *dieta* auf sich hatte.

»Eine Form der *dieta*«, sagte Esteban, »ist die Vorbereitung auf die Arbeit mit der Medizin. Vor einer Meditation fastet man, damit die Medizin ihre Wirkung entfalten kann, und um den Dingen eine neue Richtung zu geben. Doch die wahre *dieta* findet im Regenwald statt. An einer Stätte des Lernens.«

»In einem Indianerdorf? An einer Schule oder Akademie?«

»Eine *dieta* bedeutet Abstinenz und Isolation. Du bist allein im Wald. Die einzige Person, die du siehst, ist der Medizinmann, der Schamane, dein Lehrer. Er gibt dir eine kleine Dosis von der Pflanze, die du studierst. Nehmen wir an, du studierst einen Baum. Dann isst du einen Monat lang – nur diesen Baum.«

»Man ernährt sich einen Monat lang nur von einem Baum?«

»Von der Rinde oder den Blättern, abhängig davon, welches Material gebraucht wird. Um dich zu erhalten, isst du auch andere Sachen. Kochbananen, Maniok, Reis, etwas Fisch. Du trinkst Wasser. Das war's. Nichts Süßes, nichts Salziges, nichts Saures, nichts Bitteres und nichts Scharfes. Keine Menschen, kaum Bewegung, nichts.«

»Und dort unterrichtet dich der Medizinmann ...«

»Er ist für die Dosis verantwortlich. Er sagt dir aber nicht, was du wissen möchtest. Diese Informationen erhältst du direkt von der Pflanze.«

»Du meinst – man lernt von einer Pflanze?«

»Ganz genau. Dabei kümmert sie sich auch um deine anderen Baustellen, um Entgiftung, Reinigung der Energiekanäle und Ähnliches. Zunächst heilt sie dich. Dann, wenn du bereit für sie bist, unterrichtet sie dich.«

»Wie kann ich mir denn das vorstellen?«

»Es ist schwer zu beschreiben, Carlos. Du fällst in einen Dämmerzustand. Du erhältst Informationen im Schlaf.«

»Ist das unser Plan für den Amazonas?«

»Nein, Carlos. Dafür ist es zu früh.« Er lachte, als er mein enttäuschtes Gesicht sah. »Keine Sorge, wir haben Großes vor. Und morgen treffen wir Papa Huachuma!«

7

»*Vámonos*, Carlos, auf, ans Werk! Suche alles, was deine Aufmerksamkeit erregt. Blumen. Steine. Federn. Äste. Lerne, die Zeichen zu lesen. Höre, wie die Natur zu dir spricht. Bitte sie um Erlaubnis, ihre Gaben sammeln zu dürfen. Mit ihnen schmücken wir den Altar!«

Am Rand der kleinen Stadt hatten Esteban, Geronimos russische Freundin Nadeschda und ich die Straße verlassen. Im Licht der Eukalyptusbäume kletterte unser Pfad einen Ausläufer des Intihuatanabergs empor. Nach einer Viertelstunde Fußmarsch versperrte uns ein reißender Bergbach den Weg. Eine Leiter war darübergeworfen worden. Ich presste meine Tasche an mich und blickte auf die Steine im schäumenden Wasser. Die Brücke zu überqueren grenzte an Wahnsinn.

»Carlos, du schaffst das!«, rief Esteban von der anderen Seite.

Mit Anlauf eilte ich über den schwankenden Steg. Jenseits des Bergbachs breitete Esteban sein Tuch auf einer Wiese aus und beschwerte es mit einem Kristall.

Ich stolperte am Bach entlang und versuchte, meiner Intuition zu folgen. Dann setzte ich mich in die Sonne und schloss die Augen. Das Wasser rauschte. Der Wind flüsterte in den Bäumen. Zu viele Gedanken schossen mir durch den Kopf, und es gelang mir nicht, mich mit der Natur zu verbinden. Mit magerer Ausbeute für den Altar kehrte ich zu Esteban und Nadeschda zurück.

Esteban sprach Gebete, die den Apus, den Windgöttern der Berge, galten, und eröffnete die Zeremonie. Dann packten wir ein und marschierten weiter. Ich hatte mich an den Schatten der Bäume gewöhnt, als wir nach einer Kurve vor der Flanke des Intihuatanabergs standen. Eine atemberaubende Pyramide aus Inkaterrassen kletterte über ihn in den Himmel.

Am Sockel der Terrassen vermischte Esteban ein weißgrünes Pulver mit Wasser. Das Pulver war der Extrakt des San-Pedro-Kaktusses, Papa Huachuma, das »Fleisch der Götter«. Um 11:57 Uhr des 23. September 2013 trank jeder von uns eine Tasse.

Die Inkaterrassen waren etwa drei Meter hoch. Steinplatten waren über ihr Mauerwerk verteilt, die ihre Baumeister wie Treppenstufen zwischen die Fugen geschoben hatten. Als hätten sie ihr ganzes Leben lang nie etwas anderes getan, stiegen Esteban und Nadeschda auf ihnen seitwärts die Wände empor. Ich folgte, so gut es ging.

Es war schrecklich. Manche der Platten waren kaum zwanzig Zentimeter breit, andere fehlten. Ich blickte in das Tal hinunter, und wie schon auf der Brücke überkam mich der Schwindel.

Auf der dritten Terrasse war ich davor, das Handtuch zu werfen. Ich lief über das harte Gras, wo früher vielleicht Kartoffeln und Mais gewachsen waren, als ich einen stechenden Schmerz im rechten Fuß verspürte.

Ein auf dem Boden liegender Kaktus hatte seinen Stachel durch die Sohle meiner Trekkingsandale gebohrt. Wie durch ein Wunder hatte er seinen Weg zwischen zwei Zehen gefunden und die Haut nur angerissen; ansonsten wäre ich im Krankenhaus gelandet.

Ich setzte mich hin und zog den Stachel aus meinem Schuh. Unter uns leuchtete das Heilige Tal mit seinen Feldern, die den Abhängen abgetrotzt worden waren. In dieses Panorama fuhr nun ein gewaltiger Blitz. Das Tal hatte seine Tiefe verloren und stand vor mir wie das Bleiglasfenster einer Kirche.

Papa Huachuma kündigte sich an.

»Carlos«, sagte Esteban, dem meine Not nicht entgangen war, »wenn du ein Problem hast, bitte Papa Huachuma um Hilfe.«

»Okay, Pflanze!«, knurrte ich zwischen den Zähnen. »Wenn es dich gibt, dann zeige mir, wie ich hier hochkomme.«

Es war kinderleicht. Aus Angst hatte ich den Fehler begangen, meine Füße nebeneinander auf die Steinplatten zu setzen. Da meine Schultern breiter waren als die Stufen, war ich auf jeder Ebene in die Schieflage geraten. Wie von einer unsichtbaren Kraft getragen, flog nun auch ich mit ausladenden Schritten die Mauern empor.

Auf der obersten Terrasse hielten wir vor einer Treppe, die in die Ruinen eines Gebäudes auf der Kuppe führte. An ihrem Fuß tranken wir zum zweiten Mal.

Ich breitete die Arme aus und ließ meine Hände rechts und links über die Mauern der Prozessionsstraße gleiten, während ich hinter Esteban und Nadeschda die Stufen des Sonnentempels erklomm. Zwischen den Steinen fühlte ich mich sicher. Wie Eidechsen glitten wir durch eine Sequenz dachloser Räume und folgten dem Lauf eines Pfades, der sich um die Gesteinsformationen eines unteren Gipfels wand.

Die Winde auf dem Berg machten mir Angst. Ich fürchtete, zum Abhang geblasen zu werden und ins Tal hinunterzukullern. Esteban und Nadeschda saßen auf einem Vorsprung und ließen das Panorama auf sich wirken.

»Komm, setze dich zu uns«, rief Esteban.

»Nein«, rief ich zurück. »Ich kann nicht mehr. Es ist zu viel.«

Ich sank auf einen der Felsen. Dort lag ich in der Sonne, ein Bein angezogen, die Hände ausgebreitet, und presste meinen Rücken gegen den wärmenden Stein.

Ich weiß nicht, wie lange ich hingestreckt auf dem Intihuatanaberg lag. Irgendwann kam Esteban.

»Komm, Carlos«, sagte er beleidigt, »was ist das Problem?
Manifestiere die Angst. Frage, was hinter ihr steckt!«

Er reichte mir die Hand, ergriff mich am Arm und führte
mich an den Rand des Felsvorsprungs.

»Ich habe den Kontakt verloren«, sprudelte es brav aus mir
heraus. Es war, als befände ich mich in einem Seminar. »Ich
habe den Kontakt zu meinen Eltern verloren. Ich vermisse
meine Eltern. Die Generationen haben den Kontakt zueinander verloren. Die Menschheit hat den Kontakt zueinander
verloren. Wir haben den Kontakt zu Mutter Erde verloren. Ich
wünsche mir, dass wir den Kontakt wiederfinden. Ahuij.«

Wir erreichten einige schlecht erhaltene Fundamente. Die
Konquistadoren und ihre Priester hatten ganze Arbeit geleistet. Wo früher ein Innenhof gewesen war, setzten wir uns auf
das Gras der Ruine vor einen zerschlagenen Stein.

»Für die Inkas«, sagte Esteban, »war dieser Ort der Nabel
der Welt. Es ist der Intihuatana, der Stein, der die Sonne bin-
det. Über den Schatten seines Zeigers hatten die Inkas Verbindung zur kosmischen Zeit.«

»Was ist die kosmische Zeit?«, lallte ich.

»Der Rhythmus, in dem sich die Himmelskörper bewegen.
Es ist die wirkliche Zeit. Im Vergleich dazu ist unsere Lebens-
spanne nichts.«

Während wir einen neuen Altar bauten, überwältigte mich
die zweite Tasse von Papa Huachuma. Ich sank mehr zu Boden, als dass ich mich setzte.

8

»Du musst dich halten«, sprach eine innere Stimme zu mir.
»Es ist gefährlich, sich an dieser Stelle gehen zu lassen.«
Hilfesuchend blickte ich zu Nadeschda. Sie war eine
schwerbrüstige junge Frau mit einer Wollmütze auf dem
Kopf. Ihre sonnenverbrannten Wangen leuchteten wie Äpfel.
Doch die Mystikerin sah in die Ferne und ließ mit glasigem
Blick ihre Rassel kreisen. Der Klang des Instruments beunruhigte mich. Ich richtete
mich auf. Schweiß lief über Estebans Stirn, während er ein
Lied pfiff. Dann riss er den Mund auf und manifestierte einen
Schwall von Gebeten. Er sprach in einer unbekannten Sprache, Quechua musste es sein. Ihr Klang war fürchterlich. Ich
bewegte mich keinen Millimeter, innerlich jedoch hielt ich
mir beide Ohren zu.
Hör auf zu sprechen!, flehte mein Herz. Hör auf, Esteban.
Hör bitte auf!

Mir fiel ein Stein vom Herzen, als Esteban das Signal zum
Aufbruch gab. Wir folgten dem Pfad zu einem dreistufigen
Brunnen, an dem ich mich umwandte. Unter uns lag der Sonnentempel mit den dachlosen Räumen wie eine Mondsichel
über dem Heiligen Tal.
Ich senkte meinen Kopf in den Strahl. Meine Gesichtshaut
straffte sich. Das eiskalte Wasser spülte alle Ängste davon.
»Esteban«, rief ich, »das ist ja lachhaft! Jeder Psychotherapeut hätte seine Freude an mir. Da stehe ich auf einem Berg,
und das Einzige, was mir einfällt, ist, nach Mama und Papa
zu rufen. Ich sollte lernen, auf eigenen Beinen zu stehen!«

208

»Ich mag das«, sagte Esteban mit demselben Lächeln, mit dem er jede meiner Äußerungen quittierte. »Ich mag das sehr gern.«

Ich hatte keine Gelegenheit mehr, mir über Estebans sibyllinische Antworten Gedanken zu machen, denn das, was nun folgte, war der Spaziergang meines Lebens.

Meine Sandalen steckte ich in die Tasche. Ich war nun direkt mit der Erde verbunden, trittfest und sicher. Papa Huachuma war sehr stark in mir, veränderte aber meine Wahrnehmung nicht mehr; es war die körperliche Betätigung, die mich durch die Prozessionsstraße aus dem Bleiglasfenster der Kirche hinausgetragen hatte. Im Gänsemarsch folgten wir dem Pfad, der sich eine Anhöhe emporschlängelte. Ohne dass ich es wusste, überquerte ich barfuß die höchste Erhebung des Intihuatanabergs. Mal versperrte der Berg uns die Sicht, mal eröffneten sich grandiose Ausblicke auf die Gipfel und Felder des Andengebirges.

Für einige Meter gähnte zu unserer Rechten eine senkrecht abfallende Schlucht. Esteban wandte sich zu mir um und reichte mir seine Hand, doch mein Schwindel war verflogen. Beim Laufen breitete ich die Arme unter dem Poncho aus. Um mich herum waren nichts als Sonne und Wind.

Unser Weg führte durch eine Höhle. Auf der anderen Seite sah man den Himmel. Wir krabbelten durch den Spalt und traten in ein goldenes Tal.

Scharen von Frauen mit ihren Hüten und malerischen Tüchern beugten sich über eine Sequenz von Inkaterrassen, die zu einem Bach in der Talsohle abfielen. Dünn und kräftig stand die Höhensonne über uns in einem wolkenlosen Himmel, die Felder leuchteten mit den Tüchern um die Wette, und der Boden unter meinen Füßen war trocken und warm.

Da ist es also, sprach eine innere Stimme zu mir, das verlorene Tal von Manco Capac. Diese Bäuerinnen mochten ihrer Könige, Priester und Krieger beraubt worden sein. Doch hier, an diesem Ort, lebt ihre Kultur fort, so, als wären die Konquistadoren niemals gekommen.

An der Flanke des Intihuatanabergs führte der Weg in Serpentinen nach unten. Nachdem wir eine Weile lang das letzte Feld gekreuzt hatten, hielten wir auf einer Grasbank. Über sie würden wir das Tal verlassen.

»Es ist zu spät, ein drittes Mal zu trinken«, sagte Esteban und wies auf die Sonne, die ihren Zenit überschritten hatte. »Ich schließe jetzt diesen Teil der Zeremonie. Wenn ihr etwas manifestieren wollt, dann tut es jetzt.«

»Es ist an der Zeit«, rief Nadeschda gegen den Wind, »von allem loszulassen, was wir nicht brauchen!«

»Ich möchte ein Gebet sprechen für alle, die jetzt nicht bei uns sein können!«, rief ich. »Ich wünsche, dass auch sie sich von dem befreien, was schwer für sie ist.«

Esteban war auf ein Knie gesunken. Tränen schüttelten seinen Körper, während er sich erbrach. Der aufkommende Wind wühlte in meinem Poncho. Ich bot dem Wind meine Stirn, setzte einen Fuß auf einen Stein und versuchte, meinem Freund durch meinen Körper ein wenig Schutz und Halt zu geben. Dabei fiel mein Blick auf die Flanke des Hügels auf der anderen Seite des Bachs. Sie war von den Öffnungen unzähliger Höhlen durchsiebt.

»Das ist der Friedhof«, sagte Esteban, der auch Nadeschda zu sich gerufen hatte. »Die Höhlen sind Gräber. Schaut nicht hin, sonst werden die Geister euch zu sich rufen. Es ist wichtig, dass wir auf unserer Seite bleiben. Wir dürfen den Bach auf keinen Fall überqueren.«

Der Weg wurde steil. Während wir tiefer und tiefer in die Klamm hinabstiegen, schoben sich Wolken vor die Sonne. Licht und Farbe wichen aus der Landschaft. Dafür hörten wir deutlich das Wasser.

Eine Fuhrt führte auf die andere Seite. Dort, wo kein Gras wuchs, auf der kahlen Narbe der Erde, drehten sich Schlieren eines phosphoreszierenden Nebels.

Ich wandte meinen Blick ab und lief weiter.

Eine Weile folgte unser Pfad dem Lauf des Gewässers. Immer größer stand der Hügel über uns, immer drohender wurden die tausend Augen der Gräber. Ein Wind fuhr in die Klamm hinein, und ich wusste, er kam aus dem Reich der Toten.

Im Berg erhob sich ein Getöse, ein Dröhnen und Klappern, als würde eine Armee mit Klöppeln auf ihre Blechtöpfe schlagen. Dann vernahmen wir, irgendwo zwischen uns und dem Friedhof, mitten in der Luft und gleichzeitig jenseits von ihr, den markerschütternden Schrei eines neugeborenen Kindes.

Vom Ausklang unseres Spaziergangs habe ich wenig behalten. Der Weg entließ uns in die melancholische Landschaft am Ende der Klamm. Ein einsamer Baum krallte seine Wurzeln in die Erde und schüttelte sein Haupt in den Wind.

Wir mussten lange laufen, bis das Gras wieder dichter wurde. Ausläufer des Bachs verloren sich im Sumpf. Dann brach die Abendsonne hervor.

Wie im Traum wanderten wir durch ein Gehölz voller Kolibris. Überall um uns herum, auf den goldenen Kuppen der Hügel, leuchteten die Ruinen, und das Grün der Felder war so frisch wie an der Schöpfung erstem Tag.

Ich spürte meine Erschöpfung. Im Wettlauf mit der Dunkelheit stolperten wir bergabwärts. In der Ferne glommen Lichter, der Boden wandelte sich zu Schotter und Stein, wir überquerten eine Brücke und standen am Rand der kleinen Stadt.

Es war eine andere Welt als das hinter uns liegende Reich des Berges. So gut es ging, versuchten wir, unsere Sinne vor den vorbeidonnernden Lastwagen zu schützen, dem Hupen, dem Verkehr und den Restaurants mit ihren plärrenden Flachbildschirmen, auf denen sich Transvestiten gegenseitig in die Wolle gerieten und sich Catcher im Ring zu Boden warfen.

9

Das Zentrum der kleinen Stadt bestand aus einem Gitter von Straßen aus der Zeit der spanischen Vizekönige. In ihrer Mitte gähnte ein öder Platz; meistens war er nur da für die Sonne, den Wind, die Hunde und Touristen. Einmal in der Woche allerdings war dort auch Markt, und an den Sonntagen füllte sich die Kirche mit den Wolltüchern und weißen Zylindern der Bäuerinnen aus der Umgebung.

Besucher aus der ganzen Welt stiefelten über Rinnsteine in der Form von Schlangenköpfen und kauten auf Kokablättern herum. Sie hatten Jahre im Himalaja verbracht, banden sich Kristalle vor die Stirn und husteten in verräucherten Tipis auf Lamaföten. Alle glaubten, auf der Schwelle zu einem goldenen Zeitalter zu stehen, in dem sich das Wissen vormoderner Kulturen mit technischer Ordnung verbinden würde, und alle trugen die Worte ihres Propheten Terence McKenna auf den Lippen: »Es ist das Selbst, das wir wiedererlangen wollen, das in Materie eingesperrte Leben, *lux natura*, eine universelle Medizin, die alle Krankheiten heilt. Die Antwort, die jeder sucht und die niemand findet.«

Anstelle des Steins der Weisen fand ich Restaurants, deren Speisekarte unsere Fastenregeln befolgte. Ich fand Geschäfte mit Rasseln und Pfeifen aus den Knochen des Kondors. Ich fand holistische Bäckereien, Heilzentren mit Krebstherapien und Rohkostküche, Spelunken mit besoffenen Quechua-Frauen und eine Astrologin aus Chile im zweiten Stockwerk unserer Pension.

»Wir sind auf derselben Stufe wie das Bermudadreieck!«, rief sie und wies durch das Fenster auf die Berge. »Es ist ein

Portal in eine andere Dimension. Das bedeutet aber nicht«, sie wackelte mit dem Finger,»dass es Menschen verschluckt und zerstört. *No!* Diese Menschen durchschreiten das Portal sehr, sehr lebendig. Und diejenigen, die zurückgekehrt sind, um von ihrer Reise zu berichten, erzählen von einem Geräusch wie im Radio: zzzzzzzzzzzz …«

Im Erdgeschoss schwang eine schöne Dänin das Nudelholz. Beim Kneten entledigte sie sich eines Kleidungsstücks nach dem nächsten und blickte mit feuchten Augen auf Esteban. In seinen Trekkingsandalen stand unser Ernährungsprophet in der Gemeinschaftsküche, trug seinen Fedora auf dem Kopf und unterrichtete seine Jüngerin in der Kunst, das Fleisch der Lucumafrucht mit Kokosmark, roher Schokolade, Macamehl, Hanfprotein und einer Prise Zimt zu Energiebällen zu formen.

Der Zeigefinger der Astrologin wanderte nach oben. Sie war eine dunkelhaarige Frau ohne feste Form und trug eine weiße Bluse zu passenden Hosen.»Dort oben, neben dem Kreuz des Südens, ist ein schwarzes Loch. Das Schwarze Loch ist das Portal!«

Ihr Gesicht näherte sich mir bis auf wenige Zentimeter.»Ein UFO …«, keuchte sie.»Ich höre es … Sie kommen, um mein Zimmer auszuräumen …«

Die Chilenin stürzte durch die Tür auf die Veranda, wobei sie um ein Haar ausgerutscht wäre, und klammerte sich an das Geländer.

»Du hast das auch gesehen, oder?«, wandte sie sich an einen Mann mit einem grauen Pferdeschwanz, dessen Kopf von unten im Treppenhaus erschien.

»*No no no no no!*«, rief er glücklich.

»Natürlich!«

»Unglaublich!«

»Es ist mein siebenundvierzigstes!«

Esteban hatte seine eigene Art, mit den Angeboten umzugehen, die uns unsere Reise machte. Mit Urteil hielt er sich zurück. Stattdessen blieb er seiner Gabe treu, jedem Menschen, dem wir begegneten und der für uns keine Bedrohung darstellte, dieselbe Aufmerksamkeit zu schenken wie mir.

Seine Aufmerksamkeit war ungeteilt, doch sie war endlich. In seiner Fähigkeit, ganz im Augenblick zu sein, wirkte er auf mich wie eine Biene, die sich mit traumwandlerischer Sicherheit mal auf eine Blume setzt, mal auf die nächste, um dann über blühende Wiesen davonzusummen. Und während er den Tag mit einem Plauderstündchen im Hof oder in der Küche ausklingen ließ, setzte ich mich an einen Tisch, um die Seiten meines Tagebuchs mit engen Zeilen zu füllen.

Meine Profession erforderte die Hinwendung zur Vergangenheit, das tägliche Protokoll. Doch ich empfand eine zunehmende Abneigung gegenüber der damit verbundenen Isolation, dem Rückzug ins eigene Ich, und der Anstrengung, die Erfahrungen des Tages in Worte zu fassen.

Mir war, als würden diese Erfahrungen ihren wahren Kern vor mir verbergen. Jede Erfahrung war nicht nur eine Lektion; sie war auch eine Vorbereitung auf die Erfahrung, die ihr folgte. Auch wenn wir die Treppen des Intihuatanabergs hinter uns gelassen hatten, schien es mir so, als würden wir weiter die Stufen einer Leiter erklimmen. Ihr Ende verschwand in den Wolken, und das, was hinter uns lag, veränderte seine Gestalt von Schritt zu Schritt.

Esteban war kein Buchstabenmensch, sondern ein Musiker. Wie sehr seine Erfahrungswelt der meinen widersprach, zeigte sich einmal mehr, als ich einen weiteren Blick auf seinen inneren Kompass erhielt.

Eines Abends fanden wir einen Brief von Aja, der Dänin mit dem Nudelholz, in einem Kuvert vor der Tür. Sie schrieb Esteban, dass sie mit ihrem Sohn in grünere Gefilde ziehen würde und hoffe, den Kontakt zu ihm nicht zu verlieren.

Ich fragte Esteban nach dem Geheimnis hinter seiner Anziehungskraft. Es musste mehr dahinterstecken als Freundlichkeit gegenüber Fremden auf der Straße.

»Die Antwort«, sagte Esteban, »liegt im Herzen. Wenn das Herz offen ist, ist alles verfügbar. Und du wirst verfügbar für alles. Der Verstand ist nicht stabil. Er weist in die eine, dann wieder in die andere Richtung. Das Bild ist niemals klar. Aber wenn du in deinem Herzen bist, hören alle Verwirrungen auf. Das, was ist, ist dann nur so, wie es ist. Es ist reine Wahrheit. Wenn du in deinem Herzen bist, bist du wie ein Kind. Und ein Kind, Carlos, hat keine Probleme. Es klammert sich nicht an Illusionen. Wenn etwas ihm nicht gefällt, dann schreit es sofort. Es ist nur offen für das, was ihm Schönheit, Wärme und Liebe bringt. Aber ich glaube«, lachte er, »ich erkläre das nicht richtig!«

Ich hatte Esteban wohl gehört. Das Störfeuer der Gedanken verschleiere den Blick, das wahre Verstehen. Es gebäre Wünsche und Ziele, der Ursprung menschlichen Leids. Im japanischen Buddhismus war dieses Misstrauen so stark, dass man glaubte, Freiheit nur jenseits der Worte zu finden.

Je mehr ich Esteban beobachtete, desto mehr lernte ich, dass die Überwindung dieses Störfeuers keine Auflösung der Persönlichkeit nach sich ziehen musste. Dennoch würde ich mich später fragen, wie er mit den Widrigkeiten des Alltags umging, wie er ein Projekt verfolgte, das fernab am Horizont erschien, wie er einen womöglich aussichtslosen Kampf für die richtige Sache kämpfte. Die Offenheit seines Herzens, gepaart mit einer Treue zum eigenen Impuls, könnte zur Folge haben, dass alle seine Beziehungen wie die zu Aja waren: Die beiden hatten sich getroffen und, ganz im Moment, ihre Energiebälle getauscht. Dann waren sie getrennter Wege gegangen und würden sich nie wieder begegnen.

10

»Die Gesellschaft«, sagte Esteban auf dem Weg zu der Meditation des Mestizen, »redet uns alle möglichen Dinge ein. Den Glauben an eine Karriere, an Status, an einen Namen, einen Titel. Für viele Menschen setzt sich aus diesen Dingen ihre Identität zusammen. Doch das ist keine wahre Identität. Die wahre Identität kommt aus dem Herzen. Und um auf das Herz hören zu können, muss man sich von all dem Ballast gelöst haben, der einen vorher geprägt hat.«

»Fast so, wie wenn man stirbt.«

»Genau. Es geht darum, den Akt des Sterbens zu vollziehen, bevor man wirklich stirbt. Wenn du bewusst stirbst, lässt du alles ziehen, was du nicht brauchst. Das, was dich ausgemacht hat, ist weg. Du hast alle Brücken hinter dir abgebrannt. Du kannst von vorn beginnen. Das ist die Lektion, die uns Papa Huachuma erteilt hat.«

»Ich habe den Schrei eines Babys gehört.«

»Wir alle haben den Schrei gehört. Er hat uns gezeigt, dass im Tod sich die Dinge umdrehen. Wenn der Tod kommt, kommt Leben. Nachdem du alles hinter dir gelassen hast, betrittst du die Welt wie neugeboren. Du betrittst sie wie ein Kind. Du hörst nur auf die Botschaften deines Herzens. So gehst du in jede Beziehung. In jede Mahlzeit. An jedes Wort, das du in den Mund nimmst. Diese Arbeit ist superschwer. Sie erfordert Klarheit, Carlos. Sie erfordert extreme Präzision.«

Am Horizont zog ein Unwetter auf, das sich jedoch nicht entlud. Die kleine Stadt war voller Gerüchte. In Lima, hieß es, bebe die Erde; eine Erhöhung der Lebensmittelpreise habe umliegende Dörfer in Aufruhr versetzt; Steine seien auf die Straßen gewälzt worden und hätten diese unpassierbar gemacht. Dann schnitt ein Stromausfall die Internetverbindung zur Außenwelt ab. Wir hatten das Heilige Tal für uns.

Bei Einbruch der Dämmerung überquerten Esteban und ich den laut rauschenden Bach, der die Straße von dem Anwesen des Mestizen trennte. Für seine Meditationen hatte er einen Rundbau aus Lehm mit einem Strohdach errichten lassen, der sich wie ein Tipi zu einer Luke in den Himmel wand. Die Gäste saßen vor ihren Spucknäpfen an der Wand. In dem stromlosen Tal wurde es dunkel.

Gegen den Uhrzeigersinn traten wir vor und tranken, im Licht einer einzigen Kerze, die Medizin. Sie war dünn wie Wasser und wirkte feuerrot auf mich.

Wir warteten in steinzeitlicher Dunkelheit. Es machte keinen Unterschied, ob ich die Augen öffnete oder schloss. Ich spürte keine Hitze, keine Kälte, keinen Brechreiz, und mein Körper begann nicht zu vibrieren.

Der Mestize griff zur Gitarre. Das Lied, das er sang, war einfach, doch es zog alle Traurigkeit der Welt aus mir heraus.

Danach war es still. Sanft stiegen Erinnerungen auf und zerplatzten wie Blasen an der Oberfläche eines Sees. Die meisten waren Gefühle. Sie kamen mit keinem Bild und keinem Namen, aber es war, als sprengten sie mein Herz.

Es blieb still. Im Dunkeln wartete ich darauf, dass etwas geschah. Ich verfolgte, wie sich meine Beine aneinanderrieben. Vor Mitternacht tranken wir ein zweites Mal. Irgendwann spürte ich, dass es an der Zeit für einen Gang ins Freie wäre.

Ich begab mich auf die Suche nach der Tür, konnte jedoch die Hand nicht vor den Augen sehen. So kroch ich auf allen vieren los, um nicht über die anderen Gäste und ihre Spucknäpfe zu stolpern. Wir waren angewiesen worden, Taschenlampen nur kurz zu benutzen und dabei ihren Strahl mit der

Handfläche zu verdecken. Die ausgeschaltete Lampe in der Faust, krabbelte ich in den nachtschwarzen Raum.

Bald hatte ich die Orientierung verloren. Ich schaltete die Lampe ein, aber das Einzige, was ich sah, war die rötlich leuchtende Haut zwischen den Wurzeln meiner Finger.

Wie ein Tiefseefisch folgte ich diesem nutzlosen Licht. Dann gab ich auf, schluckte meinen Stolz herunter und suchte Hilfe bei Esteban. Er packte mich am Arm und führte mich wie einen Betrunkenen durch die Tür in den Garten hinaus.

Unter den Eukalyptusbäumen, im feenhaften Licht der Sterne über dem Heiligen Tal, erkannte ich die ganze Subtilität, die ganze Stärke der Medizin. Mein Körper war so sehr mit seiner Arbeit beschäftigt, dass er sich wie eine Flasche Selterswasser anfühlte, die man zu heftig geschüttelt hatte.

Nachtluft und Bewegung festigten mich. Nach unserer Rückkehr umfing mich wieder die Logik der Meditation. Ich tastete nach meinem Spucknapf, legte mich hin und entschwand.

Als ich meine Augen öffnete, sah ich, dass der Mestize seine Kerze entzündet hatte. Die Statuen saßen im Kreis.

Um halb zwei Uhr morgens war die Meditation vorbei.

Am nächsten Tag schliefen wir aus und stärkten uns mit einem Mittagessen aus Quinoa, Körnern, Mangos und Bananen. Die Medizin wirkte weiter in uns fort. Ich spürte, wie mein Körper die Nahrung aufnahm und maschinenartig in ihre molekularen Bestandteile zerlegte. Mir schwindelte. Dann lag ich lange Zeit in der Höhensonne neben einem Blumentopf auf dem Boden im Hof.

Erst am Nachmittag konnten wir uns dazu überwinden, in die Stadt aufzubrechen, um unsere Abreise vorzubereiten. Der Alltag war flirrend geworden, brüchig, monströs bis in die kleinsten Details. Alles quälte mich – der durch den Stromausfall verursachte Zeitdruck beim Buchen der Fahrscheine,

Nachrichten aus der Heimat, schreiende Kinder, kläffende Hunde, Betrunkene, der Stau auf der noch immer blockierten Straße nach Cusco.

Wir entkamen um Haaresbreite. Am Tag unseres Fluges nach Lima blieben die Straßen gesperrt, nur kleine Fahrzeuge konnten die Barrieren passieren. Eine zweite Nachtruhe hatte Wunder bewirkt. Da in den kommenden Tagen keine Meditation vor uns lag, feierten wir unsere wiedererlangte Kraft mit einem Fisch, der auf Estebans Anweisungen hin gewürzlos, nach unseren Fastenregeln, zubereitet wurde. Dann mischten wir uns unter die westlich gekleideten Städter und die Bäuerinnen mit ihren runden Zöpfen, Wolltüchern und weißen Zylindern, um Plätze in einem Sammeltaxi zu finden.

Zu acht quetschten wir uns in einen Kombi; die Verhandlung um den beschränkten Raum erfolgte wortlos und ohne Streit. Ich überließ den Frauen die Sitzplätze und machte es mir, so gut es ging, im Kofferraum bequem.

Während der Wagen die Serpentinen nach Cusco erklomm, warf ich einen scheidenden Blick auf das Heilige Tal. Die vom Urubamba herangespülten Sedimente hatten seine Sohle mit einer schnurgeraden Ebene gefüllt. In das Gelb und Grün dieser Fläche griffen von allen Seiten die Berge hinein. Darüber standen Wälder und Schluchten in einem rauchigen Blau.

Trotz der Enge konnte ich mich nicht beschweren. Mit einem vollen Bauch und einem offenen Herzen war das Leben schön.

11

Nach einem Zwischenaufenthalt in Lima überquerten wir
das Altiplano, das karge Hochland des Andengebirges. Auch
dieses Mal hatten wir den Fernbus gewählt, um die Nähe zu
Mutter Erde zu halten. Auf halber Strecke, gegen zehn Uhr nachts, begannen wir
unseren Abstieg in die Tropen. Insekten tanzten im Scheinwerferlicht. Dann standen die ersten Bananenstauden in den
Dörfern zu beiden Seiten der Straße. Während wir nach Osten reisten, floss das weiße Wasser
des Urubamba weiter durch das Heilige Tal. Jenseits von Ol-
lantaytambo, zu Füßen von Machu Picchu, folgte es seinem
Lauf durch die Schluchten der Cordillera de Vilcabamba. Von
Bergbächen gespeist, stürzte es durch Nebelwälder, in denen
sich bis heute der Stamm der Asháninka verbirgt, ins Ama-
zonasbecken herab. Dort verschmolz der Urubamba mit dem
Rio Tambo zum Ucayali und erreichte, angereichert mit mok-
kafarbigen Sedimenten, die Stadt Pucallpa.

Wir kamen am Ende der Trockenzeit dort hin. Die Regenzeit lag ein halbes Jahr zurück, der Pegel des Ucayali war um
viele Meter gefallen; das hatte Handel, Piraterie und Kinder-
prostitution ein saisonal bedingtes Ende gesetzt. Auf dem
breit gewordenen Uferstreifen schlugen Geier neben leeren
Droschken mit den Flügeln. Seitdem man eine Straße gebaut
hatte, war das Ziel unserer Reise, ein Dorf des Stammes der
Shipibo, am einfachsten über Land erreichbar. So hatten wir
das Boot für uns allein, gegen einen fürstlichen Obolus von
25 Soles pro Person, ein robustes Kanu mit Sonnenschutz,
Doppelsitzen und Außenbordmotor.

Wir kletterten an Bord und tuckerten los. Die Stadt, kaum inspiziert, entschwand unseren Blicken.

Auch in der Trockenzeit war der Ucayali noch immer ein mächtiger Strom. Vögel stürzten wie Steine in seine Wogen, um ihre unsichtbare Beute zu greifen. Ein sanfter Wind vertrieb die Hitze, und auf dem Wasser gab es keine Mücken. Der Wald, der auf beiden Seiten vorüberglitt, wirkte überraschend niedrig auf mich, harmlos sogar. Dennoch würden wir den tiefen Dschungel nicht betreten, da dies zu gefährlich sei. Gras und Unterholz wimmelten vor Schlangen und giftigen Insekten. Winzige Blutsauger, *isangos* genannt, würden sich in der Leistengegend festsetzen. Es gebe räuberische Tiere, Parasiten und Bakterien, angeblich sogar solche, die den Urinstrahl des Menschen emporschießen und sich im Harnleiter festsetzen könnten.

Doch es war auch ein Reich der wundersamen Symbiosen. Hohle Bäume boten Fledermäusen Schutz, die sie dafür mit ihren Exkrementen düngten; Ameisen verteidigten Pflanzen gegen Schädlinge und konnten dafür von ihrem Nektar trinken. Esteban war Teil dieser Kooperationen zwischen den Arten geworden: Im Tausch gegen Einsichten, auf denen sein Lebensunterhalt beruhte, hatte ihn die Medizin zu ihrem Botschafter ernannt. Über ihn hatte sie sich auch in mir ausgebreitet, ich war, sozusagen, zu ihrem Wirtstier geworden. Vielleicht hatten die Pflanzen, aus denen die Medizin bestand, mich nur nach Amazonien gelockt, um mir zu zeigen, was sie, als Preis für die Meditationen, von mir verlangten.

»Es geht darum, bewusst den Akt des Sterbens zu vollziehen, bevor man wirklich stirbt«, hatte Esteban gesagt. »Wenn du bewusst stirbst, lässt du alles ziehen, was du nicht brauchst.«

Dieser schamanische Tod wirkte weit weniger greifbar auf mich als der tatsächliche, den der Mensch mit sich brachte.

In der Vorzeit war er, Faustkeile in der Hand, wie eine Horde kreischender Affen über die Tiere Afrikas hergefallen. Zeitalter später hatte er begonnen, sich diese Tiere anzueignen. Er hatte gelernt, sich in ihr Fell zu kleiden, ihre Haut zu Sandalen zu schnüren und ihre Knochen zu Flöten zu machen. Und wenn er das letzte Mark aus ihnen herausgesaugt hatte, dann war sein Atem darin so mächtig geworden wie der Wind, der Bergen und Bäumen die Sprache und Melodie des Lebens entlockte.

Er hatte gelernt, seine Toten zu bestatten. Vielleicht war er den Sternen bis nach Sibirien gefolgt, vielleicht aber auch den Herden der Mammuts, als ein wärmeres Klima Wälder entstehen ließ und die Tundren nach Norden gewandert waren.

Vielleicht hatte der Mensch den Norden zu lieben gelernt mit seinen fetten, wohlschmeckenden Tieren. Am Ende der letzten Eiszeit schwärmte er auf verschiedenen Wegen in die Neue Welt. In kürzester Zeit hatte er ihren südlichsten Zipfel, Feuerland, erreicht.

In der Stille des Holozäns, untermalt von dem Geräusch gerupften Grases und dem gelegentlichen Schrei eines Vogels, traf er auf riesige Säuger, die er nie zuvor gesehen hatte. Es gab Kamele mit Rüsseln, gepanzerte Glyptodonten, die man nur auf den Rücken zu wuchten brauchte, um sie zu schlachten, oder ein Faultier, das seine sechs Tonnen Gewicht im Zeitlupentempo durch das blaue Licht der Pampa schleppte.

Nach der Ankunft des Menschen schwanden die Tiere in einem sich verändernden Klima dahin. Ein weiteres Massensterben folgte, als im Jahr 1500 fremde Objekte in der Mündung des Amazonas erschienen. Entlang der Wasserstraßen, des Putomayo etwa, des Rio Xingú und des Tapajós, hatten die Indianer blühende Dörfer und Stammesfürstentümer errichtet. Ihre Bewohner aßen Schildkröten und Fische und waren schöner als ihre ackerbauenden Vettern im Heiligen Tal. Nie zuvor hatten sie Segel gesehen; nun wiesen sie mit täto-

wierten Armen auf die Galeonen der Spanier, die sie, in ihrer
Ratlosigkeit, mit fliegenden Ameisen verglichen.

Mit Bulldozer und Kettensäge brachte der Mensch das
dritte Massensterben über die beiden Amerikas, diesmal über
ihre Tiere und Pflanzen. Ein Fünftel des amazonischen Regenwalds war verloren, der Rest aber noch einigermaßen intakt.
Weiterhin gab es Indianerstämme, die niemals zuvor einen
weißen Mann gesehen hatten und die mit Pfeil und Bogen auf
seine Helikopter schossen.

Die Shipibo jedoch waren von den Franziskanermönchen
missioniert worden. Sie kannten den weißen Mann seit dreihundert Jahren.

Der Steuermann zog das Boot zum Ufer, wo zwei Kanus mit
Paddeln in der Sonne lagen. Auf Stachelrochen achtend, zogen wir im knietiefen Wasser die Füße durch den Schlick und
kletterten dann die Flussbank empor.

Auf der Anhöhe stand ein Mann mit Topfschnitt und Turnhose im Gras. Er hatte den Motor von Weitem gehört und er-
bot sich, für wenige Soles unsere Rucksäcke zu tragen.

Eine Rampe führte über Sumpf und Schilf. Sobald wir den
Fluss verlassen hatten, war es sehr heiß, und das Tosen der Insekten hing wie ein Vorhang in der Luft.

12

In Sichtweite war der Dschungel gerodet worden. Holzhäuser standen auf Stelzen hinter Maniok und Bananenstauden an einer Straße aus ausgetrocknetem Lehm. Zwischen Strommasten reflektierten Girlanden das Mittagslicht. Das Dorf bereitete sich auf seinen neunundneunzigsten Geburtstag vor, und die Stammesältesten hatten beschlossen, dass es an der Zeit für eine Fahne war.

»Was hältst du von unserer Fahne?«, fragte Mercedes und breitete ein frisch genähtes Tuch auf einem Baumstumpf aus.

»Die Fahne ist famos«, sagte ich.

Es war die Trikolore, die Fahne Frankreichs.

Mercedes' Lachen klang wie ein lang gezogener Seufzer.

»Es ist die Trikolore, die Fahne Frankreichs.«

»Wir haben einen Fehler gemacht«, sagte ihr Ehemann, Demetrio. »Zuerst wollten wir nur die Fahnen unserer Besucher aufhängen. Sie kommen aus der ganzen Welt. Dann ist uns eingefallen, dass auch wir eine Fahne brauchen. Vor neunundneunzig Jahren hat ein Priester unser Dorf besucht. Er war Franzose. Die Fahne unseres Freundes ist das Einzige gewesen, was wir von Fahnen gewusst haben. Das war ein großer Fehler. Nun möchten wir etwas machen, das von uns kommt.«

Demetrio war einer der gewählten Vertreter seines Stammes, zweiundsechzig Jahre alt, bartlos wie alle Indianer, ein gedrungener Mann mit einer Baseballmütze, weißem Hemd und langer Hose. Trotz der Hitze trug er senfgelbe Stiefel von Timberland und einen Rucksack mit dem Logo der Bleistiftfirma Faber-Castell auf dem Rücken.

Das Paar hatte uns sein Häuschen vermietet; es war dankbar für jedes Geld.

Hinter dem Vorzimmer, das als Abstellkammer diente, standen zwei Betten in Würfeln aus Moskitonetz. Ein Drahtgitter ersetzte die Fensterscheiben, und die Stelzen, auf denen das Gebäude stand, waren so hoch, dass unter dem Boden viel Platz für eine Freiluftküche war.

In ihrem Schatten saßen wir auf Baumstämmen; Hühner pickten auf dem nackten Boden, der zum Schutz vor Schlangen und *isangos* geklärt worden war.

Außerhalb des Schattens lag ein Einbaum in der Sonne. Groß wie ein Krabbenbein verdorrte neben der Buschdusche der Arm einer Spinne. Die erste Mango der Saison fiel mit einem dumpfen Ton auf den Boden. Selten hörten wir auf der Straße ein Motorrad und kein einziges Mal auf dem Ucayali ein Boot. Dafür krähte immer wieder ein Hahn, die Vögel zwitscherten in den Bäumen, und das weiße Rauschen der Insekten begleitete den Tag.

Aus der Ferne kam Musik.

»Am 4. Oktober wird es eine *fiesta* geben.« In T-Shirt und Shorts schwang Mercedes in ihrer Hängematte hin und her. »Und alle *chicas* werden ihre traditionelle Kleidung tragen!«

Bevor mit den Franziskanern der christliche Friedhof kam, hatten die Shipibo ihre Toten in Töpfen bestattet. Als ihre Keramik auf internationale Ausstellungen reiste, begleitete Demetrio sie nach Montpellier. Er sah die Lavendelfelder der Provence und zum ersten Mal Menschen an einem Badestrand. Im Schatten einer Platane erklärte ihm ein Mann mit einem imposanten Bart, dass das Mittelmeer die Wiege vier großer Kulturen sei.

Fünfhundert Jahre nach der Landung von Kolumbus in Amerika trat Demetrio als Mitglied der Delegation Perus vor den Rat der ökumenischen Kirchen in Genf.

»Ich als Shipibo«, sagte er, »möchte euch bitten, auch unsere Kultur zu respektieren, unsere Überzeugungen und uns selbst.«

Während er von den Konquistadoren erzählte, unterbrach ihn ein Witzbold aus dem Saal. »Aber Demetrio – nun bist doch du es, der uns seine Kultur bringt!«

»Ich komme nicht mit der Bibel«, wiederholte Demetrio zum Zirpen der Grillen seine Worte. »Ich komme nicht mit einem Glaubenssystem, und ich komme nicht mit dem Schwert in der Hand. Ich komme mit einem offenen Herzen, und ich komme, um von euch zu lernen. Ich komme, um euch unsere Solidarität anzubieten. Ob Schwarz, ob Weiß oder Indianer, wir alle gehören zur selben Spezies. In unserer Kultur geht es darum, etwas zu geben. Diejenigen, die uns besuchen wollen, heißen wir herzlich willkommen.«

Keine von Demetrios Reisen, keine seiner Reden konnte etwas daran ändern, dass die alten Rezepte nicht mehr wirkten. Im Verlauf weniger Generationen war die Gemeinde gewachsen, das angestammte Land blieb dasselbe. Demetrio und Mercedes hatten neun Kinder; keines war geblieben. Es zog sie nach Pucallpa, Iquitos, Lima, sogar über die Landesgrenzen hinaus bis nach Paris. Dort hatte eine ihrer Töchter einen Leibwächter des Premierministers geheiratet; sie war, erklärte Demetrio stolz, eine französische Shipibo.

Die Ausbreitung der evangelikalen Kirchen sorgte für neue Spannungen, ein weiteres Schisma im Dorf. Der Ucayali, der den Shipibo ihr Wasser brachte, führte nun auch die Gifte der Zivilisation mit sich; dafür gab es für wenige Stunden am Tag Elektrizität. Sie reichte für die Seifenopern des Fernsehers und das neue Internetcafé; mit ihm kamen die Versuchungen einer globalisierten Welt. In alten Zeiten hatten die Kinder mit ihren Eltern an den Abenden zusammengesessen, um im Kerzenlicht über den Wald zu lernen; nun verletzten sie sich an den Stromkabeln und erfuhren, wie es sein könnte, ein Fußballstar zu werden oder eine Sängerin wie Beyoncé.

»Früher hat die Natur für uns gesorgt«, wiederholte Demetrio das Lamento aller Indianer. »Wir wussten, wie man fischt und wie man jagt. Wir wussten, welche Medizinen uns die Pflanzen geben. Es hat uns an nichts gefehlt. Nun brauchen wir Geld. Wir sind zu Konsumenten geworden. Doch wir stellen nichts her. Das Einzige, was wir verkaufen, ist Kunsthandwerk.«

Mercedes zog einen Stapel Tücher hervor. Ich sah Variationen des Altartuchs von Esteban, die Schlange und den Strauch.

»A-y-a-h-u-a-s-ca«, buchstabierte sie und wies auf die Schlange.

»Chakruna«, flüsterte sie und wies auf den Strauch.

»Ayahuasca ist das männliche Element«, sagte Demetrio, »Chakruna das weibliche. Traditionell besteht die Medizin aus diesen beiden Komponenten. Heute aber vermischen sie die Heiler, die *curanderos*, mit Tabak, Koka, sogar dem Stechapfel.

Es ist die Aufgabe des Heilers«, fuhr er fort, »dafür zu sorgen, dass du in deiner Mitte bleibst. Das Kochen ist das Wichtigste an der ganzen Sache. Am Anfang bittet der *curandero* die Geister um Hilfe. Dann geht er in den Wald, um Ayahuasca und Chakruna zu pflücken. Es ist besser, die Pflanzen in der Wildnis zu suchen. Dort sind sie stark, viel stärker als die Pflanzen, die in der Nähe eines Hauses wachsen. Sogar die Leute von Santo Daime bitten uns um Hilfe, weil wir die Fähigkeit haben, die Pflanzen in der Wildnis zu finden. Dann verbindet sich der *curandero* mit der Medizin, während er sie kocht und ihre Dämpfe einatmet.«

In einem Falsett begann Mercedes zu singen. Wie die Nadel eines Schallplattenspielers folgte ihr Zeigefinger den Linien auf ihrem Tuch.

Ihr Lied wirkte wie ein Wiegenlied, aber auch wie der Gesang einer Wahnsinnigen auf mich.

Zwei Häuser weiter lag Doña Catalina, ihre Mutter, im Sterben.

13

Wir fanden Doña Catalina in der Hängematte auf der Veranda vor ihrem Haus. Aufgrund ihrer Krankheit, angesichts des nahenden Todes, war ihr Gesicht grau und ihre Nase klein und ängstlich geworden. Sie trug eine hochgeschlossene Bluse mit einem Schulterkragen in der Form einer Bordüre, eine Mischung aus Schuluniform und geistlichem Habit, die von den Franziskanern kam.

»Doña Catalina ist einer der ersten Menschen, mit denen ich hier die Medizin getrunken habe«, sagte Esteban. »Sie gehört zu den Stammesältesten. Wenn sie tot ist, geht ihr Wissen verloren. Ihre Enkelinnen haben keine Lust mehr, nach Pflanzen zu suchen und fremden Menschen Rauch ins Gesicht zu blasen.«

Mit einer matten Geste wies Doña Catalina auf Schmuck am Boden und auf Tücher in verschiedener Größe und Form.

»Ich kann nicht arbeiten oder auf den Markt gehen«, klagte sie und presste eine Hand auf die Brust. »Es liegt mir auf den Bronchien, das Atmen fällt mir schwer.«

»Ich frage mich, wie wir ihr helfen können«, sagte Esteban. »Ich habe ein Naturheilmittel mit antibiotischer Wirkung im Gepäck. Sie braucht gutes, stärkendes Essen. Wir sollten in der Stadt auch Medikamente für sie kaufen.«

Doña Catalina wollte nach Pucallpa ins Krankenhaus. Sie wollte zu einem Arzt. Doch wenn die Shipibo über besondere Fähigkeiten verfügten, sagte ich mir, dann müssten sie an diesem Ort, in Amazonien, in der Apotheke der Natur, eigentlich in der Lage sein, ihr zu helfen.

Im Ausland hatte man begonnen, von der Medizin zu sprechen. Seit Jahren kam ein stetes Rinnsal von Besuchern an den Ucayali, und sie befanden sich auf der Suche nach Heilern. Doña Catalinas Tod würde das Ende einer Tradition in ihrer Familie bedeuten, doch sie war keineswegs das Ende ihrer Zunft. Mit den Besuchern begann auch die Zahl der *curanderos* wieder zu wachsen; allerdings täten sie das, was sie täten, sagte Demetrio, immer öfter aus den falschen Gründen. »Die Arbeit des Heilers ist ein Dienst am Menschen. Sie ist ein humanitärer Akt. Und sie beruht auf einer Beziehung. Wenn du deinen Heiler siehst, dann setzt du dich neben ihm hin. Wenn er etwas erreicht, dann gibst du ihm ein kleines Geschenk, vielleicht ein Huhn. Ein *curandero* nimmt für seine Arbeit kein Geld. Aber jetzt arbeiten sie zunehmend nur wegen des Geldes. Diese Heiler können großen Schaden anrichten, wenn sie nicht richtig ausgebildet sind. Manchmal setzen sie Leute auf eine *dieta* mit starken Pflanzen, obwohl sie mit ihnen nicht umgehen können. Die *gringos* kommen in Strömen nach Peru und geraten in Gefahr. Die wenigsten finden, was sie suchen. Ich mache mir große Sorgen.«

»Schauen wir uns um«, sagte Esteban, der vor Ort bekannt war wie ein bunter Hund. »Es ist wichtig, dass dich die Leute zu Gesicht bekommen und wissen, wer du bist.«

Er brachte mich zu einer Familie, mit der er zusammengesessen hatte, seitdem er das Dorf zum ersten Mal betreten hatte. Die Mädchen trugen ihre kleinen Geschwister auf dem Arm und eroberten sofort mein Herz.

»Ich habe sie groß werden gesehen«, sagte Esteban. »Sie sind hinreißend. Und immer, wenn ich komme, geben sie mir ein Stück Kürbis.«

Diesmal bekamen wir gebratene Scheiben der Kochbanane, hart und trocken wie Kartoffelchips. Wie viele Familien verrichtete auch diese ihr Tagwerk, so weit wie möglich, auf dem *tambo* vor ihrem Haus, einer handhohen, überdachten Holzplattform, die sie vor der Sonne, Schlangen und Insekten schützte.

»Ihr Vater«, sagte Esteban, der die Zeit vergessen hatte, während mich mein leerer Magen plagte, »arbeitete als Heiler mit seinem Cousin. Es wäre toll gewesen, wenn wir die beiden bekommen hätten. Sie singen wunderbar zu zweit und machen großartige Körperarbeit. Nach einer der Zeremonien hat der Cousin allerdings den Kontakt abgebrochen. Ich habe versprochen, mich um die Sache zu kümmern ...«

Es gab noch mehr Heiler im Ort. Gustavo unterhielt ein Ensemble mehrerer Häuschen, in denen *gringos* während ihrer *dieta* ein Bett und eine Mahlzeit bekamen. Hinter dem Maschendraht der Fenster glitten ihre schweigenden Schemen durch die Küche und hantierten mit Töpfen und Tiegeln.

Einen anderen *curandero* unterbrachen wir beim Mittagessen. Er senkte den Kopf, stützte einen Ellenbogen aufs Knie und griff in seinen Teller, aus dem zwei Hühnerklauen ragten.

Man verwies uns an eine Familie, die ein Gästehaus gebaut hatte, zwei Schlafsäle mit Betten und Fliegennetzen, getrennt für Männer und Frauen. Die Mädchen hatten ihre Haare geölt und zu Pferdeschwänzen gebunden. »*Give me Facebook!*«, riefen sie uns nach, »*give me Facebook!*«

Auf dem Dorfplatz saßen Familien in überdachten, dreirädrigen Droschken und verfolgten behäbig ein Fußballspiel.

»*Goooaaal!*«, kam es aus den Lautsprechern.

Über dem Beton einer Polizeistation ohne Polizisten und einer Schule ohne Schüler kreisten Geier am Himmel.

Eine der Droschken brachte uns durch anderthalb Kilometer Feld, an deren Ende sich eine weitere Stätte des Lernens befinden sollte, eine Stätte der Arbeit mit der Medizin. Dort verabschiedete sich der Fahrer für die zweite Halbzeit des Spiels.

Die Stätte bestand aus einem eingefallenen Steg. Es war niemand zu sehen. Ausgesetzt im Niemandsland, machten wir uns auf den Weg zurück.

Vor einigen Jahren war der Wald durch Brand gerodet worden, die Bäume am Straßenrand waren verkohlt. Um uns herum wogte der Mais. Es war sehr heiß. Wir hatten kein Wasser. Nach der Mittagszeit, während der Siesta, waren die Insekten recht still. Eine Frau trat an den Zaun und warf uns einen unangenehmen Blick zu. Esteban sagte, sie halte Zeremonien ab. Es war klar, dass er sie nicht mochte.

Vom Dorfplatz folgten wir der Hauptstraße in eine andere Richtung. Wieder führte sie an Grundstücken mit Maniok und Bananenstauden vorbei. Dann wich der weiß getrocknete, gesprungene Lehm niedrigem Gras, und die Bäume an den Grundstücken gewannen an Höhe.

Die Straße öffnete sich auf eine Lichtung. Links stand ein Wohnhaus mit einem Wasserhahn und einer offenen Küche, in der Mitte ein *tambo* und rechts davon eine Hütte neben einem mit Palmenblättern gedeckten, fensterlosen Bau.

Der Hüter des Anwesens nannte sich Isidoro. Hinter dem *tambo*, im Schatten des Nutzwaldes, der von einigen mächtigen Wipfeln überragt wurde, köchelte ein Topf auf offenem Feuer.

Die vergangenen Tage hatten uns müde gemacht. Im Haus von Mercedes und Demetrio schliefen wir bis in den folgenden Mittag hinein.

»Ihr habt uns einen großen Schrecken eingejagt«, sagte Mercedes, nachdem wir aufgewacht waren.

»Wieso?«

»Wir sind in der Nacht zu euch gekommen. Wir hatten Angst, dass ihr tot seid!«

»Arbeitet mit Isidoro und Gustavo«, sagte ihr Ehemann. »Jeder hat seine eigenen Rezepte und Stärken.« Dann wandte er sich an Esteban. »Pass auf den Carl auf! Seht zu, dass ihr euch ausruht.« Zum Abschied wackelte er mit dem Zeigefinger. »Und trinkt nicht zu viel Medizin!«

14

»Warum bist du hier?«, fragte Isidoro. Er war ein athletischer
Mann in Turnhose und Trägerleibchen, nicht einmal vierzig
Jahre alt, hatte die Goldzähne eines Ganoven und ruhige,
kohlrabenschwarze Augen.
»In Deutschland habe ich die Mutter getroffen«, sagte ich.
»Ich bin nach Peru gereist, um sie in ihrer Heimat zu besu-
chen. Ich möchte unsere Bekanntschaft vertiefen.«
Isidoro nickte; dann entschuldigte er sich für die Einfach-
heit seines Anwesens.
Einfachheit sei, sagte ich, das, was wir suchten.
Zu dritt saßen wir auf dem *tambo* in der Mitte der Lich-
tung. Unter der Decke hing die Haut einer Anakonda neben
Panzern von Schildkröten und Mobiles aus Kernen und Holz.
»Es gibt starke Medizin, und es gibt schwache. Ihr bekommt
starke«, sagte Isidoro, nachdem er uns unauffällig, aber auf-
merksam studiert hatte. »Fürchtet euch nicht. Wir werden bei
euch sein.«

Auch diesmal bestand unsere Hütte aus einem kleinen Raum
mit zwei Betten unter Fliegennetzen. In einem der bizarreren
Zufälle auf unserer Reise zeigte ein vergilbter Abreißkalender
neben dem Fenster das dritte Quartal des Jahres 2012, nach
dem Mayakalender das Ende der Welt. Die Fenster hatten weder Scheiben noch Draht. Sie waren offen wie der Eingang,
den man über eine kleine Leiter erreichte. Anstelle einer Tür
gab es ein Brett, das man vor die Schwelle schob.
Esteban riet mir, meine Reisetasche zu verschließen, damit
sich keine Spinnen in sie verirrten.

235

»Und geh niemals allein in den Wald«, fügte er hinzu. »Er ist voller Geister. Du wirst dich verirren. Vor allem wenn du Medizin getrunken hast. Der Dschungel wird dich wie eine Meerjungfrau rufen!«

Am frühen Nachmittag nahmen wir eine Henkersmahlzeit aus Quinoa, Linsen und Maniok ein. Dann half ich Isidoro beim Kochen der Medizin.

Der Topf war bis zur Hälfte gefüllt. In dem roten Sud blubberten die Blätter der Chakruna-Pflanze. Daneben lagen die Stränge der Ayahuasca-Liane auf einem Haufen am Boden. Am Anfang, sagte Isidoro, gebe man beide Pflanzen in den Topf. Als Erstes komme die Liane, das männliche Element; dann schichte man die Blätter, das weibliche Element, darüber. Wasser werde aufgegossen und auf zwei Markierungen heruntergekocht. Bei der ersten Markierung werde das Ayahuasca herausgenommen, bei der zweiten Chakruna. Dann koche man das Gebräu bis zum dritten Strich ein, etwa sieben Zentimeter über dem Boden.

Isidoro entfernte die Blätter mit einer Kelle. Dann machten wir uns auf, um im Wald Feuerholz zu sammeln.

Ich weiß nicht, ob Isidoros Wald ein Garten war, in dem er, ein *vegetalista* oder Pflanzenheiler, seine Kräuter und Lianen kultivierte, oder der Rand des uns umgebenden Dschungels. Die Bäume wirkten schlanker als die in den europäischen Wäldern, das Zwielicht war dasselbe und der Boden hart wegen des Geflechts gegeneinander konkurrierender Wurzeln.

Wir legten die gesammelten Äste in die Glut unter den Topf, und das Gebräu schäumte auf.

Während die Schatten länger wurden und die Farben wärmer, lauschten wir den Vögeln. Sie schienen sich vor allem in den großen Bäumen aufzuhalten, die, wie mächtige Solitäre, über die Wipfel des Nutzwaldes hinausragten. Einige Vögel machten das Geräusch einer Kreissäge, andere das ins Wasser fallender Tropfen. Und es gab den *paucar*, schwarz mit dottergelbem Schweif, dessen elektronisch anmutendes Zirpen an die Nachrichten eines Roboters erinnerte.

Eine Fledermaus flatterte vorbei. In der blauen Stunde trieben uns die Mücken unter die Fliegennetze. Jenseits der offenen Fenster und Tür verschmolzen die Laute der Insekten mit dem Gesang der Vögel und den Rufen der Frösche und steigerten sich zu einem einzigen ohrenbetäubenden Ton. Es war, als würde der Dschungel in eine Pfeife blasen.

Um neun Uhr abends krochen Esteban und ich unter dem Saum eines Fliegennetzes in den großen, fensterlosen Bau. Hinter unseren Spucknäpfen nahmen wir auf zwei durchgesessenen Matratzen Platz. Vor uns saß Isidoro und neben ihm Felipe, sein Vetter, der uns ebenfalls durch die Zeremonie begleiten würde. Er war ein Bulle mit Silberzähnen und eng zusammenstehenden Augen. Hinter Isidoro schlief seine Frau mit angewinkelten Beinen am Boden.

Wir schalteten unsere Stirnlampen aus. Isidoro entzündete eine Kerze und blies in den Hals der Flasche mit der Medizin. Im Licht der kleinen Flamme, wie auf dem Ölbild eines alten Meisters, tranken wir unsere Portionen. Der zerschlissene Baldachin des Fliegennetzes verschwand in den düsteren Ecken des Raums.

Um uns vor bösen Kräften zu schützen und um uns zu schmücken, verrieben Isidoro und Felipe Agua de Florida, ein Eau de Cologne, auf unseren Körpern und Gesichtern. Isidoro tröpfelte Öl auf meinen Scheitel und meine Hände, die ich zu einer Schale geöffnet hatte, und pustete in sie hinein. Dann löschte er die Kerze, und es geschah lange nichts.

Nach etwa einer Stunde tranken wir zum zweiten Mal. Wilder als jemals zuvor hatte ich das Gefühl, dass eine fremde Macht in mich hineinschlüpfte, sich in meinen Adern ausbreitete und mein ganzes System einer Prüfung unterzog.

In pechschwarzer Dunkelheit begann die Stimme eines der Männer neben meinem Kopf, in einem Falsett zu singen. Es war wie ein Albtraum, denn mir war, als wollte sie mich in den Wahnsinn treiben. Die Stimme hatte das Aussehen einer gehörnten Tiermaske. Hinter den Schlitzen, die sie anstelle ihrer Augen führte, war das Nichts. Die Stimme war fremd, und ihre Worte waren unheimlich, und obwohl ich sie nicht verstand, reichten ihre Klänge aus, um mich auf einer tiefen Ebene meines Körpers zu berühren.

Meine Eingeweide meldeten sich. So krabbelte ich los, kämpfte mit dem Fliegennetz, fand die Schwingtür und taumelte ohne Taschenlampe ins Freie.

Es war eine aufgeladene, im Lärm der Frösche und Insekten pulsierende Nacht. Sterne reisten über den Himmel, der Mond war groß wie ein Ufo, und ein Wetterleuchten geisterte durch die Wipfel der über dem Wald stehenden Bäume.

Angesichts dieses Spektakels verspürte ich wenig Bedürfnis, in den nachtschwarzen Bau und zu den unheimlichen Wiegenliedern zurückzukehren. Eine große Neugierde hatte mich ergriffen. Ich wollte wissen, was um mich herum geschah.

Traumverloren beobachtete ich Isidoros Haus jenseits der Lichtung, schwarzsilbernen Dschungel und, rechts davon, die Hütte von Esteban und mir. Wie in einem Nachtsichtgerät lösten sich drei wolfsähnliche Tiere aus diesem Bild und trabten mit erhobenem Schweif auf mich zu.

15

Sie kamen in guter Absicht. Einer von Isidoros Hunden schnupperte an meinen Fingern und ließ dann nicht mehr von mir ab. Ich war dankbar für seine Gesellschaft. Die beiden anderen legten sich auf den Boden und spitzten ihre Ohren. Meine Füße und Knöchel waren heillos zerstochen. Ich erinnerte mich an ein Gel, das Linderung bei Insektenbissen versprach; es befand sich in meinem Kulturbeutel, unter dem Abreißkalender aus dem Jahr 2012.

Während ich mich fragte, ob es in meinem Zustand vertretbar sei, den Bereich um den Zeremonialbau zu verlassen, hatte sich mein neuer Gefährte schon erhoben. Leichten Schrittes trabte der Hund in Richtung der Hütte, hielt inne, drehte den Kopf und warf mir einen aufmunternden Blick über seine Flanke zu.

Ich trat auf die Lichtung hinaus. Mein Herz schlug im Takt des Gesangs der Frösche und Insekten. Als würde ich auf Wolken laufen, folgte ich dem Hund zu der im Mondlicht schimmernden Hütte.

Die Enge des Raumes störte mich. Fahrig wühlte ich durch die Verpackungen in meinem Kulturbeutel, fand, was ich suchte, nahm vor der Hütte auf einem Baumstumpf Platz und schaltete die Stirnlampe aus.

Mit ausgestreckten Vorderläufen saß der Hund neben mir wie eine Sphinx.

Ich hatte die richtige Stelle gewählt. Aus einem der Bäume blickte ein Paar mandelförmiger Augen auf mich zurück. Sie hatten keine Pupillen und wirkten so klar wie die Scheiben einer Laterne. Für einen Augenblick rang ich mit der Versuchung, mich ihnen zu nähern, um herauszufinden, was es mit den Augen auf sich hatte. Doch ich blieb sitzen, denn ich hatte Estebans Warnung wohl im Kopf. Während ich in den Wald hineinsah, spürte ich das Holz unter meinen Sitzhöckern. Dabei war mir, als würde eine leuchtende Wurzel von meinem Steißbein durch den Baumstumpf in die Erde wandern, in die entgegengesetzte Richtung, in die sich die Medizin ausgebreitet hatte. Begleitet von dem Konzert Millionen unsichtbarer Kreaturen, begann mein Unterleib, endlich auch hier, wie eine Rassel zu vibrieren.

Seit meiner zweiten Meditation hatte ich diesen Moment herbeigesehnt, Tag für Tag, Nacht für Nacht. Es war an der Zeit, zur Meditation zurückzukehren.

Noch bevor ich den Gedanken zu Ende gebracht hatte, erhob sich der Hund und geleitete mich zurück. An der Schwelle der Leiter bedankte ich mich bei meinem Helfer, glitt durch das Fliegennetz und verschwand.

In der Dunkelheit des Raums war es so, als würden mehrere Personen gleichzeitig an mir arbeiten. Isidoro und Felipe, vermutete ich zumindest, tasteten die Meridiane meines Körpers ab, besangen ihn, rückten hier etwas zurecht, besserten dort etwas aus und bliesen mir den Rauch ihrer Zigaretten aus Naturtabak auf die Haut.

Dann ruhten wir. Als ich meine Augen öffnete, hatte Isidoro die Kerze entzündet. Er wechselte einige Worte mit Esteban.

»Du bist im ersten Stadium der Initiation«, sagte Esteban, »das Stadium der Reinigung und Heilung. Das wird nach und nach geschehen. Für dieses Mal ist die Arbeit getan.«

»Was bedeutet ›das erste Stadium der Initiation‹?«, fragte ich die beiden am folgenden Morgen.»Und was kommt danach?« Wir saßen auf dem *tambo*. Jeder Tautropfen leuchtete in der Klarheit des anbrechenden Tages. Trotzdem fühlte ich mich müde und schwach.

»Das erste Stadium ist das Haus des Südens.« Esteban bezog sich auf ein Buch, das ich, auf seinen Rat, in meinem Gepäck mit mir führte. »Im Haus des Südens streift man seine Vergangenheit ab wie die Schlange ihre Haut. Ihr Pfad führt ins Haus des Westens, zum Pfad des Jaguars. Auf ihm besiegst du deine Ängste und blickst dem Tod in die Augen. Das Haus des Nordens, der Pfad des Drachens, steht für die Verbindung mit dem Wissen unserer Väter –«

»Alles klar. Bei der Abreise habe ich mein altes Leben hinter mir gelassen. Auf dem Intihuatanaberg habe ich mit dem Schwindel gerungen und stand am Rand einer lebensbedrohlichen Schlucht. Nun sind wir in Amazonien und arbeiten mit einer Tradition aus uralter Zeit. Wir müssen uns im Haus des Nordens befinden!«

»Nein, Carlos. Du bist noch immer im Haus des Südens.«

»Was ist die letzte Etappe?«, fragte ich, nach einer Pause.

»Das Haus des Ostens. Es ist der Pfad des Adlers, der Flug zur Sonne und zurück. Auf ihm kehrt man heim, um das, was man gelernt hat, in die Welt zu integrieren, aus der man kommt. Von allen Aufgaben, Carlos, ist diese die schwerste.«

Für einen Großteil des Tages dämmerten wir in unserer Hütte unter den Moskitonetzen vor uns hin. Im Dachstuhl summten Schlupfwespen hin und her.

Das Sangre de Grado, mit dem Geronimo die Einstiche des Kambo verschlossen hatte, löste sich wie Schorf von meinem Arm. Die Haut darunter schimmerte rosa und neu.

Am Nachmittag bekamen wir Besuch von einer handteller-
großen Spinne, die bis zur Abreise unsere Mitbewohnerin
blieb. Sie war noch ein Kind; in erwachsenem Alter würde sie
Haare austreiben.

Am Abend blies der Dschungel in seine ohrenbetäubende
Pfeife. In mir keimte der Wunsch nach einer weiteren Meditation.

Ich verglich die Meditationen mit einer Springflut im Bach-
bett der Seele. Sie brach sich an morschen Zweigen, den Find-
lingen und Sedimenten der Erinnerung, was sich in der Form
der Vibrationen meines Körpers manifestierte.

Jede Meditation hatte mir zwei oder drei dieser Erinnerungen beschert. Es waren Bilder der Fürsorge aus der Kindheit,
Ängste, Stimmen, scheinbar banale Details in verblüffender
Präzision. Sie standen in einer komplexen, keineswegs nur
kausalen Beziehung zu den Stimmungen, zwischen denen ich
auf meiner Reise schwankte.

Die Erlebnisse während der Meditation und die Stimmungen danach stellten die Auseinandersetzung mit meiner Vergangenheit dar. Sie waren das, was Esteban als das »Haus des
Südens« bezeichnet hatte – das Davonspülen der Welt, aus der
ich kam.

Räumlich hatte ich mich weit von meinen Ursprüngen entfernt. Dennoch wirkte das Leben auch hier, in einem Dorf in
Amazonien, seltsam vertraut. Es bestand aus Familie, aus Alten und Kindern, Schulaufgaben auf dem *tambo*, Besorgun-
gen in der Stadt, den kleinen und großen Herausforderungen
des Alltags.

Zum ersten Mal fragte ich mich, warum ich so weit gereist
war. Und ich fragte mich, welche Erkenntnisse ich zurück-
bringen würde. Natürlich waren wir keinem unkontaktierten
Indianerstamm begegnet. Doch ich vermutete, dass selbst
eine solche Begegnung mich nicht in meinen Grundfesten er-

schüttert hätte. Sie hätte lediglich andere Fertigkeiten offenbart, andere Regeln, die das Überleben gestalten, und ein tieferes Verständnis der Zusammenhänge der Natur. Es waren weniger Aspekte unserer Lebensformen, die mich und die Shipibo voneinander trennten; alle Lebensformen waren Emanationen desselben menschlichen Kerns. Uns trennte die Tatsache, dass sich meine Lebensform, die westliche, wie ein Virus über den Globus verbreitete. Die Lebensform der Shipibo aber würde verschwinden.

16

»Der Infekt ist heilbar. Aber die Bauchspeicheldrüse und die Niere sind angegriffen. Ihr Zustand ist zu weit fortgeschritten, ganz gleich, ob sie zu einem Heiler oder einem Arzt geht. Sie hat zu lange gewartet, bevor sie über ihre Krankheit gesprochen hat.«

Anders als Doña Catalina hatte Antonia keine knorrigen Indianerfüße mehr, sondern frisch lackierte Zehennägel. Die junge Frau arbeitete mit traditionellen Pflanzen, mit Shipibos und Menschen aus der Stadt. Ihr schwarzes Kleid hätte in eine Kanzlei gepasst; Tonfall und Augen ließen vermuten, dass sie es gewohnt war, oft und hart zu verhandeln.

»Gibt es Unterschiede zwischen der Arbeit eines Heilers und der eines westlichen Arztes?«, fiel ich gleich mit der Tür ins Haus.

»Westliche Ärzte neigen dazu, Symptome zu bekämpfen, nicht aber die Ursachen«, sagte sie knapp. »Wenn eine Krankheit an ihrer Wurzel nicht entfernt worden ist, kann sie jederzeit wieder ausbrechen. Auch aus psychosomatischen Gründen.«

»Worin unterscheiden sich die Methoden?«, fragte ich.

Ihr Körper versteifte sich. »Warum wollen Sie das wissen?«

Dann überschüttete sie Esteban mit einem Schwall spanischer Worte.

»Esteban«, sagte sie, »so viele Leute stellen mir Fragen. Wir geben ein Interview nach dem nächsten, aber wir bekommen keine Gegenleistung dafür. Neulich ist ein Europäer ins Dorf gekommen, der hatte eine ganze Firma, die sich auf Heilpflanzen spezialisiert hat. Ich habe ihm erzählt, was ich wusste. Wir haben ihm sogar Setzlinge geschickt. Er hat sie verkauft, aber wir haben dafür nichts gesehen. Als wir um ein wenig Geld gebeten haben, um Medizin für Doña Catalina zu kaufen, hat er nichts gegeben. Wir waren blank. Ich komme mir wieder ausgehorcht vor. Ich sage kein Wort.«

Inmitten von Arzneimitteln lag Doña Catalina auf einem blauen Handtuch. Einige der Pillen mussten vor Ort gedreht worden sein, andere Verpackungen waren verschweißt und trugen die Logos internationaler Konzerne. Weder an die eine noch an die andere Medizin schien Doña Catalina mehr zu glauben.

»Diese Frau möchte nicht gesund werden«, Mercedes senkte den Kopf. »Sie ist des Lebens überdrüssig geworden. Sie will gehen.«

Im Dorfladen am Fußballplatz fanden wir kaum frische Lebensmittel; das wenige, was die Menschen hatten, behielten sie in der Trockenzeit für sich. Wir mussten in die Stadt fahren, um etwas zu finden, was Doña Catalina stärken könnte. Die Bootsfahrt auf dem Ucayali wäre lang und teuer gewesen. So reihten wir uns in die Warteschlange für die Sammeltaxis nach Pucallpa ein.

Während wir in der Mittagshitze herumstanden, kam ein *gringo* die Straße heruntergeschlurft. Er mochte nicht älter als fünfundzwanzig Jahre sein und hielt eine Colaflasche in der Hand. Sein rotes Polohemd, die Jeans und Segelschuhe hätten auf die Terrasse eines Country Clubs im Mittleren Westen gepasst. Allerdings waren seine Kleider seit Längerem nicht mehr gewaschen worden und wurden von einer pubertären Menge an Indianerschmuck überlagert. An seiner Halskette baumelte der Schädel eines Affen.

»Vorn, unter der Brücke«, sprudelte es aus ihm heraus, »lebt eine riesige Anakonda im Wasser. Sie ist mindestens

245

zwanzig Meter lang, wie in dem Film. Mit einem Freund möchte ich sie herausziehen. Seid ihr dabei?«
»Ich glaube, wir sollten sie lassen, wo sie ist.«
»Wer gibt dir das Recht, mir das zu sagen?« Er warf Esteban einen scheelen Blick zu. »Von wo kommst du?«
»Aus London.«
»Cool.« Der Amerikaner beruhigte sich. »Ein Freund von mir wohnt in Piccadilly.« Er hielt uns seine Flasche entgegen. »Wollt ihr einen Schluck von meinem Ayahuasca?«
Esteban und ich warfen uns einen steinernen Blick zu. »Du solltest die Medizin niemals allein trinken!«, riefen wir im Chor.
»Was sagt ihr da? Ich wohne im Haus eines Schamanen. Er ist der wichtigste Schamane des Dorfs. Er ist der Herr aller Schamanen in Peru. Seine Frau kocht für mich. Er hat eine Tochter. Ich werde sie heiraten. Es ist ihr Vater, der mir das Ayahuasca gibt. Er lässt mich damit in Ruhe.«
»Er könnte ein *brujo*, ein Hexenmeister, sein.«
»Wirklich?«, fragte der Amerikaner. Er wirkte sehr verwirrt.
»Wenn du die Medizin studieren willst«, sagte Esteban, »musst du mit einem *curandero* zusammenarbeiten, einem ausgebildeten Heiler. Du darfst die Medizin nur in seiner Gegenwart trinken.«
»Hab ich nicht gewusst.« Der Amerikaner spreizte zwei Finger zum Victory-Zeichen. »Cool. Und danke für den Tipp.«

Wie uns Antonia aufgetragen hatte, fanden wir in Pucallpa die Apotheke eines chinesischen Doktors. Dort kauften wir für Doña Catalina mehrere Flaschen mit Flüssigkeiten zur Ergänzung der Nahrung und zur Stärkung ihres Immunsystems.
Eine Stunde lang prasselte ein Wolkenbruch auf das Wellblechdach eines der vegetarischen Restaurants, die es sogar im peruanischen Amazonien gab; danach drehten sich Dunst-

schwaden über dem Beton im Licht der herabwütenden Sonne. Unsere Fedoras auf dem Kopf, wateten wir in Shorts und mit mageren Beinen durch die Sturzbäche, in die die Straßen verwandelt worden waren, und fanden den Weg zu den Gemüseständen bei der Anlegestelle am Ucayali.

Wir kauften Mangos und Haferflocken zum Frühstück sowie Quinoa, Linsen, Brokkoli, Karotten und Tomaten für die Mahlzeiten in der zweiten Hälfte des Tags. Die Preise waren gestiegen, auch weil amerikanische Biomärkte neuerdings Getreidesorten aus den Anden und Amazonasfische im Programm führten. Übergewichtige Shipibo und schwitzende, versoffene Weiße schleppten Säcke mit Zucker und Maismehl an uns vorbei; die meisten wurden in den Monokulturen Brasiliens und der Vereinigten Staaten produziert.

Der Regen hatte die unbefestigte Straße ins Dorf unpassierbar gemacht, der Taxiverkehr war eingestellt worden. Nach intensiven, aber friedlichen Verhandlungen fand sich eine Gruppe, die bereit war, sich ein Boot für die Rückfahrt ins Dorf zu teilen.

Als wir ablegten, senkte sich die Sonne über dem Ucayali. Der Lärm der Insekten verebbte. Vogelschwärme drehten sich im Tiefflug über das spiegelglatte Wasser, Flussdelfine zeigten ihre Rücken, und als wir wieder auf das Ufer zuhielten, leuchteten seine Bänke in frisch gewaschenem Grün.

In einer Linie wateten wir an Land, das Pärchen mit den Plastiktaschen und der Bananenstaude im Arm, ein Greis mit einem Außenbordmotor, eine Großmutter und ihre Enkelin, Isidoros Frau mit einer Propangasflasche und ein stiernackiger Mann, der mit Esteban kurze Worte wechselte.

Es war Gustavo, einer von Estebans früheren Lehrern.

17

»Warum bist du hier?«, fragte mich Gustavo nach Sonnenuntergang in seinem Zeremonialbau.

»In Deutschland habe ich die Mutter getroffen«, betete ich mein Mantra herunter. »Ich bin nach Peru gereist, um sie in ihrer Heimat zu besuchen. Ich möchte unsere Bekanntschaft vertiefen.«

»Mal sehen, ob ich euch diesmal überraschen kann«, sagte Gustavo und lächelte auf eine wenig angenehme Weise.

»Wenn die Medizin zu stark wird«, flüsterte Esteban, »richte dich auf. Öffne deine Augen. Und kehre zu deinem Atem zurück.«

Nach einer halben Stunde nur trieb die Medizin ohne Widerstände in mir aus. In der Dunkelheit begann mein Körper, wie ein Hologramm zu leuchten, und aus meiner Stirn sprudelten Girlanden in den Farben des Regenbogens in den Raum hinein.

Ein halbes Dutzend Menschen saßen unter dem konischen Dach im Kreis. Als mich Gustavo besang, bekam ich es erneut mit der Angst zu tun. Wieder erschien die gehörnte Maske mit den leblosen Augen, wieder fürchtete ich mich vor dem Wahnsinn. Dazu begannen einige Gäste, sich ausgesprochen schlecht zu benehmen.

Wir tranken zum zweiten Mal. Mit einem Schlag war ich nüchtern. Ich kratzte mich an meinem Schädel. Seine Decke war hart wie die Schale einer Kokosnuss. Meine Fingernägel hinterließen keine Wunden. Fledermäuse krabbelten durch den Dachstuhl und verunreinigten den Boden noch mehr.

Dabei lauschte ich dem Spucken und Rülpsen um mich herum; es schien mir auf einmal sehr befremdlich zu sein. Mit aufreizender Lässigkeit lehnte sich Gustavo am Kopfende gegen die Wand und tippte in sein Mobiltelefon. Dann stand er auf und ließ uns im Stich. Wir warteten eine Weile. Dann liefen wir verwirrt durch dichten Nebel nach Hause.

Die eigentümliche, fast gleichgültige Distanz, mit der ich Gustavos Meditation beobachtet hatte, wollte mir nicht aus dem Kopf. Es war in der Tat überaus befremdlich, bis ans andere Ende der Welt zu reisen, um sich gemeinsam mit Fremden zu erbrechen.

»Warum trinken wir überhaupt Medizin?«, versuchte ich, Felipe am nächsten Tag auf die Probe zu stellen.

»Keine Ahnung.« Seine Silberzähne glänzten. »Es ist ein Rätsel. Auch wir wundern uns, warum die Touristen in Scharen zu uns kommen. Vor jeder Meditation sollte man sich fragen: Warum bin ich hier? Bin ich bereit? Wie ist es das letzte Mal gewesen? Habe ich mich der Medizin wirklich hingegeben? Und danach: Wie ist es für mich gewesen? Wie war die Medizin? Süß? Bitter? Was habe ich von ihr gelernt?«

Er stieg auf sein Motorrad. »Man trinkt die Medizin für die Erlebnisse während der Meditation. Und wenn man einmal getrunken hat, dann ist man auf dem Pfad. Trotzdem ist es jedes Mal anders.«

Sprach's, betätigte die Zündung und brauste davon, um von dem Geld, das er mit uns verdient hatte, ein Antibiotikum für seine Tochter zu kaufen.

Sie lag mit einer Lungenentzündung im Krankenhaus.

»Die Absicht ist das Wichtigste an der Meditation«, hatte Esteban gesagt. »Indem man lernt, eine Absicht zu definieren, lernt man zu beten. Wenn du dir über deine Absicht im Klaren bist, Carlos, gewinnst du Vertrauen in die Meditation. Du gewinnst an Stärke. Das Vertrauen schützt dich vor Fehlern. Und du stellst dich der Medizin vor. Du erklärst ihr, wo du gerade stehst. Dann, während der Meditation, mag alles ganz anders kommen. Die Medizin macht mit dir, was sie will.«

Bis zu diesem Zeitpunkt hatte ich mich auf Estebans Aussage verlassen, dass die Medizin zu jedem Zeitpunkt genau wisse, was zu tun sei. Aus Respekt vor dem Ritual, vielleicht aber auch aus Bequemlichkeit, hatte ich als Novize meine Absicht darauf beschränkt, die »Mutter« kennenzulernen und unsere Beziehung zu vertiefen.

Doch ich *war* der Mutter begegnet. Ich *hatte* unsere Beziehung vertieft. Nun hatte mir die Medizin in Gustavos Meditation ein Zeichen gegeben: Sie fragte mich, was ich konkret von ihr wolle.

Auch Esteban hatte das Gefühl, seine bei Gustavo begonnene Arbeit nicht zu Ende gebracht zu haben. Für seine Verhältnisse war er ungewöhnlich still. Draußen prügelte Isidoro mit einer rostigen Machete im Wald herum.

In unserer Hütte, unter dem Fliegennetz, rang ich weiter mit dem Störfeuer meines Geistes, den Gedanken an Familie, Freunde und verflossene Lieben. Je lauter der Lärm in meinem Kopf wurde, desto deutlicher war mir, dass die Gedanken nichts mit den Shipibo, ihrem Dorf und dem Ucayali zu tun hatten. Sie waren eine Irritation, ein Vorhang, der sich zwischen mich und das schob, was um mich herum geschah.

Immer wieder dachte ich an das Gleichnis von den »vier Häusern«. Ich hatte gelernt, dass die Arbeit mit der Medizin nicht auf Zufall beruhte, sondern einem System folgte. Esteban hatte es das »Medizinrad der Inkas« genannt. Auf diese Weise hatte er in mir das Saatkorn eines Wunsches gesät: Ich wollte Fortschritte machen, die Phase der Introspektion beenden und das Haus des Südens verlassen.

Wir sprachen mit Isidoro. Er unterbreitete uns das Angebot, noch an diesem Abend mit Felipe und ihm zu trinken. »Heute«, sagte er, »bekommt ihr die doppelte Portion.«

An diesem Tag, dem 3. Oktober des Jahres 2013, begannen die Geburtstagsfeiern im Dorf. Zum Klang von Buschtrommeln trabte ein Umzug über die beiden Lehmstraßen, die Calle San Antonio und die Calle San Miguel. Seit fast einem Jahrhundert wiederholte sich dieses Fest. Es war, als wäre der Lauf der Geschichte für einen Moment aufgehoben worden, als hätte sich die Vergangenheit erneuert. Die Männer hatten ihre Oberkörper mit Streifen bemalt, barbrüstige Frauen trugen Baströcke, und über dem Meer der Topfschnitte und Blasrohre schwankten die dreirädrigen Droschken hin und her. Sie waren den Galeonen nicht ungleich, dem Menetekel, das vor einem halben Jahrtausend in der Gestalt fliegender Ameisen an der Mündung des Amazonas erschienen war. Ihre bewimpelten Baldachine hatte man mit Ballons und Zweigen geschmückt, und die Shipibo hoben Palmwedel in die Luft. Wie in der Prophezeiung der Hexen in »Macbeth« sah es so aus, als hätte sich ein ganzer Wald in Bewegung gesetzt.

Auf unserer Lichtung, am Rand des Dorfes, war von dem Umzug nichts zu hören. In der blauen Stunde blies der Dschungel wie immer in seine Pfeife. Begleitet von dem sonaren Zwitschern der Fledermäuse, machte ich mich auf den Weg zum Freiluftklo und tappte tiefer hinein in den Wald.

Die Bäume sahen einander zum Verwechseln ähnlich. Da ich nicht gelernt hatte, zwischen ihnen zu unterscheiden, konzentrierte ich mich auf den Boden. Das Flechtwerk aus Wurzeln war von einer dünnen Schicht aus kompostierendem Laub bedeckt. Darin gingen Ameisen unablässig ihrer Beschäftigung nach. Der Boden fiel sanft zu einer Senke ab, in der die Stauden dichter wurden.

Ich versuchte, mich zu erinnern, ob ich auf meiner Suche nach Feuerholz die Senke hinunter- oder hinaufgelaufen war. Doch die Erinnerung war trügerisch, und es wurde dunkel. Bald traute ich mich nicht mehr, einen Schritt weiter zu tun. Nur einen Steinwurf entfernt von Isidoros Lichtung hatte ich mich hoffnungslos verirrt. Das Letzte, was mir blieb, war mein Stolz. Um jeden Preis wollte ich vermeiden, mich durch einen Hilferuf zu blamieren. So ließ ich den Strahl meiner Taschenlampe kreisen, in der schwindenden Hoffnung, dass er weit genug fallen würde, um sich in der Buschdusche oder einem anderen Anhaltspunkt zu fangen.

Zwischen Bäumen spiegelte er sich in den Augen von Isidoros Hund.

18

Mit geschlossenen Augen saß Isidoro hinter der brennenden Kerze. Diesmal hatte er sich einen Zeremonialponcho über die Schultern geworfen, der schon viele Meditationen gesehen hatte. Neben ihm auf dem Boden schlief wieder mit angezogenen Beinen seine Frau. Etwas später hörten wir das Geräusch eines Motorrads. Felipe reichte mir Zigaretten aus Naturtabak. Wieder salbten uns beide mit Agua de Florida. Isidoro blies in den Hals der Flasche mit der Medizin. Dann tranken Esteban und ich jeder ein volles Glas. Kaskaden aus Licht explodierten in der Luft. Dann kamen die Vibrationen. Ich erhob mich und stürzte, gerade noch rechtzeitig, auf die Lichtung ins Freie. Mein Körper jagte alles, was er konnte, durch beide Öffnungen aus sich heraus. Es blieb nicht einmal mehr Platz für Selbstmitleid. Stattdessen verbreitete sich eine reinigende Glut in mir, und sie war wild und prächtig zugleich.

Mehrmals pendelte ich zwischen der Lichtung und dem fensterlosen Bau. Wir tranken ein zweites Mal. Die Vibrationen in meinem Unterleib steigerten sich zu dem Rütteln eines Presslufthammers. Keine Schmerzen, nicht das leiseste Gefühl der Irritation begleiteten sie. Sie standen für sich, und ich war ihr Gefäß.

In dem zugeräucherten Raum, im Fersensitz, die Schenkel gespreizt, mit gerade aufgerichtetem Oberkörper und verrutschtem T-Shirt, wachsam wie ein Tier und gleichzeitig in einem Zustand der absoluten Hingabe, kniete ich vor Isidoro und Felipe. Sie besangen mich, doch ihr Lied war nicht mehr unheimlich. Die gehörnte Maske mit den leeren Augen war verschwunden. Wieder tasteten die Schamanen meine Meridiane ab, ohne mich dabei zu berühren, fauchten mir Rauch auf den Leib und salbten meinen Schädel mit Öl. Es strömte über mein Gesicht, brannte in den Augen und tropfte über mein Hemd.

Dann waren Felipe und Isidoro mit ihrer Arbeit am Ende. Sie entließen mich einmal mehr auf die Lichtung.

Mein Körper war leer, das Stadium der Reinigung war vorbei, trotzdem war die Arbeit noch keineswegs getan. Die Medizin wurde immer stärker. Ich war nicht mehr in der Lage, an irgendetwas zu denken. Stattdessen hatte ich, überwältigt von rauschhafter Körperlichkeit, alle Sinne beisammen für den Hochzeitsball, der nun folgte.

Der Mond glühte. Die Sterne prasselten über den Himmel. In den Wipfeln der Bäume brannten Milchstraßen aus Glühwürmchen ein Feuerwerk ab. Dann verbanden sich die Energie, die meinen Körper durchspülte, und das Rauschen in meinen Ohren mit dem Pfeifen der Frösche und Insekten und den zum Himmel brausenden Bäumen und wurden eins.

»Patchamama«, flüsterte ich entrückt. »Patchamama ...«

In mir, um mich herum, spürte ich sie, die majestätische, allumfassende, sich selbst feiernde Kraft des Lebens. Zum Anbeginn der Zeit war sie als Impuls in den trägen Schlaf der Materie gefahren, um sich in immer neuen, aufblühenden und zerfallenden Formen zu manifestieren.

Die Statistik der Mutationen, das gleichgültige Würfelspiel der Evolution, sie erklärten nicht unsere Existenz. Es gab etwas, das die Würfel warf. Wir waren nicht durch Zufall da. Nichts war durch Zufall da. Das Universum hatte einen Grund. Es hatte eine Richtung. Es drängte zu dem Moment, in dem es sich aus sich selbst heraus gebar. Und da die Energie in jedem Samen, jedem Keim, jedem Baum und jedem Tier dieselbe war wie die, die mich nun in Wellen durchspülte, entfaltete sich in mir die ganze Welt.

»Die Medizin zeigt uns, wie es sich anfühlt, wenn es uns gut geht«, sagte Esteban am folgenden Tag. »Wie es ist, wenn wir mit uns selbst und den Dingen im Reinen sind. Sie gibt uns die Möglichkeit, die Spuren der Vergangenheit zu tilgen, fast so, als wäre sie niemals geschehen. Wir kommen nicht nur vom Gestern, sondern auch vom Morgen. Wir können rückwirkend Einfluss nehmen auf das, was uns geprägt hat. Die Zeit verläuft nicht linear, sondern schließt sich im Kreis. Wir leben in der Gegenwart und tippen mit dem Zeh in die Unendlichkeit.

Im Haus des Südens bist du dem begegnet, das an dir unsterblich ist. Du hast deine eigene Unsterblichkeit *erlebt*, Carlos. Das ist das Wunder des Heilens. Nicht der Tod hat sich dir gezeigt, sondern das Leben. Es erneuert sich immer wieder, auch in dir und durch dich. Sein Symbol ist die Schlange, Kundalini in der Philosophie des Ostens. Durch die Arbeit mit ihr erlangen wir unsere unsterbliche weibliche Natur zurück, den Garten Eden, bevor wir aus ihm vertrieben worden sind. Warte nicht bis zum Jüngsten Gericht, um in diesen Garten zurückzukehren! Das ist die Botschaft von Schamanen wie Maestro Isidoro und Felipe. Wir können die Rückkehr auch im Hier und Jetzt schon beginnen.«

»Die Arbeit, die ihr bei mir begonnen habt, ist nun vollendet«, sagte der Maestro, nachdem er lange mit Esteban gesessen hatte. »Fürs Erste gibt es nichts weiter mehr zu tun. Mein Haus ist euer Haus. Ihr könnt kommen und gehen, wie es euch beliebt. Wichtig ist aber, dass ihr auf dem Pfad bleibt, den ihr betreten habt.«

Er wandte sich an mich. »Die vergangene Nacht war eine Initiation«, sagte er. Über dem *tambo* klimperten die Mobiles im Wind. »Dir sind viele Dinge gezeigt worden. Und du hast«, er lachte mit seinen Goldzähnen, »eine gute Verbindung zur astralen Welt!«

»Es liegt jetzt in deiner Verantwortung, Carlos, diese Verbindung aufrechtzuerhalten«, sagte Esteban streng. »Die Methoden, die dafür notwendig sind, hat man dir gegeben. Alles, was in deinem Leben geschehen ist, auch die Schwierigkeiten, das ganze Leid, sie haben dich an den Punkt gebracht, an dem du nun bist. Du hast Vergangenes hinter dir gelassen. Jetzt sind die Dinge nur so, wie sie sind. Jede Rückkehr zu alten Gewohnheiten ist nur noch ein Zeichen von Selbstverliebtheit.«

Am Tag der Abreise drehten wir eine letzte Runde im Dorf. Die *fiesta* war noch immer in vollem Gang. Eine seit Tagen heiß ersehnte Band, die »Super Shipibo«, war eingetroffen, und in dem stickigen Gemeindehaus tanzten Indianermädchen mit Lady-Boys zu *cumbia*, dem Trommelschlag eines Kontinents.

Zwei Häuserblöcke weiter war von der Musik nichts zu hören. Mercedes und Demetrio brachten uns zu Doña Catalina. Obwohl die alte Frau wieder etwas Farbe im Gesicht hatte, blieb Mercedes felsenfest von dem nahenden Tod ihrer Mutter überzeugt. Doña Catalina bestand darauf, dass es ihr besser gehe. Mit einer welken Hand griff sie nach der meinen und tätschelte sie lang; dann schenkte sie mir eine Kette zum Dank für die Medikamente aus der Apotheke des chinesischen Doktors.

Am Ende besuchten wir die hinreißenden Mädchen mit ihren Geschwistern auf dem Arm. Das jüngste brach in Tränen aus; ich hatte schon zum dritten Mal auf ihrem *tambo* gesessen und gehörte längst zur Familie.

In einem der Straßenrestaurants von Pucallpa feierten Esteban und ich meine Initiation mit einer Suppe aus Kochbananen, wildem Amazonaskoriander und dem Fleisch des Surubim, eines mächtigen Welses mit einem stromlinienförmigen Kamm, den die Einheimischen Doncella nannten, die »Herrin des Wassers«. Erst danach brach Esteban sein Schweigen. Der Maestro hatte ihn beiseitegenommen und gesagt, dass eine dunkle Macht sich ihm genährt habe; sie habe sich über ihn gesenkt und ihn still und ängstlich gemacht.

Es sei der Schatten von Gustavo gewesen. Er neide dem Maestro unseren Besuch und habe nicht gewollt, dass wir mit einem anderen arbeiteten als ihm.

19

In der Regenzeit, erzählte Esteban, steige der Pegel des Ucayali um viele Meter und erreiche die Schwelle von Malvinas
Haus. Das Haus werde dann zu einer Insel im See, nur mit
dem Boot erreichbar, und auf dem Wasser spiegele sich ein
Märchenwald bis zur Hälfte versunkener Bäume. An diesem
unwirklichen Ort, irgendwo zwischen den Elementen, habe
man es sich im Erdgeschoss auf den Sofas bequem machen
können, um Bildbände über japanische Kunst aus der Handbibliothek zu ziehen und dabei auf die öligen Schlieren der
Blüten im Wasser zu blicken. Nun aber erreichten wir das
Haus über einen Lehmweg jenseits der Stadt. Eine Leiter
führte zur Schwelle, und auf der Mauer wie auf den Bäumen
markierte ein Strich blauer Farbe den Höchststand, den der
Pegel des Ucayali in der vergangenen Saison erreicht hatte.

Malvina war eine kettenrauchende Frau mittleren Alters,
sommersprossig, eine Geschäftsfrau, gefangen in ihrer weißen Haut, in Amazonien aus dem Leim gegangen, mit Linien
um die Augen wie Risse in einer gesprungenen Tasse Tee. Sie
teilte ihr Leben mit der Medizin, einem jüngeren Liebhaber
und einer Menagerie aus drei Totenkopfäffchen, die sich in
ständiger Bewegung zwischen ihren Schultern, dem Mobiliar
und den Körpern der Gäste befanden.

Unsere Abreise aus Amazonien stand unmittelbar bevor.
Esteban hatte mich in ihr Haus gebracht, da sie mit Fernando
arbeitete, einem Heiler von sagenumwobener Kraft.

»Ich habe ihn gefeuert«, sagte Malvina und zündete sich
eine neue Zigarette an. Wir saßen im Hof des Wirtschaftsge-

bäudes, eines Pfahlbaus auf der anderen Seite der Straße. Auf einigen Planken standen Töpfe mit Blumen; andere Planken waren morsch.

»Wieso?«, fragte Esteban. »Was ist geschehen?«

Malvina war die Mutter Courage der Szene, ihr Fleisch gewordenes Klatschmagazin. Sie wusste genau, welcher Schamane dem Alkohol verfallen war, wer von wem Geld gestohlen hatte, wer auf die dunkle Seite gewechselt war, die Medizin pantschte und wer es mit wem gerade trieb. Der letzte Stein des Anstoßes war ein weiblicher Gast aus Amerika gewesen. »Die Frau war sexsüchtig!« Malvina beugte sich auf ihrem Schemel zu uns herüber. »Sie hat mit jedem geschlafen, auch mit Fernando. Wir haben sie in den Wald mitgenommen, zu den Shipibo, die noch wild sind. Im Kanu hat sie ihren Arsch in Fernandos Schoß gewetzt, vor aller Leute Augen. Dann ist sie allein in den Busch gelaufen. Ich habe sie zur Rede gestellt. ›Ich mache mir Sorgen um deine Sicherheit!‹, habe ich gesagt. ›Ich weiß, dass es hier Schlangen gibt‹, hat die Zicke geantwortet. ›Es geht nicht nur um Schlangen, es geht um dein Verhalten. Du bringst uns alle in Gefahr.‹ Die Shipibo haben uns umringt, mit Pfeilen, Bogen, Gewehren und Macheten. ›Haut ab!‹, haben sie gerufen. Dann hat Fernando begonnen, hinter unserem Rücken mit ihnen in ihrer Sprache zu sprechen. Er hat ihnen eines unserer Zelte gegeben. Und er fing an, mich und meinen Freund zu bedrohen.«

»Was hat er gesagt?«

»Er hat gesagt, er wolle uns töten.«

Seit diesem Moment befand sich Malvina im Belagerungszustand. Als sie aufs Klo ging, verschwand der Nachttopf unter ihr, und der heiße Urin tropfte durch die Planken. Sie tat einige Schritte und brach ein. Ratten schwärmten in der Nacht über die Wände der Küche. Ihren Liebhaber befiel ein Fieber,

259

er schwitzte sich die Seele aus dem Leib, seine Finger waren eiskalt, doch der Bluttest lieferte keine Ergebnisse. Gegenüber hatte eine illegale Kneipe eröffnet, und die Musik, die aus den übersteuerten Boxen herüberwummerte, raubte ihr den letzten Schlaf. Selbst die neue Haushaltshilfe erwies sich als nutzlos. Sie war eine junge Maori in Gummistiefeln und Hotpants, die zu dumm war, ein Spiegelei zu braten, und dafür mit den Einheimischen anbändelte.

Die Unruhen steigerten sich am Sonntag, als die Familie des Liebhabers geschlossen zum Mittagessen erschien. Drei theatralische Stunden lang marinierte seine Mutter einen jener mächtigen Welse wie die Doncella, den Surubim des vergangenen Tags, die Tausende von Kilometern durch die Wasserwege des Amazonas wanderten wie durch die Kapillaren einer riesigen Lunge oder die Rippen eines zum Stengel zusammenlaufenden Blatts. Draußen schien ganz Pucallpa auf den Beinen zu sein. Auf dem Uferstreifen paarten sich die Hunde. Die Baldachine der Kanus glitten über den Ucayali, der unter dem Haus eine Krümmung beschrieb, und das Wasser der Bucht war schwarz vor Köpfen kreischender Kinder. Tief in den Kurven liegend, röhrten auf dem Lehmweg Motorräder vorbei. Ihre Fahrer hatten makellos gebügelte Hemden, ihre Pomade glänzte, und die Mädchen auf dem Rücksitz trugen Sneakers zum iPod, während das *tschaka-tschaka-tschaka* ihrer Kopfhörer hinter der nächsten Kurve verschwand.

Es mochte an der *brujeria* gelegen haben, der Schwarzen Magie, dass sogar ihre eigenen Affen Malvinas Kleider zerrissen. Esteban war in den Tiefen des Hauses verschwunden. Wie aus dem Nichts manifestierte sich die Möglichkeit einer neuen Meditation.

Ich verbrachte den Montag auf dem Sofa in der Handbibliothek, das Buch eines Anthropologen im Schoß. Es begann mit der Frage, wie die Naturvölker zu ihren Kenntnissen gekommen waren. Eines der erstaunlichsten Rätsel war die Entdeckung der Medizin, einer Kombination von ausgerechnet zwei Pflanzen, dazu auch noch gekocht, in den unendlichen Möglichkeiten der Kombinatorik im Regenwald. Die Indianer sagten, dass es die Pflanzen selbst gewesen seien, von denen sie ihre Kenntnisse erlangt hätten. Und es gebe eine kleine Gruppe unter ihnen, *las plantas maestras*, die Meisterpflanzen, die dem Menschen nicht nur ihre eigenen, sondern auch die Geheimnisse anderer Pflanzen offenbarten. Die Medizin, spekulierte der Anthropologe, ermögliche es dem menschlichen Bewusstsein, einen Zugang zur sanften Strahlung des uns umgebenden Erbguts zu finden, der DNA allen existierenden Lebens, deren Stränge wie zwei Schlangen sich in der Doppelhelix ineinanderdrehten.

Dimas kam, ein Künstler, volkstümlicher Maler und Botschafter der Medizin. Er erzählte von der *dieta* seines Bruders, der Klausur im Wald, auf der ein Schüler eine Pflanze studierte, indem er täglich von ihr aß.

Ihr Geist sei in seinen Bruder gefahren und habe eine Muschel manifestiert, die vom Himmel gefallen sei, irgendwie. Dann sei ihm sein Vater erschienen und habe ihn im Gebrauch der Pflanze unterwiesen. Nach dreißig Tagen sei die *dieta* vorbei gewesen. Zum Fastenbrechen habe man seinem Bruder einen Teller mit den vier Geschmäckern gegeben, Chilis, Zucker, Salz und bittere Samen. Dann sei ihm sein Vater ein zweites Mal erschienen und habe ihm geheißen, den *tambo* zu verlassen. Als sich sein Bruder zu seiner Liegestelle wandte, sah er, dass ihr Gerüst zertrümmert und die Laken von unsichtbarer Hand in den Dschungel geschleudert worden waren.

Nach einer *dieta,* sagte uns Dimas, habe man sich für längere Zeit abstinent zu verhalten, gleichzeitig aber die Potenz eines jungen Stiers. Ein Kind, das man danach mit seiner Frau zeuge, erweise sich von erstaunlicher Intelligenz.

Am Nachmittag füllten Frauen der Shipibo und Asháninka Kübel mit frisch gepflückten Blumen und Gräsern. Sie gaben Wasser dazu und Agua de Florida, damit der Alkohol die ätherischen Öle löste. Wir flüsterten unsere Absicht in die Blüten; wie Tabak würden sie der Medizin in ihrer Entfaltung helfen und uns Schutz bei der Meditation verleihen.

Stunden später gossen wir den Inhalt der Kübel über unsere Körper und trockneten uns an der Luft. Als wir das Erdgeschoss von Malvinas Haus betraten, fiel das Licht der sinkenden Sonne in das Wohnzimmer wie in ein Aquarium. Ayahuasca-Zweige hingen als Dekorationen von der Decke, der Kopf eines Kaiman grinste über der Tür zur Veranda auf uns herab, und die Stickereien auf den Sofas leuchteten.

Dann wurde es dunkel. Mit der Dunkelheit kam der Regen. Ich wiederholte meine Absicht, das Haus des Südens zu verlassen.

Die Meditation leiteten ein Schamane der Asháninka und eine hutzelige alte Frau.

20

Schon nach dem ersten Glas Medizin kamen die Vibrationen. Sie steigerten sich zu einem Schütteln, das meinen ganzen Körper erfasste. Während ich mehrmals meine Position wechselte und schließlich auf allen vieren landete, dachte ich an die Gestalten in Horrorfilmen, die von einem Dämon besessen waren.

Sofort zogen sich meine Finger zusammen und drückten ihre Kuppen wie die Krallen eines Raubtiers in den Boden. »Esteban!«, flüsterte ich erschrocken. »Ich verwandele mich in einen Werwolf –«

Der Asháninka breitete seine Arme unter dem Poncho aus und sang mit der Theatralik eines italienischen Tenors.

»Lass es geschehen«, flüsterte Esteban. »Du begegnest deinem animalischen Selbst ...«

Als das zweite Glas meine Lippen berührte, durchfuhr mich Ekel wie ein elektrischer Blitz. Er war so stark, dass es mir kaum gelang, den Batzen hinunterzuwürgen, der sich schließlich über meinen Gaumen legte. Das animalische Selbst, Malvina, Esteban, der Asháninka und die hutzelige alte Frau vermochten nicht, mich vor dem Gefühl der heillosen Verlorenheit zu schützen, das mich nun überkam.

Einmal mehr arbeitete ich in den Eimer hinein. Einmal mehr fragte ich mich, warum ich mir diese Rosskur antun musste.

Sofort begann die Luft, aus ihrer Tiefe heraus zu leuchten. Der Poncho des Asháninka, sein Stirnband, die Stickereien auf dem Altartuch und den Stoffen um uns herum erlangten eine Leichtigkeit und ein inneres Leben, als schiene durch das Gerüst ihrer Moleküle die feinstoffliche Essenz einer anderen Welt.

Ich schloss meine Augen und trieb durch einen Kosmos geometrischer Figuren. Ihre Formen erinnerten mich an die Steinmetzarbeiten der Inkas, Mayas und Azteken, an ihre Reliefs, Plaketten und Kalender. In Wiederholungen von kristalliner Präzision formten sie sich zu Rädern, die wie ein Uhrwerk ineinanderschnurrten.

In dieser Orgie der Abstraktion verlor ich die Orientierung, jedwedes Gefühl für Raum und Zeit. Dann war mir, als sähe ich mich auf einer Pritsche liegen. Alles, was in meinem Leben wirklich gewesen war, nahm in der Form von Statuen um mich herum Platz.

Ich nannte sie »die Gewissheiten«.

»Was ist *Realität*?«, murmelte ich. »Woran kann ich mich halten?«

Sofort krümmte sich der Raum. Zu meinem unvorstellbaren Grauen wurden die Gewissheiten wie leere Hüllen in die Meditation gesaugt. Sie verwandelten sich in ein Teil des Reichs meiner Ideen, genauso dehnbar und flüchtig wie sie.

Die Wirklichkeit war nur mein eigener Traum.

Es gab nichts mehr, woran ich mich halten konnte. Es gab nichts mehr, zu dem ich zurückkehren konnte. Ich blieb allein übrig, und das, was von mir übrig war, war nicht viel mehr als reines Bewusstsein.

Ich habe eine *Nahtoderfahrung*, fuhr es mir durch den Kopf.

Sofort löste sich mein Bewusstsein von der Pritsche und stand vor einem Tunnel aus Licht. Mich überkam Panik, während mein Körper wie eine Sprungfeder auf dem Boden auf- und absprang.

»Carlos«, hörte ich Estebans Stimme. »Was geschieht?«

»Es gibt keine Gewissheiten mehr«, jammerte ich. »Was ist Realität? Was ist Wirklichkeit? Ich weiß nicht mehr, woran ich glauben soll ...«

»Hör auf nachzudenken, Carlos«, flüsterte der Fährmann und ergriff meine Hand. »Schließ deine Augen und flieg ...«

Ich war aufgebrochen, um die Welt mit anderen Augen zu sehen. Schritt für Schritt, bis zu dem Hochzeitsball auf der Lichtung von Maestro Isidoro, hatte sich dies erfüllt. Doch das Gleichnis von den vier Häusern, das Medizinrad der Inkas, hatte meine anthropologische Neugierde in spirituellen Ehrgeiz verwandelt. Es hatte mich mit dem Versprechen gelockt, durch den schamanischen Tod Erlösung von meinen eigenen Schatten zu finden.

»Es geht darum, bewusst den Akt des Sterbens zu vollziehen, bevor man wirklich stirbt.« Erst jetzt erkannte ich die Bedeutung von Estebans Worten im Heiligen Tal. »Wenn du bewusst stirbst«, hatte Esteban gesagt, »lässt du alles ziehen, was du nicht brauchst. Das, was dich ausgemacht hat, ist weg. Du hast alle Brücken hinter dir verbrannt. Du kannst von vorn beginnen. Das ist die Lektion, die uns Papa Huachuma erteilt hat.«

Mit anderthalb Füßen hatte ich die Schwelle zum schamanischen Tod überschritten, die metaphysische Reinigung, der Übergang des Bewusstseins in das totale Nichts. Doch die Erfahrung war so Furcht einflößend gewesen, dass mein System alles darangesetzt hatte, sich ihr zu entziehen.

»Deine Energie ist überall gewesen«, sagte Esteban am nächsten Tag. »Die Zappeligkeit war ein Zeichen dafür, dass du nicht in deiner Mitte geblieben bist. Bitte die Medizin beim nächsten Mal, dir zu helfen.« Er lachte. »Du hättest dein Gesicht sehen sollen ...«

Es sah so aus, als ob es ein nächstes Mal nicht geben würde. In etwas über vierundzwanzig Stunden würden wir Pucallpa verlassen. Doch die Unruhe in Malvinas gebeuteltem Haus blieb so groß, dass wir nicht an diesem Ort unsere Reise ausklingen lassen wollten. So fassten wir den Entschluss, auf die Lichtung von Maestro Isidoro zurückzukehren und uns auf das zu verlassen, was das Schicksal uns beschied.

Sozusagen durch die Hintertür kehrten wir also ins Dorf zurück. Als wir unsere Taschen aus dem Sammeltaxi wuchteten, kam eine vertraute Gestalt die Straße heruntergeschlurft. Es war der Amerikaner mit dem Affenschädel.

»Ich habe ein großes Faultier gefunden«, sprudelte es aus ihm heraus. »Es wohnt nun bei mir.«

»Faultiere sind voller Krankheiten«, gab ich mein frisch erworbenes Amazonaswissen preis. »Und die Kratzer der Klauen können septisch sein.«

»Meine Familie will es auch nicht haben. Es braucht wohl irgendein besonderes Futter. Kennt ihr jemanden, der ein Faultier braucht? Ich werde es in *craigslist* annoncieren.«

Es sei kein Fall bekannt, hatte Esteban am Anfang unserer Reise gesagt, in dem ein geistig gesunder Mensch durch die Medizin zu Schaden gekommen sei. Die Verwirrung des jungen Amerikaners mochte sich durch die *brujeria* seines Wirts erklären lassen oder den unbegleiteten Schluck aus der Flasche. Vielleicht wies sie aber auch auf eine tiefer liegende seelische Störung hin, vermuteten wir, eine Schizophrenie, die sich schon vor seiner Reise bemerkbar gemacht hatte.

»Wir gehen zu Isidoro«, sagte Esteban, »nächste Kreuzung links und dann bis ans Ende der Straße. Vielleicht ist heute Abend Meditation. Du bist herzlich eingeladen, zu uns zu stoßen.«

Ich verstand nicht, warum Esteban das tat. Am liebsten hätte ich dem Störenfried das Maul gestopft.

21

Die Dämmerung brach herein, als wir Isidoros Lichtung erreichten. Unsere Hütte war von einer weinenden Französin belegt, wir durften jedoch die Nacht im Zeremonialbau verbringen.

Zum dritten Mal würden wir mit dem Maestro trinken. Für Felipe, dessen Tochter noch immer mit Lungenentzündung im Krankenhaus lag, sprang sein jüngerer Bruder ein, der sich von weither auf Besuch befand.

Während sich das Pfeifen des Waldes verschärfte, saß ich auf der Schwelle und blickte in der blauen Stunde auf die Lichtung, auf Isidoros Haus, die Buschdusche und die hohen, wie Solitäre über dem Nutzwald stehenden Bäume.

Nach den Erlebnissen der vergangenen Nacht hatte ich mir bis zum Nachmittag geschworen, nie wieder mit der Medizin zu arbeiten.

Nun wollte es das Schicksal anders. Für die bevorstehende Meditation formulierte ich eine einfache Absicht.

Ich würde die Medizin bitten, mir zu zeigen, wie man sie nimmt.

Obwohl ich ein volles Glas zu trinken bekam, war die Medizin sehr ruhig in mir. Auch Esteban spürte sie kaum. Während wir uns beratschlagten, ob wir ein zweites Mal trinken sollten, kläfften auf der Lichtung die Hunde.

»*Discúlpame!*«, rief ein Mann mit einem unüberhörbaren amerikanischen Akzent. »Ich suche einen Heiler namens Esteban. Er sitzt heute Abend in Zeremonie.«

Der Amerikaner mit dem Totenschädel hatte es geschafft.

»Der Idiot kommt«, fauchte ich. Er platzte in unsere Meditation, er war drauf und dran, meinen letzten Abend zu ruinieren, *mein* letzter Abend, *meine* Lichtung, *mein* Maestro, *meine* Medizin!

»Carlos!«, sagte Esteban in einer Schärfe, die ich bis dahin an ihm noch nicht erlebt hatte. »Auch er ist gekommen, um zu heilen.«

Estebans Vertrauen in die Medizin musste unendlich sein. So setzten wir uns in unserer letzten Nacht mit einem Wahnsinnigen in eine dunkle Hütte, um ihm einen psychoaktiven Tee zu verabreichen. Der Amerikaner nahm geräuschvoll Platz und knallte seine Plastikflasche auf den Boden.

»Ich habe mein eigenes Ayahuasca mitgebracht. Wenn ihr einen Schluck wollt, bedient euch.«

Die Flasche blieb unberührt. Zu dritt tranken wir von Demetrios Medizin.

Unser Besucher polterte im Dunkel herum, während ich mich zu konzentrieren versuchte. »Sei still!«, zischte ich ihn zwischen zusammengebissenen Zähnen an. »Ich weiß nicht, ob du jemals in einer Meditation gewesen bist.«

»In vielen!«, kam die entrüstete Antwort.

»Dann sei ruhig.« Ich wusste, dass er log. »Du verletzt die Privatsphäre der anderen Leute.«

Der Amerikaner hielt inne, kreuzte seine Beine im Schneidersitz und blickte mich an wie ein geprügelter Hund.

»Carlos«, flüsterte Esteban, der gespürt hatte, dass ich unseren Besucher noch immer am liebsten vor die Tür gesetzt hätte. »Jeder Mensch, den wir treffen, verkörpert einen Aspekt von uns selbst. Jeder transportiert eine Botschaft.«

Da fiel es mir wie Schuppen von den Augen. Wir tranken die Medizin nicht um ihrer oder um unserer selbst wegen, sondern um anderen Menschen helfen zu können. Da sie uns Einsichten verschaffte, trug die Medizin dazu bei, dass wir unseren Platz in der Welt erkannten. Erst dann waren wir in der Lage, auch anderen Menschen einen Platz zu geben.

»Sehr gut«, munterte ich die arme Seele auf, die nun an meiner Seite saß. Sie antwortete mit einem dankbaren Lächeln.

»Setze dich aufrecht hin, und bleibe in deiner Mitte. Wenn es zu viel wird, kehre zum Atem zurück. Beurteile dich nicht. Und wenn dein Körper sich reinigt, lass es geschehen. Die Reinigung«, sagte ich, nicht ohne Hintergedanken angesichts des Zustands, in dem der Amerikaner sich befand, »ist das Wichtigste an der Sache.«

Der Amerikaner verschwand ins Freie. Ich folgte ihm auf dem Fuß.

Am unteren Ende der kleinen Leiter, im Angesicht von Isidoros Lichtung, stand unser Sorgenkind und studierte die Augen im Wald.

»Geh nicht allein in den Dschungel«, sagte ich. »Du würdest dich verlaufen.«

»Danke. Ist es okay, wenn ich kotze?«

»Natürlich. Aber vielleicht nicht direkt vor die Tür …«

Der Amerikaner tat einige Schritte beiseite und erbrach sich mit einer Intensität, die ich nie zuvor an einem Menschen erlebt hatte. Von einem Schlag auf den anderen hatte sich sein Auftreten ins Gegenteil verkehrt, er war vollkommen handzahm geworden, unterwürfig sogar.

Vielleicht hatte auch er einen starken Vater gehabt.

Er bat um Wasser, um sich zu waschen.

Da ich ihn nicht allein losziehen lassen wollte, packte ich ihn am Arm und führte ihn, im feenhaften Licht der Sterne, über die Lichtung zur Dusche. Wie auch ich in meinen letzten Meditationen war er hilflos, reduziert auf einfachste Körperfunktionen, ein armes Menschlein am Ende der Welt.

Schau dir den mal an!, hörte ich die Stimme meines Vaters im Kopf, als wir in den Zeremonialbau zurückgekehrt waren. Wie der nur aussieht ...

Ich dachte an die Wutanfälle, mit denen mein Vater mir nach seiner Pensionierung begegnet war. Jetzt, in dieser kargen Hütte in Amazonien, sah ich die ganze Ahnenreihe vor mir, fünf Generationen bis zum Stammvater zurück. Er war ein Mann aus Mecklenburg gewesen, der sich von der preußischen Armee zum Ingenieur hatte ausbilden lassen und später ein Loblied auf militärische Grobheit sang.

Aus der Ingenieursschule war ein Betrieb entstanden, aus dem Betrieb ein bis heute existierender Konzern, aus den Nachfahren der Gründer ein dreihundertköpfiger Klan. Ich dachte an Generationen, die gegeneinander angetreten waren, da der eigene Vater oder Onkel ein Vorgesetzter gewesen war und wiederum einen Vater oder Onkel zum Vorgesetzten gehabt hatte. Ich dachte an Erwartungen und Enttäuschungen, an all die aufgestauten Gefühle, die von einer Generation an die nächste durchgereicht wurden, letzten Endes an mich.

»In deiner Generation«, hatte Esteban gesagt, »bist du derjenige, dem die Arbeit des Heilens zugefallen ist.«

Und als ich erkannte, dass mein Vater mit seinen Wutausbrüchen so viel mehr gemeint haben mochte als nur mich, erbrach ich mich mit derselben Vehemenz wie der Amerikaner an meiner Seite.

Am Morgen wurde der Amerikaner als Letzter wach. Er richtete sich auf und fuhr sich durch das zerzauste Haar. »Glaubst du, dass meine Visionen weitergehen«, sprudelte es aus ihm heraus, »wenn ich eine Boa in den Mixer gebe und trinke?«

»Nein«, sagte Esteban geduldig, »eine Boa trägt keine Medizin.«

»Meine Visionen werden weitergehen. Ich befinde mich in Gesprächen mit Barack Obama und Oprah Winfrey, um eine

Struktur aus künstlicher Intelligenz aufzusetzen, die mich in den Visionen hält, selbst wenn ich schlafe.«

»Warum sagst du das? Weißt du nicht, dass das nicht stimmt?«

»Ich durchschaue deine Methode«, sagte der Amerikaner mit unverhohlener Feindseligkeit. »Wenn du etwas nicht glaubst, stellst du Fragen, um den anderen zum Reden zu bringen. Aber das ist dein Problem. Wenn du die Fähigkeit hast, Menschen zu erkennen, dann kannst du mich sehen. Und wenn nicht, ist das okay.«

Er schlurfte davon, hielt inne und breitete im Türrahmen die Arme aus. Die Sonne ging auf. Seine Worte gellten über die Lichtung.

»Ich bin der Messias!«

Er war tatsächlich vollkommen verrückt.

22

Während ich in Lima Abschied von Esteban nahm, schwelgte man in Australien, auf der anderen Seite des Pazifiks, in einer bemerkenswerten Entdeckung. DMT, der Wirkstoff der Chakruna-Pflanze, war in einheimischen Akazienarten gefunden worden. Angeblich stünden die Bäume meistens in der Nähe von Stätten, die den Aborigines heilig seien.

»Wenn wir die Augen schließen«, hatte Polly den Barkindji gesagt, »dann sehen wir so die Welt: voller Farben und Magie.«

Vielleicht hatten die Pitjantjatjara, einmal mehr, ihre eigene Art und Weise gefunden, mit den Dingen umzugehen. Auf jeden Fall bemächtigten sich Techno-Hippies des neuen Krauts. Sie versetzten es mit der Ayahuasca-Liane, die in Australien nicht wächst, und rauchten die Mischung wie einen Joint. Ein blühender ethnobotanischer Untergrund entstand, und sein Chronist wurde der Anthropologe Graham St. John. Auf den Main Floors dieser Welt, würde er später schreiben, stehe er in Schwaden aus dickem, nach verbranntem Plastik riechendem Rauch. Seine Finger folgten der Musik, die in Linien vor ihm sichtbar wurde. Dann drehte er sich um die eigene Achse, in einem Ozean aus strahlenden Gesichtern, und traf den lieben Gott bei 148 BPM.

Esteban verschwand wieder im Dschungel; es sollte Monate dauern, bis ich eine Nachricht von ihm erhielt. Er habe einige Zeit bei einem Indianerstamm verbracht, dessen Gebiet überflutet worden sei, und bei der Beseitigung der Schäden geholfen.

Ich wusste, dass er mir nur einen Ausschnitt aus dem Kosmos der Medizin hatte zeigen können. Doch die Gewissheit über die Existenz dieses unbekannten Landes, ein Reich voller Geister, Zauber und Magie, das vor mir lag wie einst das unerforschte Amerika vor den Pilgervätern der *Mayflower*, hatte mich etwas Wichtiges gelehrt: Die westliche Zivilisation und ihre Methoden besitzen nicht die Deutungshoheit über die Welt.

Ich kehrte nach Berlin zurück. November kam, beim ersten Frost erstarrte die Natur. Ich dachte an die Geschichte vom ersten Herbst eines Amazonasindianers in New York: Beim Anblick der fallenden Blätter war er in Tränen ausgebrochen, da er noch nie zuvor etwas so Trauriges gesehen hatte.

Genüsslich brach ich das Fasten. In der Dunkelheit der Jahreszeit kehrte ich zu alten Gewohnheiten zurück. Estebans Methoden waren mit dem Leben in einer Großstadt schwer vereinbar. Weiterhin beschäftigten mich Gedanken an Familie, Freunde und verflossene Lieben. Die Heilung von meinen Schatten war nicht erfolgt.

Ich begann, daran zu zweifeln, ob ich in Peru überhaupt einen persönlichen Fortschritt erzielt hatte. Meine Reise schien ein zwar farbenfrohes, aber rätselhaftes Abenteuer gewesen zu sein, als ich einen folgenschweren Anruf erhielt.

Mein dreihundertköpfiger Klan hatte einen Familienrat ins Leben gerufen. Er war sein Sprachrohr in den Konzern und das Sprachrohr des Konzerns in den Klan. Aufgrund eines Rücktritts musste der Platz, der meiner väterlichen Linie zustand, neu besetzt werden. Der greise Patriarch am anderen Ende der Leitung fragte, ob ich ihn einnehmen wolle.

»Das Haus des Ostens«, hatte Esteban gesagt, »der Flug zur Sonne und zurück. Auf ihm kehrt man heim, um das, was man gelernt hat, in die Welt zu integrieren, aus der man kommt. Von allen Aufgaben, Carlos, ist diese die schwerste.«

Die Familie war einer der Schatten, aus denen ich hatte treten wollen. Nun empfing die neue Antenne in mir den Lockruf einer Idee, deutlich wie das Pfeifen des Dschungels auf Isidoros Lichtung: Ich konnte mit alten Einstellungen brechen und mich dem Schatten sehenden Auges in die Arme werfen. Mit einem blinden Sprung über die Klippe war es jedoch nicht getan. Ich musste meine Absicht klären, um Vertrauen in meine Entscheidung zu gewinnen. So suchte ich Johannas Rat. Wir trafen uns in einer Dezembernacht auf einer Bank am Prenzlauer Berg in Berlin.

»Ich trage die Botschaften der Pitjantjatjara, der Shipibo und der Asháninka in mir«, sprudelte es aus mir heraus. »Nun kann ich diese Botschaft in das Umfeld eines der größten Infrastrukturdienstleister der Welt tragen ...«

»Du wirst nicht viel erreichen können.« Sie trug zwei Mäntel übereinander gegen die Kälte, ein Paar ausgetretener Turnschuhe und eine Mütze mit einem Wollknäuel auf dem Kopf. Darunter leuchtete ein Paar schwedischer Augen, hell und klar wie Glas. »Aber vielleicht ergibt sich ein einziges Mal die Gelegenheit, etwas Gutes zu tun. Oder etwas Schlechtes zu verhindern. Dann hat sich die Sache gelohnt.«

»Ich habe die Absicht, Gutes zu tun«, sage ich mit brechender Stimme, von meiner eigenen Wichtigkeit übermannt.

»Bist du stark genug?«

Ich schob mein Kinn nach vorn. »Natürlich!«

»Vielleicht ist es gut, wenn jemand das alles ein wenig unterwandert ...«, versuchte sie, mich auf die Probe zu stellen.

»Nein, was ich tue, muss konstruktiv sein. Dafür muss ich all das machen, wogegen ich mich ein ganzes Leben lang gesträubt habe.«

»Gerade deswegen!«, sagte sie und gab mir einen freundschaftlichen Klaps auf den Arm. »Ich wäre sogar ein wenig stolz auf dich.« Sie setzte eine wohlüberlegte Pause. »Und deine Eltern würden sich freuen. Bevor sie, entschuldige meine Sprache, das Zeitliche segnen.«

Nur einen Monat später betrat ich die Aktionärsversammlung des Konzerns, den meine Ahnen begründet hatten. Die Schlange mochte sich gehäutet haben – nun biss sie sich in den eigenen Schwanz. In meiner neuen Rolle als Stammesältester fand ich in der erstarrten Ordnung der Stühle meinen Platz. Auf der gegenüberliegenden Seite des Auditoriums war eine Leinwand bis an die Decke gezogen worden. Von dort sprachen die Gesichter der großen Vorsitzenden, ins Monströse vergrößert, in die Halle hinein.

Den großen Vorsitzenden folgten die Reden der Fondsmanager, der Narzissten, Spekulanten und Exzentriker. Bei jeder Rede, bei jedem Wort sank ich einige Zentimeter tiefer hinein in den Stuhl. Ich glaubte schon, einen Fehler begangen zu haben, als eine kleine Frau ans Rednerpult trat.

»Mein Name ist Monica Brito Soares«, hallte ihre Stimme durch den Saal. »Ich komme aus der Stadt Altamira am Fluss Xingú in Amazonien. Ich bin den weiten Weg nach München gereist, um von den Folgen des Staudammprojekts Belo Monte zu berichten. Ich will Sie darüber in Kenntnis setzen, dass gegen dieses unmenschliche Projekt schon über fünfundzwanzig Gerichtsverfahren laufen, weil mehrfach das brasilianische Gesetz gebrochen wurde, Umweltgesetze missachtet und die Rechte von Ureinwohnern mit Füßen getreten wurden.« Sie schloss mit einem Appell. »Wie können Sie über Ihr Joint Venture Voith Hydro Turbinen für Millionen von Euro für Belo Monte liefern und die Augen verschließen vor dem, was dieser Staudamm mit dem Leben der Menschen anrichtet?«

»Im Grunde glaubt niemand, dass unser Schicksal ein Zufall ist«, schreibt der englische Schriftsteller D. H. Lawrence in einem seiner Essays über die Indianer Neu-Mexikos. »Allein schon die Tatsache, dass der Tag auf die Nacht folgt und der Sommer auf den Winter, verweist auf die Existenz universeller Gesetze. Von dort ist der Schritt in den Glauben an irgendeine große, verborgene Absicht im Universum unausweichlich für uns.«

Als ich die Worte der Frau vernahm, war mir, als griffen die Räder des Universums mit einem Krachen ineinander. Fast wie ein handelndes Wesen hatte mich die Medizin, Schritt für Schritt, durch eine Schule geführt und in ein Auditorium gesetzt. Dort richtete sie eine Botschaft an mich: Ihre Welt, der Wald, seine Pflanzen, Tiere und Völker waren in ihrer Existenz bedroht.

Vom Inhalt dieser Botschaft wusste ich schon lange, doch nun war ich kein unbeteiligter Zuschauer mehr. Amazonien hatte mir viel geschenkt, und ich hatte ihm wenig gegeben. Auf der Lichtung von Maestro Isidoro hatte ich gelernt, dass das Wichtigste an meiner Reise die Rückkehr war. Dort war mir vor Augen geführt worden, dass ich Nutznießer eines Systems war, das sich anschickte, Stätten des Lernens dieser Art zu vernichten.

Es lag an mir, wie ich darauf antworten würde. So gab mir die Medizin eine weitere Botschaft mit auf den Weg:

Derjenige, der handelte, war ich.

Ich nahm mir Zeit, die Situation zu verstehen. Erst ein halbes Jahr später kehrte ich in der Begleitung einer Umweltschutzorganisation, Amazon Watch, nach Amazonien zurück.

Das Rad drehte sich weiter, und alles begann von vorn.

23

Am Fenster des kleinen Flugzeugs war mir, als glitten wir über einen Ozean. Es war das Delta des Tapajós, eines gewaltigen Stroms, der unter uns in den Amazonas mündete. Der Staudamm von Belo Monte, der an anderer Stelle errichtet wurde, war nur ein Fallbeispiel für das, was überall in der Region vielleicht folgte. In den kommenden Wochen fügten sich die Stücke des Puzzles ineinander. Ich erfuhr, dass allein das Becken des Tapajós von unzähligen Staudammprojekten bedroht sei. Doch nicht nur dort, sondern überall in Amazonien, sogar an den Hängen des Andengebirges, waren Staudämme im Bau oder in Planung. Sie würden die uralte Verbundenheit von Berg und Tal unterbrechen, von Wasser und Land und von Erde und Luft. Auf dieser Verbundenheit beruhte der größte Regenwald der Erde, ein lebendiges System, das im Pulsschlag der Jahreszeiten oszillierte.

Gefüttert von Passatwinden und dem südamerikanischen Monsun, konnten die Flusspegel in der Regenzeit um viele Meter steigen. Ich dachte an Malvinas Haus, das zu einer Insel im Wasser wurde, umgeben vom Märchenwald der bis zur Hälfte versunkenen Bäume. Zwischen den Stelzen, im Nebel der Sedimente, laichten die Fische; ihr Nachwuchs war im Schwemmland vor der Strömung und großen Räubern geschützt. Wenn die Trockenzeit kam, senkten sich die Pegel, die Fische begaben sich auf Wanderschaft, und die Uferbänke traten hervor, auf denen Schildkröten und Kaimane ihre Eier ablegten.

Ich dachte an den Nutzwald um die Lichtung von Maestro Isidoro und die hohen, wie Solitäre darüberstehenden Bäume. Jeder Baum war eine Pumpe, der Wasser aus dem Boden saugte und über seine Blätter in den Himmel spie. Von Aerosolen unterstützt, Partikeln, die der Wald ebenfalls absonderte, kondensierte der Dampf zu Wolken, die als fliegende Flüsse das Andengebirge entlang nach Süden wanderten, wobei sie die Feuchtigkeit der Weltmeere aufnahmen und den Kontinent mit Regen versorgten.

Sollten die Pläne der Energieversorger Wirklichkeit werden, würden die Flusspegel nicht mehr dem Rhythmus der Jahreszeiten folgen, sondern dem spröden Knopfdruck des Ingenieurs. Talsperren von pharaonischen Dimensionen würden die Wege der Wanderfische unterbrechen und fruchtbare Sedimente aus dem Wasser filtern. Wenn fließende Gewässer zu stehenden wurden, änderten sich ihr Sauerstoffgehalt und die Temperatur.

Staudämmen würden Bergbaufirmen folgen, neue Straßen sich in Einfallschneisen für Holzfäller und Glücksritter verwandeln. Zusammen mit längeren Trockenzeiten, der Viehzucht und dem Anbau von Soja mochten die Dämme das ganze System zum Kippen bringen. Der größte Fluss und Wald der Erde, ein noch nicht vollständig erforschtes, schier unerschöpfliches Reservoir an Pflanzen, Medizinen und Tieren, das täglich ein Fünftel allen Frischwassers in die Weltmeere abgab, könnte Gefahr laufen, sich in eine Steppe zu verwandeln.

Ich fragte mich, wie diesem ungeheuerlichen Verlust an Leben Einhalt geboten werden könnte. Ich fand die Antwort im Büro des World Wide Fund For Nature, auf einem einfachen Tisch in Berlin.

Dort, wo der Wald den Indianern zurückgegeben worden war, stand er.

Wo nicht, war er verschwunden.

Im Hafen von Santarém wartete eine Fähre auf uns, mit kämpferischen Transparenten geschmückt. Sie sollte uns nach São Louis bringen, ein Dorf, das von einem weiteren Megadamm überflutet werden sollte. Dort würden drei katholische Bischöfe mit Umweltschützern, Fischern und Indianern eine Messe im Urwald feiern. Die Indianer gehörten zum Stamm der Mundurukú. Früher hatten sie ihre Dörfer mit den abgeschlagenen Köpfen ihrer Feinde geschmückt. Nun hatten sie begonnen, das Schutzgebiet, das ihnen versprochen, aber nicht zugewiesen worden war, auf eigene Faust zu vermessen.

Einen Tag lang fuhren wir flussaufwärts.

Unter einem Sonnenschutz fand eine Informationsveranstaltung statt, die einen stickigen Nachmittag lang andauerte. Ich verbarg meine Identität, um nicht als ein Vertreter der dunklen Seite der Macht in Erscheinung zu treten. Im Schutz der Anonymität erfuhr ich, dass mir nicht nur Gefahr von Giftpfeilen drohte, sondern auch von meinen kapitalistischen Brüdern. Für Umweltschützer war Brasilien eines der gefährlichsten Länder der Welt. Die meisten Menschen, die ermordet worden waren, hatten sich Bergbauoperationen, Landraub und illegalen Rodungen in den Weg gestellt. Doch in den Gesichtern der Redner, die ans Mikrofon traten, las ich eine archaische Entschlossenheit. In einfachen Worten sprachen sie von ihrer eigenen Unwissenheit. Sie sprachen vom Wert der Bildung. Und sie sprachen von ihren Rechten.

In ihrem Alltag waren die Passagiere auf dem Schiff längst in der Industriegesellschaft angekommen. Mit dem Zug vor das Verfassungsgericht würden auch die Mundurukú in die Moderne treten. Die Zeiten, in denen sie allein mit dem Blasrohr jagten, waren vorbei. Doch wenn sie den Kampf gewannen, würden sie in ihren Wald zurückkehren dürfen, um ihn als Bürger zu besitzen. Und sie würden ihn nicht nur für sich, sondern für die ganze Menschheit erhalten.

Am Horizont zog ein Unwetter auf. Wolken ballten sich über dem Tapajós, als ich allein mit einem katholischen Priester an der Reling stand.

Ein halbes Jahrtausend lang waren Missionare in entlegene Regionen flussaufwärts gepaddelt. Dort trafen sie auf Indianer, die keine Erbsünde kannten. Im immergrünen Regenwald war ihnen das Konzept der Zeit wenig vertraut, und es war ihnen nicht zu vermitteln, dass es ein Paradies gebe, das erst nach dem Tod betreten werden könne. Die Missionare waren aufgebrochen, um Indianern ihre Religion überzustülpen; nicht wenige kehrten als Indianer im Herzen zurück.

»Man kann nicht über den Glauben nachdenken, ohne einen Blick auf die Realität zu werfen«, sagte der Priester. Er leitete eine Radiostation in Santarém und wusste, dass er ein begnadeter Redner war. »Und die Realität in Lateinamerika«, rief er, »ist ein Skandal!«

»Nach der traditionellen Lehre«, forderte ich ihn ein wenig heraus, »erfolgt die Befreiung von den Bürden dieser Welt erst nach dem Tod, im ewigen Leben.«

»Nein!«, rief er, »nein! Wenn wir überall das hinbekommen, was wir heute hinbekommen haben; wenn wir Menschen zusammenbringen, um zu diskutieren; wenn sie Verantwortung für die Gesellschaft und die Umwelt übernehmen; und wenn jeder Mensch ein würdiges Dasein führt – dann befreien wir uns im Hier und im Jetzt. Und wenn die Munurukú in ihrem Wald leben; wenn sie die Früchte des Fischfangs ernten und das Obst von den Bäumen; und wenn jeder nicht nur für sich selbst da ist, sondern auch für die anderen – dann schaffen sie den Himmel auf Erden.«

Seine Augen leuchteten, während uns die Fähre tiefer in den Dschungel hineintrug. »Mein Punkt ist dieser: Sie sind ein Beispiel für das gute Leben.«

24

»In der gewöhnlichen Welt gibt es zu viel, was uns ablenkt«,
hatte Esteban gesagt. »Zu viele Probleme, zu viele denkende
Köpfe, zu viele Reize, unreines Essen. Diese Dinge sind dichter als die unsichtbare Welt. Sie verstellen unseren Blick. Wenn
du in der gewöhnlichen Welt bist, bleibt dir die unsichtbare
verborgen. Eine *dieta* bedeutet Abstinenz und Isolation. Du gehst in
den Regenwald, um eine Pflanze zu studieren. Während deiner Studien wohnst du auf einem *tambo*, mutterseelenallein
im Wald. Dein *tambo* hat ein Dach aus Palmen- oder Bananenblättern und ein Moskitonetz. Du hast etwas Platz, dich
zu strecken, aber es gibt nicht einmal eine Dusche.

Die Menschen haben unterschiedliche Gründe, um eine
dieta auf sich zu nehmen. Manche möchten ihre Seele reinigen. Andere suchen Heilung von einer Krankheit. Doch es
gibt auch eine fortgeschrittene *dieta*, die man absolviert, um
zum Schamanen zu werden.

Es ist hart, ein Schamane zu werden. Man macht das nicht
einfach so. Umso erstaunlicher ist es, dass wir überall neue
Schamanen rekrutieren. Aus der ganzen Welt pilgern *gringos*
nach Amazonien, um zu lernen. Auf diese Weise kehrt auch
das alte Wissen zurück.

Die einzige Person, die du siehst, ist der Medizinmann. Er
kommt früh am Morgen oder am Abend und gibt dir eine
kleine Dosis von der Pflanze, die du studierst.

Der Medizinmann weiß, in welcher Mondphase die Pflanze
zu ernten ist. Er weiß, wie man sie schneidet. Er weiß, wie

man sie verabreicht. Die Zubereitung kann manchmal sehr kompliziert sein. Du musst eine Person finden, die ihr Handwerk versteht. Ansonsten läufst du Gefahr, an einer Vergiftung zu sterben. Der Medizinmann mag mit dir von der Pflanze essen, doch er sagt niemals, was Sache ist. Alles, was du wissen möchtest, erfährst du direkt von der Pflanze. Eine Meisterpflanze heilt dich, dann unterrichtet sie dich. Sie schenkt dir Visionen. Dabei fällst du in eine Trance. Du weißt nicht mehr, ob du wach bist oder schläfst. Viele Informationen erhältst du im Traum.

Am Anfang siehst du Männer und Frauen. Sie reden mit dir, doch du kannst ihre Worte nicht verstehen. Dann besuchen dich die Geister, deine Lehrer. Viele sehen wie echte Lehrer aus, wie Professoren, Ärzte, Mestizen oder Schamanen. Einige haben die Gestalt von Rinde oder Holz. Andere kommen in der Gestalt von Tieren.

Dieser Prozess kann sehr intensiv sein, doch für die Geister bist du ein Witz. Sie lachen, wenn du weinst. Sie lachen, wenn du kotzt. Sie lachen, wenn du kackst. Und dann spielen sie dir auch noch Streiche.

›Esteban!‹, hat einmal der Medizinmann gesagt, ›du denkst, dass du alles im Griff hast.‹

›Was meinst du?‹

›Du fastest. Du isst keinen Zucker. Du ernährst dich brav von Gemüse. Aber schauen wir mal, ob das auch für deine Träume gilt!‹

›Was ist, wenn ich von Sex träume?‹

›Wenn du von Sex träumst oder von Süßigkeiten, dann musst du die ganze *dieta* wieder von vorn beginnen.‹

›Ich kann das nicht!‹, habe ich gerufen. ›Was ist, wenn mir mein Unterbewusstsein einen Streich spielt?‹

›Dann ist es das gewesen. Du musst in *allen* Zuständen wachsam sein.‹

Als ich einschlief, träumte ich von einem Dorf. Ich war von vielen Lehrern umringt. Sie waren dabei, mich zu unterrichten. Das sollte in einem Haus geschehen, einem Palast oder einem Tempel. Zwischen den prächtigen Säulen hatte man ein Bankett aufgetischt. Die Tafeln bogen sich unter Speisen, die ich seit Ewigkeiten nicht mehr angerührt hatte: Süßigkeiten, Torten und Fleisch. Und Pfannkuchen. Überall waren Pfannkuchen! Ich saß auf diesem Stuhl, und die Lehrer saßen um mich herum, und alle haben zugelangt. Da habe auch ich mir den Mund vollgestopft. In diesem Moment bebte die Erde. Das war so realistisch, dass ich aufgewacht bin. Ein Sturm hatte mich früh am Morgen geweckt. Ich wusste, dass ich mein Fasten gebrochen hatte, und zitterte am ganzen Leib.

Zwischen den Bäumen kam mir der Medizinmann entgegengerannt.

›Du hast dein Fasten gebrochen!‹, rief er schon von Weitem. Dann kroch er unter das Moskitonetz und blies mir den Rauch seines Tabaks ins Gesicht.

›Glück gehabt, *hermano*!‹, sagte er. ›Du hast nicht viel zu dir genommen. Du bist ein guter Junge. Es ist wichtig für dich, dass du deine Studien fortsetzt. Sieh zu, dass du dich ausruhst.‹

Es ist unheimlich, so allein. Und manchmal auch gefährlich. Du musst am richtigen Ort sein und mit dem Universum im Reinen. Es gibt wenig, was dich schützt. Wenn die Sonne scheint, bist du in der Sonne. Wenn es regnet, bist du im Regen. Dein *tambo* kann vom Blitz getroffen werden. Doch du darfst nicht zurück zu den Menschen. Du bleibst ein Mönch des Regenwalds, bis deine Studien beendet sind.

Für einige Wochen, manchmal für Monate sogar.

In der Nacht schreckst du empor. Du bist todmüde. Du hast große Angst. Seltsame Dinge geschehen im Dschungel.

Du hörst Tiere. Und du hörst deine eigene Stimme. Die Geister quälen dich so lange, bis du dich von der Vorstellung verabschiedet hast, dass es ein anderer ist, von dem du lernst. Am Ende erkennst du, dass es nichts Äußeres ist, sondern deine innere Stimme, die zu dir spricht. Diese Stimme bleibt dir über die *dieta* hinaus erhalten. Sie wird dich niemals verlassen. Die Pflanze und die Geister sind zu deinen Verbündeten geworden. Es ist Sinn und Zweck einer *dieta*, solche Verbündeten zu finden. Du kannst mit ihnen reden. Du kannst mit ihnen debattieren. Du darfst ihnen Fragen stellen. Und wenn du etwas nicht verstanden hast, dann antworten sie dir ein zweites Mal.

Irgendwann verlierst du das Gefühl für die Zeit. Du weißt nicht mehr, wie lange du die Pflanze gegessen hast. Du hast eine Entgiftung hinter dir, du hast diesen supersauberen Körper, und du bist offen für Dinge, die im gewöhnlichen Leben nicht verfügbar sind.

Hilfe, sagst du dir eines Morgens, ich werde verrückt! Ich glaube, ich kann die Vögel verstehen!

Doch, du *kannst* die Vögel verstehen.

Jede Zelle von dir ist zu einem Teil des Waldes geworden.

Du kannst mit dem Wald sprechen.

Und der Wald spricht zurück.

In einer Art und Weise, Carlos, die ich dir nicht erklären kann.

Der Dschungel atmet. Er flüstert. Und singt. Du siehst Irrlichter in den Wipfeln der Bäume. Du hörst ein Dröhnen, und es ist nicht von dieser Welt. Es gibt Jaguare. Es gibt Schlangen. Moskitos können dich stechen. Manchmal wirst du von einer Affenherde terrorisiert. Sie suchen auf deinem *tambo* nach Nahrung. Wenn du dich ihnen in den Weg stellst, dann attackieren sie dich.

Im Dschungel hast du keine Freunde. Umso wichtiger ist es, Verbündete zu finden. Die Pflanze hat dir einen Draht zur unsichtbaren Welt geschickt. Dort rufst du deine Verbündeten an.

Wenn du sie rufst, werden sie kommen.

Es ist erstaunlich, wie wirklich sie sind.«

Mein Dank gilt Pia Marais und Max Benkendorff.

William Wyatt Gills »From Darkness to Light in Polynesia«
ist das Schatzkästchen, dem ich Geschichten über das vor-
christliche Mangaia entnommen habe. Auch habe ich auf
J. C. Beagleholes »The Life of Captain James Cook«, Hein-
rich Zimmermanns »Reise um die Welt mit Capitain Cook«
und die Artikel von Professor Michael Reilly von der Universität von Otago, Neuseeland, zurückgegriffen, der so freund-
lich gewesen ist, meine Korrespondenz zu beantworten.

Namen und Orte wurden verändert. Auch habe ich auf jeder
Reise vorab die Absicht gestanden, über meine Erlebnisse zu
schreiben. Ich verneigte mich vor meinen Lehrern, den sichtbaren wie den unsichtbaren. Dazu gehört natürlich auch Esteban, seine Heiterkeit und seine Geduld. *Blessings, hermano –
and be careful, wherever you are.*

Alles wäre nicht möglich gewesen ohne die Arbeit eines Mannes, der vier Jahre lang Verwalter einer kleinen Gemeinde der
Pitjantjatjara im australischen Outback gewesen war. In einer
Geste der Großzügigkeit hatte er mir seine unveröffentlichten
Memoiren zur Verfügung gestellt, denen ich bei der Nach-
erzählung seiner Erlebnisse treu geblieben bin. Während der
Arbeit an diesem Buch starb Ed an einem Herzversagen. Er
wurde nur achtundfünfzig Jahre alt. Seine Arbeit lebt weiter,
in diesem Buch, in Geschichten und dem Land.